MAFIA, ARGENT ET POLITIQUE

Du même auteur

Agnès le Roux
Enquête sur la disparition
d'une jeune femme riche
Les Presses de la Cité, 1983

Monaco
Une affaire qui tourne
Le Seuil, 1992
et coll. « Points Actuels », n° 144, 1994

ROGER-LOUIS BIANCHINI

MAFIA, ARGENT ET POLITIQUE

Enquête sur des liaisons dangereuses dans le Midi

ÉDITIONS DU SEUIL
*27, rue Jacob, Paris VIe*

Ce livre est édité par Michèle Laske.

ISBN 2602-022749-5

A ma mère

La mafia est intelligente, habile et rapide. Ma crainte est qu'elle ait toujours une longueur d'avance sur nous.

Giovanni Falcone

PROLOGUE

Deux confessions

Ce livre est né de la rencontre de deux confessions. L'une concerne l'organisation et l'implantation de la Mafia en France. L'autre raconte comment est né et s'est développé le « système Médecin ». Deux confessions qui ont un caractère commun : leurs auteurs ont été membres, et parmi les plus importants, de ces deux clans – le clan mafieux et le clan politico-affairiste. Leurs révélations ne peuvent se comparer à tout ce qui a été écrit jusqu'ici parce qu'elles nous transportent, pour la première fois, au cœur de deux milieux liés par le secret qui assure leur sauvegarde.

Avec la première confession, on découvrira que l'invasion du territoire français par la Mafia est une réalité déjà ancienne et qu'elle n'a fait que se conforter en suivant un processus parfaitement logique. Cette invasion se montre d'autant plus irrésistible qu'elle est à la fois naturelle et conjoncturelle. Toute famille mafieuse a tendance à agrandir son territoire et elle le fait « naturellement » vers les régions où se trouvent des colonies anciennes dont elle partage les racines. On a pu suivre, ainsi, l'extension des organisations mafieuses du Sud vers le Nord de l'Italie, puis en Ligurie et, ces dernières années, en Europe. Mais, paradoxalement, ce mouvement a été renforcé et accéléré par les succès de la lutte anti-mafia menée par la justice et la police italiennes depuis qu'elles se sont donné les moyens de gagner. Les organisations criminelles de Sicile, de Naples et de Calabre, qui n'étaient plus totalement en sécurité dans leurs régions d'origine où leurs biens étaient confisqués, ont précipité et accentué leur installation à l'étranger et notamment en France.

Cette première confession nous apprend que, déjà, cette invasion se transforme en colonisation. Que les boss mafieux, installés dans certaines régions, ont dépassé le cadre des activités uniquement criminelles pour lier des relations et partager des intérêts économiques et financiers avec des hommes d'affaires et des hommes politiques.

Le passage de l'invasion à la colonisation se fait d'autant plus facilement que les organisations criminelles ont trouvé un terrain propice à cette inquiétante et discrète évolution. Un terrain qui leur est familier et sur lequel elles sont parfaitement à l'aise : celui de la corruption. Ainsi, la première confession rejoint-elle la seconde qui, elle, nous fait pénétrer au plus intime d'un système de corruption généralisée dont certains aspects prêteraient à sourire s'il ne s'agissait pas, *in fine*, de vider les caisses publiques et, donc, les poches des contribuables. On sait que, dans la France de 1995, le « système Médecin », qui s'est développé à partir de 1983, n'est plus une exception. Cette introspection est donc d'autant plus intéressante qu'elle pourrait servir à décrire, pour l'essentiel, ce qui se passe dans certaines grandes villes françaises et qui demeure encore caché.

Si ce livre est né de la conjonction de ces deux confessions, il s'est nourri d'informations accumulées lors d'enquêtes menées à l'occasion de la publication de deux précédents livres, dans lesquels la mafia et la corruption faisaient déjà sentir leur mauvais parfum, et de ma propre expérience dans ce qu'on appelle aujourd'hui le « journalisme d'investigation ». Surtout, il a fait l'objet d'un travail spécifique qui fait de cet ouvrage le document le plus complet publié à ce jour sur ce sujet, s'appuyant, notamment, sur de nombreux rapports confidentiels et témoignages inédits. Le but était de réaliser, aussi précisément que possible, la description d'un phénomène déterminant de l'évolution de la société française que certains nient et que beaucoup ignorent.

Cette description s'attarde, d'abord, sur les deux premières phases de l'implantation des organisations criminelles italiennes en France : celle du refuge, puis celle de l'installation et du développement des trafics menés à partir du territoire français. Elle met ensuite en scène le ballet des ripoux : celui des corrupteurs et des corrompus. Le passage des uns aux autres n'est pas artificiel car il apparaît que le fossé qui devrait les séparer n'est qu'illusoire. Mieux : il est, par endroits, déjà comblé. En réalité, le développement de la corruption, qui mêle hommes d'affaires et élus locaux, s'est accompagné, chronologiquement, du renforcement de l'installation des sociétés criminelles italiennes, pour l'essentiel dans le Sud de la France mais aussi dans d'autres régions. Cette étape précède, dans la succession des événements, la rencontre des mondes mafieux et politico-affairistes.

Naissent alors des « liaisons dangereuses ». Toujours à travers des exemples concrets, nous verrons comment et pourquoi ces deux mondes, celui de la Mafia et celui des hommes politiques affairistes, se rencontrent sur le terrain commun des profits faciles de la corruption. Déjà, certains ont payé ce fourvoiement de leur vie.

J'ai volontairement laissé la conclusion de ce voyage à l'intérieur de deux univers secrets, portés vers la maîtrise du pouvoir, à « ceux qui savent », ceux dont le métier est de s'intéresser à ce problème majeur de notre société, d'en connaître toutes les données – et ce n'est pas facile – pour tenter de le résoudre. Il faut les écouter et, en premier lieu, se montrer particulièrement attentif à ce que disent les magistrats transalpins spécialisés dans la lutte anti-mafia : leur expérience est précieuse, irremplaçable. La « leçon italienne » sera-t-elle retenue ? Personne ne peut encore répondre à cette question ; en tout cas, elle aura été posée.

Car, pour moi, le seul vrai souci du journaliste est d'exercer son métier d'informer aussi honnêtement, sérieusement, complètement que possible. Il n'est pas là pour donner des leçons. A peine un avis : le mien est qu'il est urgent de prendre conscience que l'installation du crime organisé en France est devenue une réalité.

PREMIÈRE PARTIE

Le premier repenti

« L'Harmonica muet »

On l'appellera Giuseppe, pour la commodité du récit. Mais ce n'est pas son véritable prénom, car rien ne doit permettre de l'identifier. C'est une question de vie ou de mort. Giuseppe, donc, est le premier repenti « à la française ». Le premier authentique mafioso à s'être confessé à un magistrat français. Ce n'est pas dépourvu de risques, dont celui, évident, d'être assassiné par ses anciens amis pour avoir transgressé la loi du silence, la sacro-sainte omerta, qui est le fondement même des sociétés secrètes du crime organisé. Celle qui assure, avec la sentence de mort qui sanctionne tout manquement, leur pérennité.

Le juge Giovanni Falcone l'avait compris avant tout le monde. Lui, le magistrat sicilien qui a sacrifié sa vie à la lutte anti-mafia, savait bien que le premier but à atteindre, pour assurer à ce combat toujours recommencé quelque chance de succès, était de briser cette conspiration du silence. Il créa un nouveau type de justiciable : le « *pentito* », le repenti. En 1991, lui et ses amis firent légaliser un contrat passé entre l'État et le citoyen mafioso. Un troc : la clémence de la justice contre la confession de ses propres crimes et de ceux dont il a eu connaissance. Le repenti recevait en outre l'assurance de la protection de la police et l'attribution, pour lui et les siens, d'un revenu décent pendant la durée de l'instruction puis, après sa libération, d'une nouvelle identité, d'une résidence et d'un emploi. Des avantages pour services rendus à la nation en quelque sorte. Le gage, *in fine*, de vivre une nouvelle vie relativement confortable, à l'abri, en principe, de la vendetta.

Tommaso Buscetta, l'un des boss de Cosa Nostra, fut le premier à se confesser au juge Falcone à l'aube des années 80. Il demeure, aujourd'hui encore, le plus fameux des huit cents « *pentiti* » que l'Italie pouvait recenser au début de l'année 1995. C'est grâce à leurs confidences que les arrestations se sont multipliées par milliers, atteignant jusqu'au sommet avec celle de Toto Riina, le chef tout-puissant de l'organe suprême de direction de la Mafia sicilienne : la Coupole, d'où partent tous les ordres importants comme ce fut le cas pour les assassinats du juge Falcone et de son successeur, Paolo Borsellino.

Mais on a un peu oublié que les confidences de Tommaso Buscetta avaient eu comme premier et important effet de faire admettre à tous les Italiens la réalité de l'existence d'une organisation criminelle secrète appelée Cosa Nostra. En Italie même, beaucoup en doutaient ou, à tout le moins, ne croyaient pas vraiment qu'elle puisse avoir la puissance de feu et d'argent, l'influence politique et économique qui lui étaient prêtées. En un mot : le pouvoir qu'on lui a reconnu depuis.

De même, ont été mises au jour d'autres organisations mafieuses, différentes mais très redoutables également : la Camorra napolitaine, la 'Ndranghetta calabraise et, plus récemment, la Sacra Corona Unita des Pouilles.

Pourquoi ce rappel ? Parce que l'on retrouve, en cette fin de siècle en France, le même scepticisme généralisé quant à la réalité de l'implantation de la mafia, ou plutôt des mafias, dans notre pays. Si l'on excepte les députés qui ont participé, sous la houlette de François d'Aubert, à la commission parlementaire d'enquête sur « les moyens de lutter contre les tentatives de pénétration de la Mafia en France », commission dont le rapport fit grand bruit, les quelques magistrats tel Jean-François Sampiéri, *de facto* le premier juge anti-mafia français à défaut d'en avoir le titre officiel, et de rares confrères qui ont eu l'occasion d'enquêter sur le sujet[1], personne en France n'a la moindre idée de ce que représente, réellement, l'implantation du crime organisé dans notre pays.

C'est l'objet même de cet ouvrage que de dessiner les contours de cette réalité, ici et maintenant. Tâche ambitieuse dont la diffi-

1. J'ai moi-même apporté ma contribution parmi seize « grands témoins » appelés à déposer sous serment.

culté tient à la nature particulière du problème à résoudre : les données en sont soigneusement cachées. La préservation du secret, ici, n'est pas un simple goût mais une nécessité vitale.

Voilà qui nous ramène à Giuseppe, « notre » premier repenti, dont les confidences, seulement connues d'un ministre, d'un avocat et d'une poignée de magistrats et de policiers, sont ici, pour la première fois, révélées au public. Des confidences qu'il avait lui-même demandé à faire dans l'espoir, vite déçu, qu'il pourrait bénéficier de l'indulgence de la justice française pour une série de délits commis sur la Côte d'Azur.

Et que dit-il, ce personnage de l'ombre qui a été amené, au printemps 1993 et en trois entretiens successifs entourés du plus grand secret, à confier à ses confesseurs ce qu'il savait de l'implantation de la Mafia en France et de la manière dont elle blanchit ses fonds ? Il déclare que c'est en 1980 – déjà ! – qu'une première « Cosca », c'est-à-dire un clan uni par une origine, des activités, une discipline et des intérêts communs, a été fondée en France par deux chefs historiques de la 'Ndranghetta : Paolo De Stefano et Domenico Libri. Il précise que la réunion a eu lieu dans une villa du chemin de Longue-Vie à Juan-les-Pins, appelée « Cosa Novira », et que l'installation de Paolo De Stefano sur la Côte d'Azur avait eu pour objet l'organisation des trafics de stupéfiants et d'armes ainsi que le blanchiment de l'argent de la « famille ». Il ajoute : « Toute famille mafieuse italienne cherche toujours à s'installer à l'étranger et la France était le territoire idéal. » C'est exactement ce que répètent, à chacune de leurs rencontres avec leurs collègues français et lors des interviews qu'ils m'ont accordées, les magistrats du pool anti-mafia italien.

Il faut savoir que Paolo De Stefano, alors âgé de 40 ans, a été appréhendé « en douceur », le 10 novembre 1982, par une jeune femme, le commissaire Marie-France Moneger, et ses collaborateurs de la brigade des stups de la police judiciaire (PJ) de Nice. Il vivait comme un richissime rentier à Antibes dans une somptueuse demeure de dix pièces, deux garages, avec jardin et piscine. « Je suis persécuté en Italie, c'est pour cela que je me suis réfugié en France », dit-il aux policiers. En réalité, il faisait l'objet d'un mandat d'arrêt international dans le cadre d'un trafic de cocaïne après avoir été impliqué, avec un banquier et un entrepreneur de travaux publics, dans un autre trafic, de diamants et d'armes celui-là, portant sur 18 milliards de lires. En fait, c'était la « persécution » de ses ennemis calabrais qu'il redoutait le plus, comme devait le montrer son assassinat, en 1986 à Reggio di Calabria, par les « soldats » d'une famille rivale.

Exit, Paolo De Stefano. En revanche, la villa, opportunément baptisée « Tacita Giorgina » – « L'Harmonica muet » –, devait encore faire parler d'elle. Une note des Renseignements généraux de 1991 établissait qu'elle était, à cette époque encore, la propriété d'une société sise à Lugano, en Suisse, dont on a tout lieu de croire qu'elle servait à la Mafia calabraise dans ses opérations de blanchiment de son argent sale. D'ailleurs cette même note indiquait également que cette villa pour milliardaires était « gérée » par un autre Calabrais à la solide réputation de mafioso, qui avait été arrêté en même temps que De Stefano, puis remis en liberté par la justice française, pas tout à fait convaincue par le dossier d'extradition présenté par l'Italie. Il s'agissait d'un certain Antonio Canale, dit Vittorio, dont nous aurons l'occasion de reparler.

Nous évoquerons aussi, et plus longuement encore, la personnalité et les activités de Domenico Libri, le second boss calabrais, désigné par Giuseppe le Repenti comme ayant été à l'origine de la création d'une Cosca en France. Son arrestation à Marseille, le 16 septembre 1992, défraya la chronique de façon tonitruante. On retiendra, pour l'heure, que cet homme de petite taille, à la mise modeste, qui se déplace en s'aidant d'une canne et que rien ne différenciait des retraités qui assistent aux parties de boules dans les allées du parc Borély, avait pris la succession de Paolo De Stefano à la tête de la famille lorsque ce dernier fut assassiné dans une guerre des clans, laquelle coûta, également, la vie à l'un des fils Libri, abattu en prison par des tueurs mandatés par les familles ennemies Condello et Imerti : Antonio Imerti, dit Nano le Féroce, également originaire de Reggio di Calabria, qui « pèse », dit-on, 400 milliards de lires.

Domenico Libri était très activement recherché depuis son évasion de la prison-hôpital de Busto Arzizio en décembre 1989, et un renseignement transmis par le SISDE, les services secrets italiens, laissa penser qu'il avait pu trouver refuge à l'intérieur (douillet) de « L'Harmonica muet ». L'information ne fut jamais confirmée, mais qu'importe : ces éléments accréditent les confidences du repenti. Visiblement, il sait de quoi il parle.

Selon lui, une autre réunion – un sommet international du crime organisé – s'est tenue courant 1981 à l'hôtel Negresco, le dernier véritable palace de la Promenade des Anglais à Nice. Y participèrent quelques-uns des plus puissants personnages du gotha mafieux. Qu'on en juge plutôt : pour la 'Ndranghetta, Paolo De Stefano, Domenico Libri et Pépé Morabito, dit Casa Forte, du village de De Africo ; pour la Camorra, Michele Zaza et Lorenzo Nuvoletta, et pour Cosa Nostra, Gaetano Fidanzati et un membre de la famille Gambino. Était présent aussi un Bastiais, à peine âgé de 40 ans, qui eut des ennuis avec la justice, sept ans plus tard, pour la gestion d'un club qui avait tout l'air d'un bordel de luxe. Il représentait le grand banditisme corse déjà en pleine ascension, illustré, depuis cette époque et encore aujourd'hui, par la fameuse bande de la Brise de mer, qui devait donner l'exemple du recyclage de l'argent sale dans l'immobilier et le commerce, *via* les banques suisses. Cette présence en dit long, on le remarquera, sur la connivence du crime organisé corse et italien, tant il est vrai que l'un et l'autre plantent leurs racines dans le même terreau social et obéissent à des « valeurs » communes comme le sens de la famille, l'esprit de solidarité et la loi de l'omerta.

On a déjà évoqué l'importance de De Stefano et de Libri dans la Mafia calabraise ; les frères Morabito ne leur cèdent en rien. Ils ont investi Milan et la Lombardie où ils ont pu installer leurs activités, licites et illicites, au nez et à la barbe des policiers de la capitale économique de l'Italie, qui, eux non plus, n'avaient rien vu venir ! Quant à Michele Zaza et Lorenzo Nuvoletta, les deux parrains de la Nouvelle Famille napolitaine, les rois du trafic des « blondes », ce sont les deux seuls camorristes qui auraient l'insigne privilège d'être aussi des « hommes d'honneur », c'est-à-dire des membres de Cosa Nostra. Michele Zaza, surnommé O Pazzo – Le Fou –, était réfugié en France, comme on le verra plus loin, et Lorenzo Nuvoletta avait choisi l'Allemagne pour étendre ses activités mafieuses.

Quant à Cosa Nostra, elle n'était pas sous-représentée à ce fameux sommet avec Gaetano Fidanzati, le parrain du quartier palermitain de l'Arenella exilé à Milan, et le représentant des Gambino, l'une des cinq grandes familles de la Mafia new-yorkaise. « Ce sont eux qui dirigeaient les discussions qui eurent pour objet d'organiser, c'est-à-dire d'imaginer et de répartir, les modalités des différents investissements en France des fonds d'origine mafieuse », précise le repenti.

Ce qu'il ne dit pas c'est la puissance d'argent que ce « tour de table » représentait. Cette information figure dans un classement, par ordre décroissant de leurs surfaces financières, des chefs mafieux italiens. Ce hit-parade, établi sur la foi de renseignements « puisés à la meilleure source », a été publié en juin 1991 par le très sérieux hebdomadaire économique italien *Il Mondo* qui sert de référence. Lorenzo Nuvoletta et Michele Zaza, les camorristes, occupent, respectivement, les deuxième et cinquième places avec des patrimoines estimés à 1 200 et 700 milliards de lires, soit, au cours de l'époque, approximativement 6 et 3,5 milliards de francs. On leur prête, accessoirement, 250 et 100 « collaborateurs ».

Domenico Libri, le Calabrais, est vingt-troisième avec 300 milliards de lires. Son compère De Stefano aurait figuré dans les premiers rangs si son nom n'avait pas été effacé par une mort précoce. Gaetano Fidanzati arrive à la vingt-cinquième place (150 milliards de lires) et il précède Giuseppe Morabito, Pépé-tire-droit, qui se contente de la trente-deuxième avec 70 milliards de lires. La famille Gambino, de New York, peut être classée hors concours puisqu'il faudrait compter en dollars… Quant au Corse, le renseignement n'a pas été communiqué…

Une rapide addition montre qu'il y avait, ce jour de 1981, dans un salon du Negresco à Nice, un sommet de la Mafia qui pesait près de 2 500 milliards de lires (13 milliards de francs) et que le but de la réunion était de discuter d'activités et d'investissements en France. Pour ce qu'on pourra découvrir dans les années suivantes, ces messieurs n'ont pas parlé dans le vide. La date est à retenir pour l'histoire de l'implantation de la Mafia en France, car elle marque, comme une borne, le début d'un long chemin.

D'autres réunions suivirent dans d'autres grands hôtels de Nice, comme celle qui se tint le 14 février 1989 à l'Élysée Palace avec, encore, Michele Zaza et Gaetano Fidanzati, et treize autres mafiosi d'importance. Prévenue par les services spécialisés italiens, la PJ intervint, mais un peu tard. Elle ne put que recenser les participants et interpeller trois d'entre eux, tous Napolitains et porteurs de faux papiers. Il ne fallait pas compter sur eux pour faire un compte rendu du « sommet » auquel ils venaient d'assister, mais il ne fait pas de doute que celui-ci avait eu pour but de conforter le partenariat initié dès 1981.

A propos de cette première concertation mafieuse sur le territoire français, le repenti va plus loin dans ses précisions. Il parle de répartition de l'argent de la drogue dans des investissements touchant à l'immobilier, le sport, l'import-export et les grands travaux publics. Il ajoute même, et nous lui laisserons la responsabilité de cette affirmation : « C'est ainsi qu'a été conçu le projet de Disneyland à Marne-la-Vallée, celui d'une chaîne de centres de thalassothérapie en Bretagne et sur la Côte d'Azur ainsi que d'autres activités sportives ou de loisirs. L'idée était de recycler facilement de grosses sommes d'argent à travers des SARL. » Et Giuseppe d'avancer encore dans la confidence, déjà proprement stupéfiante : « En ce qui concerne Disneyland, beaucoup de bâtiments, hôtels et restaurants, ont été construits par des sociétés italiennes en sous-traitance qui étaient toujours moins disantes que leurs concurrentes puisque l'argent venait de la drogue. » Voilà qui rappelle quelque chose. Dans son rapport, la commission d'enquête parlementaire française sur la pénétration de la Mafia en France, présidée par François d'Aubert, indique : « La Commission a rencontré à diverses reprises, au cours de ses travaux, le cas du groupe Italimprese appartenant à la famille Rendo, laquelle est impliquée dans l'affaire dite des Cavalieri dell' Lavoro de Catane et citée dans l'acte d'accusation du procès de Palerme en 1985. Ce groupe a d'ores et déjà pris part à des marchés sur le territoire français : Eurotunnel et Eurodisney. Les sociétés de ce groupe se livrent à des pratiques illégales au regard du droit du travail et qui relèvent de techniques de blanchiment. Certes, ces entreprises ont été exonérées de tout soupçon de collusion mafieuse par le juge Russo, en décembre 91, néanmoins, celui-ci a tout de même reconnu qu'elles avaient bien eu des relations d'affaires avec la Mafia, tout en indiquant qu'elles l'avaient fait "en état de nécessité". »

Giuseppe se montre également prolixe dans la description de l'organisation de la Cosca du Sud de la France après l'arrestation de Don Paolo à Antibes, en novembre 1982 : « Le pouvoir est passé entre les mains de son bras droit, Vittorio Canale, qui demeure toujours sur la Côte d'Azur. » Il donne le nom de son homme de confiance qu'il appelle « le boss » : un Italien, gérant d'une société spécialisée dans la sécurité des biens et des personnes, située sur la zone industrielle de Carros, près de Nice. « Il représente toujours les intérêts de Canale, c'est un homme de confiance qui ne fréquente personne, qui n'a aucun contact avec personne », dit-il en fournissant l'adresse et les numéros de téléphone de ce très discret personnage, inconnu jusqu'ici des services de police.

Giuseppe cite, encore, les points de chute des Calabrais. « Les réunions se tiennent dans un restaurant de Juan-les-Pins appartenant à un Italien grâce auquel on peut remonter jusqu'à Toto Libri, le fils de Domenico, qui dirige la Cosca avec Vittorio Canale depuis que son père a été incarcéré. » Il indique qu'ils se retrouvent également à la Siesta, un complexe de luxe situé en bord de mer, entre Antibes et Cagnes, comprenant plage, restaurant, dancing et casino – « On ne paie jamais », dit-il –, ou dans deux établissements de Monte-Carlo : un restaurant italien très huppé et un bar-discothèque.

Vittorio Canale ou le blanchisseur d'argent sale déguisé en hôtelier-restaurateur, selon le repenti, qui n'hésite pas à donner un luxe de détails parfaitement vérifiables, comme le nom de l'établissement, entre Nice et Monaco, qui serait une parfaite couverture. Comme instruments de ce blanchiment, il cite deux sociétés d'import-export installées dans une résidence hôtelière de Villeneuve-Loubet, près d'Antibes, dont le gérant, homme de paille, est un Français d'origine grecque : adresses et numéros de téléphone (dont un portable) à l'appui.

Au chapitre « lessiveuses », il se montre d'ailleurs intarissable et, une fois encore, peu avare en révélations précises et étonnantes. « Généralement sont constituées dans les paradis fiscaux habituels

(Panama, Liechtenstein, Luxembourg, Monaco) des sociétés offshore dont le capital social peut même être modéré. Sur ces sociétés sont virés des fonds, des "swifts" ou virements très rapides. Avec une société offshore, on peut ouvrir des comptes dans plusieurs pays de manière à diviser le capital. » Jusque-là rien de très original, mais la suite l'est davantage car il donne le nom d'un Italien de Monaco, parfaitement honorable, qui dirige une dizaine de personnes chargées de gérer ces mouvements de fonds. Il poursuit en fournissant les identités d'un banquier de Juan-les-Pins et d'un habitant du village de Plan-du-Var, près de Nice, qui jouent un rôle identique : « Le rendez-vous de ces "banquiers" est le bar du Carlton à Cannes. »

Apparaît aussi dans l'organisation un entrepreneur de Vence (Alpes-Maritimes) qui construirait pour la Cosca de somptueuses villas grâce à des crédits obtenus auprès d'une banque de Monaco, elle-même alimentée par de l'argent envoyé de Los Angeles. Là encore, il décrit soigneusement cet entrepreneur et sa situation de famille, tant il est vrai que la crédibilité de ses propos tient à leur précision et à la possibilité de les vérifier.

C'est ainsi qu'il se lance dans une tirade, riche en détails de ce type, sur le responsable d'un cabinet de conseil fiscal pour les entreprises de la région parisienne qui a mérité une page entière dans *Le Nouvel Économiste*. Selon ses dires, ce « corsaire » – c'est ainsi que l'on baptise les chasseurs d'impôts qui se paient sur les bénéfices qu'ils font réaliser à leurs clients – aurait d'autres activités plus secrètes et plus aventureuses. Il aurait été photographié à l'aéroport de Fiumicino, à Rome, en compagnie d'un mafioso prénommé Bruno et d'un contrebandier terroriste italien nommé Snaider. La rencontre aurait eu pour but de mettre en œuvre un trafic portant sur des missiles nucléaires en direction de la Libye, *via* la France et la région marseillaise. Le paiement aurait été fait en dollars et en lingots d'or. Et Giuseppe de remettre à son confesseur les relevés d'identité bancaire du cabinet fiscal mais aussi ceux des sociétés offshore que cet aventurier, aux allures de golden boy, dirigerait en France, en Belgique et en Italie. Des comptes sur lesquels, précise le repenti, transitent plus de 24 millions de francs chaque mois ! « J'ai la conviction qu'il est un blanchisseur d'argent sale », conclut-il.

Et tout en parlant blanchiment d'argent sale, celui de la cocaïne principalement, dont il dit en passant que les Calabrais ne traitent qu'avec le cartel de Cali – ce qui est apparu dans des trafics mis au jour par la police et que l'on évoquera par ailleurs –, Giuseppe nous entraîne vers le sujet le plus tabou qui soit dès que l'on parle de l'implantation de la Mafia en France : celui de l'implication des hommes politiques.

A propos de Libri, dont il dit qu'il dispose de mille deux cents à mille trois cents hommes en Calabre, il affirme : « Il investit dans la construction d'une autoroute, la Francilienne n° 86, autour de Paris. Son interlocuteur est un député français et il est en contact également avec un député européen italien. »

Puis il évoque le rôle d'une grande blonde, âgée d'une cinquantaine d'années, domiciliée dans le Midi, et qui paraît spécialisée dans les antiquités. Une amie de Domenico Libri, qui roule indifféremment en Porsche 911 et en Range Rover : « Elle recycle de l'argent sale par le biais d'objets d'art, notamment avec les Japonais auxquels elle a vendu un Renoir acheté à un receleur après qu'il eut été volé près de Nice » – peut-être la nature morte dérobée à un collectionneur demeurant dans les résidences de Marina-Baie des Anges à Villeneuve-Loubet en avril 1992. Il indique encore que la blonde antiquaire a ramené en France, à la demande de Libri ou de Canale, un char romain d'une très grande valeur ainsi que des dagues romaines et des vases de la même époque : « Elle se livre au trafic d'œuvres d'art avec la complicité de la Mafia. Ce trafic sert aussi à blanchir de l'argent sale. C'est la raison pour laquelle elle est très liée à Libri », dit-il. Ce qu'il ne sait pas et qui accrédite ses déclarations, c'est que cette dame a été condamnée pour recel d'objets volés.

Mais il va plus loin : « Elle est le passage obligé entre la Mafia italienne et le monde politique français », dit-il, en ajoutant que cette dame a détenu un mandat électif dans cette région.

On sera parvenu au terme de la déposition de ce témoin hors pair avec la mise en cause de plusieurs policiers, nommément cités avec téléphones personnels et professionnels, amis de Vittorio

Canale, rencontrés dans l'établissement de ce dernier sur la Moyenne Corniche, entre Nice et Monaco : « Ils reçoivent, mais ils rendent des services », dit-il sobrement.

Voilà : l'essentiel des confidences du premier repenti de l'histoire de l'implantation du crime organisé en France a été rapporté. Elles ont été prises très au sérieux par ceux qui les ont recueillies, au point qu'ils hésitèrent longtemps sur la meilleure façon d'utiliser cette bombe : comme s'ils craignaient qu'en la manipulant elle puisse leur exploser dans les mains. Après avoir été conservés dans les coffres-forts de la Chancellerie, où dorment les secrets les plus périlleux, certains renseignements, livrés par celui que l'on a baptisé Giuseppe, ont été transmis à la PJ de Nice pour enquête. Que faut-il en penser ? A mon avis, cette confession confirme, de manière éclatante, s'agissant d'un homme du sérail, les informations qui vont suivre et qui forment le corps de ce livre, où l'on va reparler de Siciliens, de Calabrais et de Napolitains installés, entre crimes et affairisme, industrie et politique, sur le sol français.

France, terre conquise ? Pas encore, certes, mais la conquête est en marche, et on ne l'arrêtera qu'au prix de mesures draconiennes qui concernent notre Code pénal, la réorganisation de notre police et de la gendarmerie, la centralisation des renseignements et la mise en place de services judiciaires spécialisés. Une véritable révolution de tout notre système d'enquête et de répression est nécessaire pour opposer un front uni et compact à un « ennemi » qui a mis en pratique, depuis toujours, ce vieil adage de la sagesse populaire selon lequel « l'union fait la force ». Il faudra, aussi, envisager un statut particulier pour assurer l'impunité et la protection de ceux dont on aura un impérieux besoin pour transgresser l'omerta et pénétrer les secrets bien gardés du crime organisé afin de pouvoir mieux le combattre : les repentis. Celui que l'on a appelé Giuseppe aura montré l'exemple : à ses risques et périls.

DEUXIÈME PARTIE

Du refuge à l'installation

Le rabin lave plus blanc

Ah ! si elle pouvait parler, la villa baptisée « L'Harmonica muet »... Elle nous en apprendrait davantage que tous les rapports de police. Encore que, rétrospectivement, elle se soit montrée plus bavarde qu'on aurait pu le croire. Lorsque les policiers niçois se présentèrent, le 10 novembre 1982, à la porte de cette demeure avec jardin et piscine, située au bout d'un chemin sans issue d'un quartier résidentiel d'Antibes, ils ne se doutaient pas qu'ils effectuaient un acte historique : l'arrestation du premier *capo mafioso* appréhendé sur le territoire français. Le premier, mais pas le dernier ! On peut même dire que la Côte d'Azur a bien mérité, depuis, le titre de « base arrière de la Mafia » que lui a décerné la presse à l'unanimité. En fait, cette belle région si accueillante aux visiteurs, surtout s'ils ont les moyens financiers de profiter de ses avantages, n'a pas conservé, treize ans après cette arrestation, l'exclusivité de cette appellation contrôlée. Elle a dû la partager avec tout le Sud de la France puis, plus récemment, avec d'autres régions où l'on trouve de fortes colonies d'immigrés italiens de souche plus ancienne. On pense, notamment, au Dauphiné-Lyonnais et à la Lorraine.

En région Provence-Alpes-Côte d'Azur, les chiffres sont éloquents. Les demandes d'extradition traitées par le parquet général d'Aix-en-Provence et concernant des Italiens, arrêtés dans le ressort de la cour, et dont l'appartenance à des organisations criminelles de type mafieux n'est pas douteuse, ont été multipliées par trois entre 1992 et 1993. Trente et une requêtes ont été formulées pour cette dernière année contre dix en 1992 et cinq en 1988. En six ans, le nombre de demandes d'extradition concernant, uniquement, des individus accusés du crime d'association de type mafieux s'est élevé à soixante-seize.

Il faut savoir que l'extradition n'est pas une peccadille. Un État ne la réclame que pour les cas graves. Chaque dossier mobilise, depuis l'arrestation jusqu'au rapatriement, en passant par la détention dite « sous écrous extraditionnels » et les procédures et audiences mises en œuvre, un grand nombre de policiers, de magistrats et du personnel pénitentiaire. Finalement, une extradition coûte très cher en temps, en travail et en frais de toutes sortes, car les recours sont nombreux et la procédure peut durer plusieurs mois, voire plusieurs années.

Le cas de Michele Zaza est édifiant. Le boss de la Nouvelle Famille de la Camorra, dont le nom reviendra à plusieurs reprises dans ce récit, souffrait d'une maladie cardiaque. Mais, en bon Napolitain, il était un grand comédien. Chaque fois qu'il devait se rendre à une audience devant des magistrats français qu'il voulait convaincre de la fragilité de son cœur, il fumait plusieurs cigarettes d'affilée dont il conservait la fumée dans ses poumons. Invariablement, cette auto-intoxication par le tabac le faisait vaciller comme s'il était victime d'un malaise. Si bien qu'il était toujours difficile de poser le bon diagnostic entre les effets réels de son affection et ceux qu'il provoquait. Par mesure de sécurité médicale, il avait donc été transféré à la prison-hôpital de Fresnes. Lorsqu'il présentait une demande de mise en liberté, il devait être transporté en avion sanitaire, escorté par le GIGN, pour comparaître devant la cour. On a calculé que sa détention en France a coûté 8 millions de francs au budget du ministère de la Justice !

C'est dire que la plupart des mafiosi appréhendés sur le territoire national en vue de leur extradition sont tous, peu ou prou, des chefs haut placés dans la hiérarchie de leurs familles respectives. De surcroît, il paraît évident que les chiffres cités plus haut ne donnent pas la mesure exacte du phénomène, car certains pouvaient être réfugiés en France à l'insu des autorités italiennes.

Un magistrat confie à ce sujet : « La présence sur notre sol de délinquants italiens recherchés par les autorités judiciaires de leur pays est un fait acquis inquiétant. L'examen des demandes d'extradition formées par les autorités italiennes et parfois allemandes confirme l'utilisation de notre pays comme refuge. » On ne saurait mieux dire, sauf à ajouter que le procureur Paolo Mancuso, chef du parquet anti-mafia de Naples, y voit une raison historique : « On peut faire un parallèle, dit-il, entre la situation que nous connaissons en Italie et celle du Sud de la France, qui présentent certains points communs. Nous avons constaté en Italie, et à Naples plus précisément, la présence des premières sociétés criminelles françaises. Il s'agit de celles qui se sont constituées autour du trafic de cigarettes à la fin des années 60. A cette époque, les organisations criminelles marseillaises ont essayé de se rattacher à celles qui se sont formées dans notre ville. Elles ont été contrecarrées par une autre alliance : celle entre les Siciliens et d'autres clans napolitains et le premier de tous, celui de Michele Zaza et Lorenzo Nuvoletta. » On ne manquera pas de remarquer que ces deux chefs de la Camorra sont cités par Giuseppe le Repenti parmi les participants au sommet mafieux de l'hôtel Negresco à Nice en 1981 dont il a révélé la tenue dans sa confession.

Le procureur Mancuso poursuit en affirmant que l'affrontement pour le contrôle du trafic de cigarettes a été suivi par celui concernant le trafic de stupéfiants, et qu'ainsi des liens très forts se sont soudés entre des organisations criminelles très importantes de la région de Naples et du Sud de la France : « On peut vérifier que ces liens existent encore aujourd'hui et qu'ils ont entraîné un transfert de capitaux d'une région à l'autre », dit-il.

S'il faut ajouter l'avis d'un autre expert, on peut citer le commissaire divisionnaire Jacques Guida, auteur, lorsqu'il dirigeait la PJ de Nice, d'un important rapport sur le phénomène mafieux sur la Côte d'Azur daté du 30 avril 1994. Il situe, lui aussi, son apparition en 1982 avec l'arrestation de Paolo De Stefano, mais aussi avec celle de trois autres Calabrais, à Nice et en Italie : « Selon les services italiens, ils auraient noué des liens avec la Mafia sicilienne et la Camorra napolitaine dès cette époque, pour se partager le trafic international des stupéfiants et la prise de contrôle des établissements de jeu tant du côté italien que du côté français, en particulier à Menton et Beaulieu. C'est au sein de la colonie calabraise implantée à Antibes, Juan-les-Pins et Cagnes-sur-Mer, qu'ils étaient présumés avoir trouvé refuge. Selon les informations communiquées, ils étaient en rapport avec une famille dont l'un des membres avait été interpellé dans le cadre d'une enquête sur l'enlèvement d'un industriel à Valbonne. »

Le commissaire Guida cite aussi son collègue, officier de liaison à Rome, qui a été autorisé par les autorités judiciaires italiennes à rencontrer un repenti, ancien membre de la 'Ndranghetta. Ce dernier a fourni des informations très précises sur l'implantation de la Mafia calabraise dans le Sud de la France. On apprend ainsi qu'elle s'est réalisée dès le début des années 80. Il révèle la composition des familles installées à Nice, Vallauris, Antibes, Cannes, Grasse, Ollioules et La Seyne-sur-Mer.

Selon ce repenti, une grande partie de ces membres de la 'Ndranghetta se livrait, dans les années 80, à des activités honorables. Ils étaient maçons ou cafetiers, mais ils fournissaient aussi assistance aux « réfugiés » recherchés en Italie. Il dénonce la famille d'Antibes qui avait passé, à cette époque, un accord avec un groupe de truands corses spécialistes des vols à main armée : les Calabrais choisissaient les objectifs, préparaient les « coups » et assuraient les bases de repli. Les Corses exécutaient les hold-up et partageaient le butin.

Cette confession devait trouver confirmation au mois de juin 1994. Policiers et douaniers assistèrent alors, dissimulés dans un « sous-marin » – un fourgon banalisé aux vitres sans tain qui permet de voir sans être vus –, à une autre réunion « au sommet ». Ils avaient été avertis de l'arrivée à l'aéroport de Nice-Côte d'Azur d'un certain Angelo Arena, membre de la famille du même nom de la 'Ndranghetta de Catanzaro : un *capo mafioso*, à n'en pas douter. Ils le suivirent. Angelo Arena les conduisit dans un restaurant du vieil Antibes où il déjeuna en compagnie du chef de la famille calabraise installée à Vallauris, où elle possède une quinzaine d'hôtels, restaurants et immeubles. A table, un représentant du grand banditisme corse côtoyait un Nord-Africain soupçonné de diriger une équipe de dealers. Mais le plus édifiant était la présence parmi les convives d'un Français installé à San Juan, Californie, dirigeant d'une société milanaise de fabriques de machines à débiter de la crème glacée. On sait que les Italiens sont les rois des *gelati* mais il y a quelque raison de croire que ces appareils pouvaient peut-être servir à d'autres transports de part et d'autre de l'Atlantique.

Dans un document élaboré au sein de la Chancellerie, qui a décidé, à la suite du rapport Guida, de créer un groupe de réflexion sur la présence des organisations mafieuses en France, on peut lire : « Il apparaît en premier lieu que dans les Alpes-Maritimes et le Var les familles sont constituées selon le modèle de Calabre, avec laquelle elles auraient des liens constants. Les groupes dépendent des familles et, dans chaque zone, une famille domine les autres. Organisées sur la Côte d'Azur en une seule entité – la "zone de contrôle" – les familles dépendent de la famille de Nice, elle-même rattachée à celle de Vintimille, dirigée par les frères Carlino et coiffant les implantations de la 'Ndranghetta en Ligurie, constituant une zone de transit entre la France du sud-est et la Calabre. » Suit une localisation des familles et des groupes avec cette précision : « Dans les années 80, ces familles auraient compté chacune de dix à quinze membres, sauf Antibes qui aurait eu une trentaine d'affiliés. » Cela représente quand même, de Nice à La Seyne, et pour la seule 'Ndranghetta, un groupe très compact d'une centaine de mafiosi prêts à tout. De mémoire de journaliste, jamais une « équipe » de truands locaux n'avait été aussi puissante, et, pourtant, les annales du crime sont largement fournies si l'on feuillette la collection des journaux régionaux !

Quant au commissaire Guida, il conclut dans son rapport : « Il est dorénavant démontré que des membres de la Camorra, de la 'Ndranghetta et, dans une moindre mesure, de Cosa Nostra, ont utilisé le département des Alpes-Maritimes comme lieu de refuge, voire comme base pour leurs activités criminelles ou frauduleuses sur notre territoire ou à l'étranger. »

Il serait trop fastidieux d'établir la liste exhaustive de tous ceux dont l'arrestation a été rendue publique, depuis l'épisode fatal à Don Paolo De Stefano en 1982. Par contre, certains méritent la faveur d'être cités en raison de leur importance dans la hiérarchie de leurs « familles » respectives ou par le rôle qu'ils ont joué dans les différentes phases de l'installation des organisations criminelles italiennes en France.

En premier lieu figure Antonino Calderone, devenu célèbre par sa confession au juge Falcone et à Michel Debacq, substitut au parquet de Marseille avant d'être envoyé à Rome pour devenir le magistrat de liaison entre la Chancellerie et la justice italienne. Sa confession de 867 pages entraînera plus de deux cent cinquante arrestations [1]. Né dans une famille mafieuse de Catane, neveu d'un mafioso puissant, Nino s'éloigne de Cosa Nostra lorsque son frère, Pipo Calderone, le grand boss de Catane, chef de la commission régionale de Cosa Nostra, est abattu par un clan rival en septembre 1978. Il vit caché, coupé de ses anciens amis, jusqu'en février 1983, date à laquelle il décide de s'enfuir en France, *via* la Suisse.

Avec sa femme et leurs trois enfants, Antonino Calderone refait sa vie à Nice où il exploite une laverie automatique. L'ancien trésorier d'une « famille » de Cosa Nostra qui lave plus blanc, cela ne s'invente pas ! Ce sosie d'Omar Sharif mène l'existence, discrète et tranquille, d'un petit bourgeois niçois lorsque son passé le rattrape sous la forme d'un mandat d'arrêt international lancé contre lui à la suite d'accusations formulées par un repenti. Les policiers de Catane ont intercepté une communication téléphonique entre son épouse et le frère de cette dernière resté en Sicile. Mme Calderone racontait que sa fille devait être opérée dans un hôpital de Nice. Dès lors, la piste du fuyard était retrouvée, et, le 9 mai 1986, il était appréhendé au moment où il sortait de l'appartement qu'il venait d'acquérir dans le centre de Nice. Mais ce n'est que le 31 décembre qu'il décida de collaborer en échange de sa liberté. Depuis, on n'a plus jamais entendu parler de Nino Calderone et de sa famille. Mais, pour ce qui est du sujet de ce livre, on retiendra ce qu'il avait dit aux deux policiers venus lui rendre une première visite dans sa cellule alors qu'il avait manifesté son désir de se repentir : « Avant toute chose, il faut que vous alliez chercher ma femme et mes enfants. Il faut qu'ils soient entre vos mains, sous votre responsabilité, parce que les autres veulent nous

1. Le sociologue Pino Arlacchi en a fait un livre, *Les Hommes du déshonneur*, paru aux éditions Albin Michel en 1993.

tuer tous. Et puis, il faut que vous sachiez que Nice est plein de mafiosi en cavale. Il y a Pippo Greco et il y en a beaucoup d'autres avec lui. » Les événements allaient accréditer cette déclaration qui n'avait pas été prise très au sérieux.

Moins de deux ans plus tard, ce fut l'arrestation d'un couple, uni dans la vie comme dans le crime organisé, qui poursuivit une spectaculaire série. Rolando Tortora, 54 ans, et Antonieta Di Maio, dite Tania, 66 ans, avaient échappé, à Rome, à un vaste coup de filet dans lequel étaient tombées sept cents personnes, dont un présentateur vedette de la télé italienne, homonyme du premier qui devait d'ailleurs être blanchi *post mortem*. Le couple et les enfants de la dame s'étaient réfugiés dans une villa d'Antibes où la police italienne les dénicha le 9 septembre 1988. Ils étaient accusés d'avoir formé dans la capitale italienne un « noyau important » de l'organisation criminelle napolitaine connue sous le nom de Nouvelle Camorra organisée, dirigée par Rafaele Cutolo. Tania, qui apparaissait, elle aussi, très engagée dans la criminalité, avait d'ailleurs été condamnée à cinq ans de prison par le tribunal de Rome.

C'est dans le clan rival de la Nouvelle Famille qu'il faut classer l'un des véritables parrains de la Camorra : Mario Iovine, 51 ans. Il se reposait dans une discrète villa de Solliès-Pont, près de Toulon, lorsque, le 26 août 1989, une escouade de la PJ toulonnaise, informée par celle de Lyon qui enquêtait sur une affaire de stupéfiants, vint l'arrêter. Ni somptueuse, ni située dans une presqu'île pour milliardaires, comme c'est souvent le cas pour ses *alter ego*, la maison, que rien ne distinguait des autres pavillons du quartier, avait été achetée par une jeune femme brésilienne, huit mois plus tôt, pour le compte de Iovine. Connu pour son humour, celui-ci n'a sûrement pas manqué de sourire lorsqu'il apprit que le précédent propriétaire était un gendarme à la retraite.

Les voisins n'avaient eu qu'à se féliciter de la discrétion et de l'affabilité de cet Italien qui venait, de temps à autre, se reposer dans ce pied-à-terre, tantôt seul, tantôt accompagné d'une femme et d'enfants ou d'amis. Ils furent donc quelque peu surpris d'apprendre qu'il faisait l'objet de huit mandats d'arrêt émanant d'un juge napolitain. Un repenti, Luigi Basile, dit Le Marseillais, avait raconté comment s'était déroulée la guerre de succession au sommet de la Nouvelle Famille. Mario Iovine aurait envoyé au Brésil, au mois de mai 1988, un commando de tueurs pour faire supprimer celui dont il avait pris la place, Antonio Bardellino, que le journaliste Fabrizio Calvi, citant Tommaso Buscetta, met au même rang que Michele Zaza et les frères Nuvoletta dans la hiérarchie de la Camorra [1]. Mario Iovine le tenait pour responsable de l'assassinat de son frère Domenico. Bardellino disparut pour toujours, de même que son neveu, Paride Sarzillo, enlevé le 26 mai 1988 près de Naples et dont le corps aurait été noyé dans le lac Patria. Une double « *lupara bianca* », comme disent les mafiosi quand ils évoquent un assassinat sans cadavre. La vendetta devait se poursuivre par la mort des deux frères de Bardellino, Ernesto et Salvatore, mais les aveux du repenti mirent fin à la série en même temps qu'ils contraignirent Mario Iovine, dit Maritiello, à l'exil. Il put quitter d'autant plus facilement le territoire national que l'administration municipale de Casal di Principe, province de Caserte, lui avait fourni une carte d'identité, et cela en toute illégalité. Curieusement, il avait été remis en liberté par la justice française après que le gouvernement italien, sans expliquer sa volte-face, eut renoncé à réclamer son extradition. Mais comme beaucoup d'autres mafiosi, il était plus en sécurité en France qu'en Italie : Mario Iovine fut tué à Cascais, en Italie, le 6 mars 1991.

Il est encore question de l'assassinat d'Antonio Bardellino et de la guerre « familiale » de la Camorra lorsque trois villas du quartier résidentiel de Millery, au sud de Lyon, sont investies par la police le 23 juin 1989. Elles appartiennent au clan Renna, des brocanteurs d'origine napolitaine : le père Antonio, 53 ans ; son fils Carmine, 27 ans, et son gendre, Giuseppe Caterino, 35 ans. C'est auprès d'eux qu'a trouvé refuge, depuis quelques jours, un camorriste qui figure à la dix-neuvième place du classement d'*Il Mondo*, année de référence 1991, des mafiosi suivant leur puissance financière.

1. Dans son excellent ouvrage *L'Europe des parrains* paru aux éditions Grasset en 1993.

Il s'agit de Francesco Schiavone, 35 ans, plus connu sous son sobriquet de Sandokan, qui avait succédé à Mario Iovine à la tête du clan de Casale, province de Caserte : « Incontestablement, l'organisation de type mafieux la plus sanguinaire opérant sur le territoire de la Campanie », selon le procureur Roberti, du parquet anti-mafia de Naples. *Il Mondo* attribue à Sandokan un patrimoine évalué à 300 milliards de lires et une « armée » de deux cent cinquante hommes. Six personnes sont interpellées par la police : trois Français et trois Italiens, ce qui est le signe de la symbiose qui s'effectue toujours entre les mafiosi en fuite et leurs familles d'accueil.

Avec l'arrestation suivante, dans l'ordre chronologique, on revient à la Côte d'Azur, la terre promise de la diaspora mafieuse. Giuseppe Flachi, dans le hit-parade des cinquante mafiosi les plus fortunés d'Italie, est quarante-quatrième avec 30 milliards de lires provenant du trafic de drogue, sa grande spécialité avec l'extorsion de fonds et le trafic d'armes. Il a fait l'objet de quatre demandes d'extradition pour des crimes et des délits différents. Aux policiers de la brigade antigang de Nice, qui viennent l'interpeller sans ménagement, le 29 novembre 1991, alors qu'il stoppait sa limousine devant le portail de la villa qu'il louait depuis six mois à Théoule, près de Cannes, il a le front de déclarer : « Je ne comprends pas. Vous vous trompez. » Eux savaient que cet homme à la quarantaine replète, élégamment vêtu, très maître de lui, était un redoutable bandit. Mais il n'était pas armé. Ce parrain de la 'Ndranghetta, émigré à Milan, avait mené une guerre sans merci à un clan rival pour s'assurer la suprématie dans le trafic de la « blanche » dans la capitale de la Lombardie. Elle s'était soldée par une dizaine de morts. L'enquête démontra qu'il se conduisait, dans sa villégiature dorée, comme un paisible retraité à l'abri du besoin : sur plusieurs comptes ouverts en France, il recevait en moyenne un million de francs par mois. Encore que des écoutes téléphoniques montrèrent que, de sa villa de Théoule, il continuait à diriger ses affaires en liaison avec son lieutenant, un certain Michel Lombardi, qui le consultait régulièrement. L'importance de Pepe Flachi dans la hiérarchie de la Mafia calabraise fut confirmée par la découverte, au domicile de l'un de ses amis de Milan, d'un plan destiné à le faire évader de sa prison française.

Un petit détour par la Corse est nécessaire pour nous permettre d'évoquer le cas de Matteo Boe. Non qu'il soit un personnage important de la Mafia, mais parce que les policiers qui ont enquêté sur son compte sont persuadés, sans pouvoir le démontrer, qu'il était en relation avec des membres de Cosa Nostra pour exécuter des opérations particulièrement difficiles. Originaire de Sardaigne, il est âgé de 35 ans lorsqu'il est appréhendé, le 13 octobre 1992, au moment où il regagne l'hôtel U Palmu à Porto-Vecchio, sur la côte orientale. Les policiers ont pris toutes leurs précautions, car ils connaissent sa carte de visite et elle est impressionnante. Cet ancien des Brigades rouges est recherché pour l'exécution de deux peines de prison pour deux enlèvements – une spécialité que les bandits sardes partagent avec les calabrais – et, accessoirement, pour vol à main armée et évasion. En effet, Matteo Boe a réalisé l'impossible exploit de s'évader de l'île de Pianosa, l'Alcatraz italien, au large de Bastia. On lui impute quatre rapts. Ceux de Giulio de Angelis, dont la famille a dû verser trois milliards de lires en 1988 ; de Salvatore Scanu, un commerçant libéré contre un milliard deux cents millions de lires en 1990 ; de la comtesse Marta Manzotto ; et, surtout, celui du petit Farouk Kassam, 8 ans, enlevé en janvier 1992 et libéré après six mois de séquestration alors que ses parents avaient reçu une oreille de leur enfant pour les pousser à payer la rançon demandée.

Matteo Boe se trouvait depuis trois jours à Porto-Vecchio avec sa compagne et leurs deux enfants – ce qui pouvait le mettre à l'abri de tout soupçon – mais la raison de son séjour dans l'île de Beauté n'a jamais été élucidée. Plusieurs hypothèses ont été avancées. Soit il était en Corse pour préparer l'évasion de parrains de la Mafia incarcérés dans la même prison que lui ; soit pour trouver des planques pour des bandits en cavale ou pour de futures victimes d'enlèvements. On lui a prêté, également, des contacts avec Domenico Libri, le boss de la 'Ndranghetta, et le milieu corse, sans en apporter la preuve. Encore que la connivence entre Calabrais et truands corses ait déjà été évoquée, on s'en souvient, pour ce qui concerne Nice et sa région.

Pasquale Abate, 31 ans, n'a pas eu le temps, lui, de profiter des charmes de la Côte d'Azur : il a été arrêté, le 8 juillet 1993, peu après son arrivée à Nice, dans le hall de l'hôtel proche de la gare où il avait élu domicile. Originaire de Naples, considéré comme le chef de la famille de San Giorgio di Cremano, dans la banlieue napolitaine, il était recherché pour trafic de stupéfiants, extorsion de fonds et attentats à la dynamite. Son groupe pratiquait le racket auprès d'entreprises de travaux publics qu'il n'hésitait pas à faire sauter à l'explosif. Les fonds extorqués étaient utilisés par son frère, installé aux Pays-Bas, dans le trafic de stupéfiants. Une information venue d'Allemagne faisait état de la saisie de 23 kilogrammes d'héroïne « traités » par le groupe Abate. Autant d'accusations qui l'avaient poussé à confier, d'emblée, aux policiers : « Je veux bien aller dans n'importe quelle prison française, de préférence à Marseille où se trouvent de nombreux amis, mais surtout pas retourner dans mon pays… »

En effet, aux Beaumettes, ou à Luynes, près d'Aix-en-Provence, il ne risquait pas d'avoir le mal du pays, même en prolongeant sa détention sous écrous extraditionnels, car l'année 94 promettait de battre tous les records en la matière. Tandis que la PJ grenobloise interpellait, début juin, en gare de Rives, une petite commune proche de Grenoble où il avait trouvé refuge auprès de membres de sa famille, Calogero Pulci, membre de Cosa Nostra et chauffeur de Giuseppe Madonia, un boss de Catalnisetta, les arrestations se multipliaient comme jamais sur les bords de la Méditerranée.

La plus spectaculaire de toutes fut celle d'un chirurgien urologue de Palerme, qui devait barrer la une des journaux et magazines transalpins de nombreuses fois. En effet, en cette fin d'année 1993, le docteur Sangiorgi et son épouse avaient loué un appartement à la station d'Isola 2000, au nord des Alpes-Maritimes, pour les fêtes de fin d'année. La route d'accès avait été coupée par une avalanche. C'est donc un commando héliporté de la brigade antigang de Nice qui avait appréhendé le médecin, skis aux pieds, sur une piste enneigée et sous le regard médusé des autres skieurs qui purent se croire dans une série télévisée américaine, façon Starsky et Hutch.

L'incrimination du docteur Gaetano Sangiorgi, 44 ans, était liée, pour la justice italienne, à ce que l'on connaît de plus retentissant dans l'histoire récente du crime organisé. En premier lieu, elle mettait en cause l'éventuelle appartenance à Cosa Nostra de Giulio Andreotti, le chef incontesté de la Démocratie chrétienne, plusieurs fois président du Conseil ou ministre, l'homme politique le plus connu dans la Péninsule. Indirectement, elle touchait à l'assassinat du juge Falcone et à celui d'Ignazio Salvo, un richissime Sicilien membre de la Mafia, qui avait fait fortune grâce une charge quasi moyenâgeuse qu'il avait partagée avec son cousin Antonino Salvo, beau-père de Sangiorgi : celle de collecteur des impôts en Sicile à travers une société privée, une survivance des Fermiers généraux de l'Ancien Régime qui ne pouvait échapper au contrôle de Cosa Nostra.

Ignazio Salvo était tombé sous les balles de deux tueurs embusqués dans le jardin de sa villa de Santa Flavia, une station balnéaire proche de Palerme, dans la soirée du 17 septembre 1992. Comme toujours, l'enquête piétina longtemps jusqu'à ce qu'un repenti donne sa version des faits. Et pas n'importe quel « *pentito* » puisqu'il s'agissait de Gioacchino La Barbera, « homme d'honneur » depuis 1960, et l'un des auteurs du « massacre de Capaci » : l'attentat à l'explosif qui coûta la vie au juge Falcone, à sa femme et à trois policiers de leur escorte, le 23 mai 1992, sur l'autoroute qui relie Palerme à son aéroport.

La Barbera raconta donc que le docteur Sangiorgi, qui lui avait été présenté « rituellement », les avait cachés dans une maison appartenant à ses parents, lui et les trois autres complices de l'assassinat, dont Leoluca Bagarella, beau-frère du *capo* suprême de Cosa Nostra, Toto Riina. C'était une première halte avant de gagner sa propre villa, mitoyenne de celle d'Ignazio Salvo, l'oncle de son épouse. Ils n'avaient plus eu qu'à ouvrir une porte séparant les deux jardins et se cacher pour attendre la sortie de leur victime. Puis ils s'étaient enfuis en voiture après avoir remis leurs armes au docteur Sangiorgi qui avait été chargé de les faire disparaître.

A l'appui de sa déclaration, La Barbera donnait des précisions sur les lieux du crime. Il ajoutait que Gaetano Sangiorgi avait offert, pour la Noël 1992, des montres Cartier aux membres du commando de tueurs ainsi qu'à Toto Riina. Les policiers avaient donc récupéré la sienne et celle que possédait l'un des assassins qui devait se suicider en prison au mois de juillet 1993. Et, de fait, les montres avaient bien été achetées à un joaillier de Palerme par le beau-frère de Sangiorgi et, selon ce beau-frère, à la demande de celui-ci.

L'affaire, déjà retentissante, prit une nouvelle dimension avec l'entrée en scène de Giulio Andreotti. Le grand homme aurait offert à la fille et nièce de ses amis Salvo, condamnés lors du maxi-procès de Palerme comme membres de la famille Salemi de Cosa Nostra, un plat en argent estimé à deux cent mille francs lors de son mariage avec le docteur Sangiorgi. La cérémonie rassembla plus de mille invités dans la salle de bal d'un palais de prince sicilien, dont le faste un peu désuet évoquait irrésistiblement *Le Guépard* de Luchino Visconti.

Gaetano Sangiorgi, sa femme et leurs deux enfants étaient donc venus se réfugier dans une très belle propriété sise à Mougins, au-dessus de Cannes. Non pas pour fuir la justice de leur pays mais, selon eux, le climat épouvantable de leur île natale. N'avaient-ils pas déposé une demande tout à fait officielle de cartes de séjour auprès de la préfecture des Alpes-Maritimes ? C'est le fils du docteur qui m'a donné cette précision en répétant l'argumentation présentée, en vain, par les avocats de son père, qui tentaient de s'opposer à son extradition. A savoir que les précisions données par La Barbera sur les villas de ses parents et grands-parents pouvaient provenir de n'importe quel visiteur ; que le docteur Sangiorgi n'avait aucune raison d'en vouloir à l'oncle de sa femme ; qu'il était invraisemblable que son père demande à son beau-frère d'aller acheter des montres car cela voudrait dire qu'il le traitait comme un simple coursier alors qu'ils étaient en froid, et, enfin, qu'un coup de téléphone démontrait qu'il n'était pas sur place le soir de l'assassinat d'Ignazio Salvo. A l'appui de ses dires, il me montra une lettre adressée par la veuve d'Ignazio Salvo à son père emprisonné, et tenu au secret dans la prison de Luynes, dans laquelle Mme Salvo l'assurait qu'elle le croyait incapable d'avoir commis un tel acte. Il ne comprenait pas, ce jeune homme de 16 ans mûri par les événements, que la police ait utilisé, pour arrêter son père, des moyens dignes d'un ennemi public.

Pour les Sangiorgi et leurs avocats, l'arrestation spectaculaire était une mise en scène visant à accréditer l'accusation selon laquelle le docteur était un membre important de Cosa Nostra. Une accusation destinée à le faire revenir en Italie pour en répondre avec l'idée, bien arrêtée, de lui proposer un marché : « donner » l'appartenance de Giulio Andreotti à la Mafia contre sa propre liberté. « Des magistrats du parquet anti-mafia de Palerme sont venus le voir à plusieurs reprises dans sa cellule et ils ne lui ont parlé que d'Andreotti ! » faisait remarquer Me Jacques Salvaterra. Ils lui auraient proposé le statut de repenti, et le docteur Sangiorgi leur aurait répondu : « Je ne me repens que d'une chose, c'est d'être né en Sicile ! »

Au printemps 1994, c'est un vrai coup de filet anti-mafia qui est réalisé sur la Côte d'Azur : trois gros poissons sont pris dans les mailles. Deux d'entre eux – le chauve, Vicenzo Cutulle, 48 ans, et Angelo Olivo, le gominé, 34 ans – ont été « logés », après plusieurs semaines de recherches, dans l'appartement que le premier loue dans une belle résidence de Menton. L'un est lié au clan Mancuso de la 'Ndranghetta calabraise et l'autre à la Camorra napolitaine. Ce qui confirme, une fois de plus, que les grandes organisations criminelles italiennes sont liées par un pacte d'union hors des frontières de leur pays d'origine.

Cutulle est recherché pour une escroquerie portant sur 41 millions de lires, en vertu d'un mandat d'arrêt émanant d'un juge de San Remo ; tandis que son ami Olivo, un ancien carabinier lié à Michele Zaza, omniprésent dès qu'il s'agit d'évoquer l'implantation du crime organisé en France, est suspecté d'avoir participé à un trafic qui, pour la seule année 1993, aurait porté sur 70 kilos de cocaïne transitant par l'aéroport de Nice-Côte d'Azur. Il est aussi connu pour gérer les prêts accordés aux joueurs du casino de San Remo, une activité dont on aura l'occasion de reparler plus longuement. Les deux amis roulaient dans des berlines de luxe et menaient grand train lorsqu'ils furent arrêtés.

Le troisième, Vicenzo Parlapiano, est un Palermitain de 41 ans, recherché par la justice italienne à la suite de sa condamnation à seize années de prison pour trafic de stupéfiants par la cour d'appel de Milan. Il vivait dans un très grand appartement, avec vue sur mer, de la Promenade des Anglais à Nice. Au tableau de chasse de la brigade antigang de la PJ de Nice, ce Sicilien affilié à la Camorra portait à vingt-cinq le nombre de mafiosi arrêtés sur la Côte d'Azur en un an…

Pourtant, un quatrième mafioso a échappé à ce coup de filet : Antonio Cono, 48 ans, connu pour appartenir à la famille Palamara de la 'Ndranghetta. Et, à ce titre, coauteur du rapt, perpétré en 1984, de Marco Gatta, 22 ans, dont la famille est propriétaire de l'entreprise de fabrication des voitures Lancia. Selon leur habitude, les kidnappeurs avaient envoyé aux parents du jeune Marco un doigt de leur fils pour les inciter à payer une rançon de 700 millions de lires. Ce rapt avait valu à Cono une condamnation à seize ans de prison. Mais il s'était enfui à l'occasion d'une permission et les policiers l'avaient repéré aux côtés de son ami Cutulle. Aussi, lorsque ce dernier fut arrêté, Antonio Cono s'ingénia à brouiller les pistes pour semer ses poursuivants. Il déplaça son yacht, le *Sirius*, du port d'Antibes à celui de Fréjus et changea de physionomie : le brun moustachu aux cheveux plaqués en arrière était devenu un blond frisé sans moustache. Mais cette transformation ne suffit pas à le mettre à l'abri, et, quelques mois plus tard, le 9 août 1994, il fut appréhendé à Antibes et rejoignit ses amis en prison en attendant d'être extradé.

On remarquera que cette énumération de « morceaux choisis » ne concerne que la première phase de l'implantation de la criminalité organisée en France, à travers les trois grandes mafias : la Mafia proprement dite ou Cosa Nostra, la Camorra et la 'Ndranghetta. Cette phase a vu les mafiosi de tout poil fuir la justice de leur pays pour trouver refuge en France.

La deuxième phase a été celle où la Mafia a commencé à mener des opérations délictueuses, souvent en association avec les truands du cru, sur le territoire français. A propos des liens entre la Sardaigne et la Corse, on possède un témoignage assez étonnant et qui a partagé policiers et magistrats en deux camps : ceux qui y croyaient et ceux qui n'y croyaient pas. Il s'agit d'un Italien, originaire de Sardaigne, qui s'était signalé en dénonçant un projet d'évasion de la prison de Luynes, près d'Aix-en-Provence. Appréhendé à Ajaccio et condamné pour usage de faux papiers en 1993, l'homme, dont nous tairons le nom pour ne pas lui faire courir des risques inutiles, purgeait une courte peine dans cette maison d'arrêt. C'est ainsi qu'il avait eu connaissance de ce qui se tramait, avec la complicité de deux « matons », dans une cellule voisine de la sienne. Giuseppe Mignani, en instance d'extradition vers l'Italie où l'attendait une peine de vingt ans de réclusion criminelle, un autre Italien, Francesco Romeo, et un Français d'origine sicilienne, Dominique Giannone, auraient eu l'intention de « se faire la belle » grâce à des armes fournies par les deux gardiens complices par intérêt.

Les déclarations de ce détenu étaient d'autant plus intéressantes que l'un des membres du trio, Dominique Giannone, figurait parmi les auteurs présumés du « casse du siècle », celui de la Banque de France de Toulon, perpétré le 16 décembre 1992, qui avait rapporté 150 millions de francs à ses auteurs. Neuf des participants à cet incroyable hold-up avaient été mis sous les verrous. Mais au moins six gangsters manquaient à l'appel. De même que la plus grande partie du fabuleux butin : soit 145 millions de francs puisque 5 millions seulement avaient été récupérés par les enquêteurs. Or l'homme affirmait que la part de Giannone, soit 25 millions de francs, était planquée chez un ami demeurant en Sicile. Le « tuyau » n'était peut-être pas farfelu. Pour ma part, je sais qu'un responsable de la douane sur la Côte d'Azur avait été contacté par un « aviseur » italien, proche du casino de San Remo, qui se proposait de donner des renseignements sur l'endroit où était caché le trésor envolé de la Banque de France de Toulon. De leurs échanges téléphoniques, on pouvait déduire que ce « coup », fameux entre tous, avait été perpétré par une association triangulaire dans laquelle figuraient deux frères appartenant au grand banditisme marseillais, des Corses et des Italiens. L'argent était sous bonne garde. Finalement, le correspondant du douanier avait renoncé à cette collaboration en dépit de la prime offerte par la

Banque de France : 3 à 5 % du butin récupéré, soit entre 5 et 6 millions de francs. L'opération exigeait que onze malfrats soient arrêtés simultanément, sous peine que l'informateur soit identifié et paie de sa vie sa collaboration : le risque lui avait paru trop grand et le prix trop cher.

En dehors de cette information, le détenu se montrait intarissable sur les liens entre le FLNC (Front de libération national corse) et le mouvement sarde homologue, le MAS (Movimentu Armatu Sardu). Il racontait qu'il avait été chargé d'approvisionner en explosifs achetés en Sardaigne les indépendantistes du FLNC Canal historique ; il citait leurs principaux financiers ainsi que le nom de leur banquier de Bâle. A propos d'explosifs, il semblait ne rien ignorer des auteurs de l'attentat qui avait fait d'énormes dégâts au palais de justice d'Aix-en-Provence, le 23 novembre 1992, et qui était une réponse à une opération du juge antiterroriste Bruguière en Corse.

Décidément très bien informé ou très imaginatif, il donnait des indications sur l'implantation de Cosa Nostra dans l'île de Beauté. Selon lui, deux familles siciliennes s'étaient installées, l'une à Sartène et l'autre à Porto-Vecchio. Ce qui démentait les affirmations selon lesquelles les truands corses avaient toujours tenu les mafiosi éloignés de leur chasse gardée.

Cette confession, dont les termes sont plus précis et plus complets que ceux rapportés ici, a fait l'objet de minutieuses vérifications à défaut de pouvoir permettre une exploitation judiciaire. En se confiant à la justice française, le détenu avait voulu faire échouer ce projet d'évasion dont la réalisation risquait de lui valoir une prolongation de sa propre détention. Il espérait, *a contrario*, qu'il serait extradé en Italie au plus vite comme il le réclamait : ce qui fut fait !

Refuge puis partenariat actif précédaient la troisième phase, déjà bien engagée dès 1990 : celle des investissements et du blanchiment. Un processus logique qui appelle, inéluctablement, un aboutissement : ce sera la prise du pouvoir économique, ou d'un certain pouvoir économique. Et cette quatrième et dernière phase impliquera, impliquait déjà au début de l'année 1995, la complicité de certains « politiques », élus locaux et nationaux.

C'est au cours des phases qui vont suivre que deux parrains dont les noms ont déjà été brièvement évoqués, Michele Zaza et Domenico Libri, trouveront leur véritable place. Mais, avant de tourner le dos aux « réfugiés », il serait dommage de ne pas parler du plus pittoresque et du plus surprenant de tous ceux – et cela devait faire une bonne centaine, fin 1994 – qui ont été appréhendés sur le territoire français en vue d'être extradés. Son histoire est révélatrice de la réalité des réseaux de trafics et des circuits de fonds que le crime organisé italien fait fonctionner en Europe en faisant fi de toutes les frontières.

L'arrestation du personnage a toujours été tenue secrète par les autorités françaises. Sans doute par respect pour son premier métier : Emmanouhil Didi est un ancien rabin ! Mais les sommes qu'il manipulait ne devaient rien au denier du culte et tout au trafic de cocaïne. Et, qui plus est, ce trafic montre que le marché unique européen, qui a tellement de difficultés à sortir des méandres politico-administratifs de Bruxelles, est depuis longtemps une réalité pour les mafieux : il englobe même, par anticipation, certains pays de l'Est.

Appréhendé le 9 juin 1993 à Marseille, où cet homme de Dieu avait facilement trouvé un abri au sein de la communauté juive émigrée d'Afrique du Nord, Didi était recherché par la justice italienne qui le soupçonnait de jouer un rôle essentiel dans le recyclage de fonds provenant du trafic de stupéfiants. Son nom et ses activités occultes étaient apparus au cours d'une enquête menée par la police allemande sur un réseau de trafiquants dirigé par deux Italiens, les frères Buonomo. On leur attribuait la propriété de plusieurs importantes saisies de cocaïne : 350 kilos et 15 kilos en 1989 et 1990 en Allemagne, 100 kilos en 1991 en Tchécoslovaquie et 100 kilos en 1991 en Pologne. La drogue, interceptée lors de son transport depuis la Colombie, était adressée à une société établie à Prague et dirigée par un Colombien. Le produit du trafic était blanchi par un certain Antonio Castella, domicilié en Italie près de Lugano, qui possédait plusieurs comptes dans cette ville suisse. Lors de son arrestation, un véritable pactole fut découvert à son domicile, et l'examen de ses comptes bancaires fit apparaître de multiples opérations de virement, dans les deux sens, entre Lugano et Miami. Or Castella n'intervenait qu'avec la bénédiction de Didi qui apparaissait comme le chef d'orchestre de ce recyclage d'argent sale très international. Il agissait sur ses instructions, aussi bien pour les virements de banque à banque que pour la manipulation de très grosses sommes en espèces.

La justice française aurait bien aimé en apprendre davantage sur ce rabin à la surprenante reconversion, mais il ne séjourna pas longtemps dans les geôles de Marseille. Alors que la plupart des mafiosi multipliaient les procédures pour retarder, autant que faire se peut, leur extradition, Didi accepta d'emblée d'être renvoyé en Italie. Et pour une raison qui montre que les voies du Seigneur sont véritablement impénétrables : il lui était impossible, en France, de suivre les rites imposés par la Torah. L'administration pénitentiaire française s'avérait incapable de lui assurer, par exemple, de la nourriture exclusivement casher. Il se résolut donc à être transféré le plus rapidement possible en Italie où, paraît-il, ce respect de l'orthodoxie religieuse est assuré même en prison. Ce n'était pas la peine d'ajouter, devant Dieu, de nouveaux péchés à ceux que la justice des hommes n'allait pas manquer de lui faire expier.

La « *mega truffa* » de l'entreprise Zaza

Les infirmières du service des urgences de l'hôpital de Grasse doivent encore en faire des cauchemars. L'homme qu'elles avaient vu arriver, en cet après-midi du mois de septembre 1989, les aurait plutôt incitées à rêver au prince charmant. Un bel homme, grand, distingué, cheveux grisonnants, et qui avait le bon goût de ne pas se plaindre malgré un bras sérieusement amoché. Le membre paraissant fracturé, elles lui avaient placé une attelle. Alors que le blessé était dirigé vers la radiographie, cinq hommes cagoulés surgirent dans la salle de soins, frappèrent à coups de crosse, avec une violence inouïe, les deux gardiens de la paix qui accompagnaient l'inconnu, les immobilisèrent avec des menottes, repoussèrent un infirmier qui tentait de s'interposer et s'enfuirent avec le malade.

« Il a été écarté un peu brutalement, devait raconter la surveillante générale du service à André Luchési de *Nice Matin*, mais les cagoulards n'ont pas perdu leur sang-froid. Au contraire, ils gardaient leur calme et semblaient très organisés. D'ailleurs, ils n'ont pas tiré un seul coup de feu. » Tout juste s'ils manifestèrent une courte hésitation quand ils s'aperçurent que l'un d'eux avait perdu les clés de leur voiture lors de l'empoignade avec l'infirmier. Ce fut la seule erreur du commando dans cette opération qui venait d'assurer l'évasion d'un caïd du trafic de drogue : Pasquale Claudio Locatelli, dit Marco, 37 ans, représentant en Europe de Giuseppe Madonia, *capo* de la famille de Gela (Caserte) affiliée à Cosa Nostra.

Un « gros bonnet » à n'en pas douter, arraché à la justice française dans le plus pur style de la Mafia. Certes, l'emprunt d'une

« deuche », garée devant l'hôpital, à la place de leur Citroën BX volée et faussement immatriculée dont ils n'avaient plus les clés, faisait un peu désordre. Car pour le reste, quelle maestria ! Locatelli ne s'était-il pas fait conduire huit fois à l'hôpital, sous divers prétextes, afin de reconnaître les lieux, se familiariser avec les habitudes de la « maison » et préparer, ainsi, une « cavale » qui ne s'interrompra que cinq années plus tard dans un restaurant de Madrid ? Le jour de son évasion, il n'avait pas hésité à se blesser sérieusement à un bras pour justifier un nouveau transfert. L'erreur fut de ne pas soupçonner une mise en scène et, surtout, de ne désigner que deux policiers pour l'escorter. C'est ainsi qu'il a profité de la faible expérience des responsables de l'administration pénitentiaire locale en matière d'incarcération des mafiosi. La multiplication des arrestations n'allait pas tarder à les rendre plus vigilants. Pourtant, Locatelli était arrivé à la maison d'arrêt de Grasse nanti d'une sérieuse carte de visite.

Il avait fait parler de lui, pour la première fois, le 26 janvier 1988, lors d'une audience du tribunal correctionnel de Nice. Un passeur, interpellé un an auparavant à l'aéroport de Nice avec 2,260 kilos de cocaïne dans le double fond de sa valise, avait été condamné à six ans de prison. L'organisateur du trafic, ou désigné comme tel, absent des débats, s'était vu infliger le double. Il s'agissait de Locatelli qui fera sa véritable apparition, deux mois plus tard, à Saint-Raphaël. Il avait loué, au nom de sa concubine, une villa dans un lotissement résidentiel de la station balnéaire varoise. Les policiers saisirent, soigneusement cachés dans le vide sanitaire de la maison, 41 kilos de cocaïne conditionnés comme des fromages sous l'étiquette Metro.

En fait de métro, c'était plutôt par la voie maritime que la drogue était parvenue sur les côtes varoises, à l'issue d'un long périple, partant de Colombie et faisant étape en Espagne pour se terminer en Italie. En même temps que Locatelli, plusieurs autres Italiens et un Espagnol furent appréhendés dans un appartement d'Antibes où les policiers s'emparèrent du trésor de la bande, soit 600 millions de lires. Comme c'est souvent le cas, le procès, en septembre 1990, ne tint pas les promesses de l'enquête, en ne condamnant que les comparses. Pourtant, l'instruction avait établi que, outre la coke, le trafic portait également sur d'importantes quantités de haschich en provenance du Maroc. Le vent avait soufflé dans le mauvais sens pour les trafiquants, qui avaient dû jeter à la mer une cargaison de 600 kilos, mais la réussite qui leur était accordée par les policiers était impressionnante. On parlait d'une livraison de 500 kilos de cannabis et d'une autre de 260 kilos de cocaïne. En tout cas, Locatelli et neuf autres de ses présumés complices n'étaient pas présents. Marco avait réussi « la belle » dans les conditions que l'on sait, un an auparavant.

Parmi les absents, qui ont toujours raison dans ces cas-là, figurait un certain Alessandro Troja qui allait être cité dans une autre affaire de trafic de drogue, également retentissante. Une de plus à ranger dans l'impressionnante série de la même veine qui montrait, à l'évidence, que la Côte d'Azur, de « base arrière » de la Mafia, était passée au rang de théâtre des opérations, en attendant, mais cela n'allait pas tarder, de devenir un lieu privilégié de blanchiment et d'investissement pour le crime organisé.

Alessandro Troja, donc, était apparu lors de son entrée en scène comme l'homme de confiance de Locatelli. Une confiance mal placée puisqu'il avait trahi son chef en collaborant avec les enquêteurs : c'est lui qui avait donné toutes les informations sur les filières et l'itinéraire du trafic organisé par Locatelli. Cela lui avait valu d'être remis en liberté sous contrôle judiciaire. Il fut bientôt dispensé de cette formalité, car il devint un indicateur patenté des services de répression des stupéfiants. Alors que le tribunal de Grasse le condamnait, par défaut, à vingt ans de prison, Troja s'était immergé dans un jeu souterrain dangereux : celui de taupe au service des polices française, américaine ou suisse, c'était selon les circonstances. Un jeu si dangereux qu'il lui coûta la vie. Dans la nuit du 16 au 17 octobre 1991, soit un an à peine après le jugement du tribunal de Grasse, il fut abattu par un inconnu à Losone, une petite ville du Nord de l'Italie.

« Par un pur hasard, je ne me trouvais pas avec lui au moment où le tueur, avec un professionnalisme extrême et glacial, l'avait frappé alors qu'il sortait de la voiture. Je n'ai jamais senti, comme à cette occasion, l'odeur de la mort d'aussi près : Troja m'avait invité, ce soir-là, à assister à une partie de bridge. Si j'avais été un tant soit peu passionné par le jeu de cartes, j'aurais été avec lui au moment de son exécution » : ce n'est pas une citation extraite d'un roman noir au style quelque peu grandiloquent mais un passage du rapport, tout à fait officiel, du commissaire Fausto Cattaneo, patron du service des stups du canton du Tessin.

Ce rapport fut rendu public lors de l'évocation de l'opération Mato Grosso devant ce même tribunal correctionnel de Grasse, début mai 1994. Sept Italiens, deux Espagnols, un couple italo-suisse et deux Français – un agent immobilier et un notaire accusés d'avoir fermé les yeux sur l'achat d'un appartement par un prête-nom pour le compte de l'un des trafiquants affilié à la 'Ndranghetta – comparaissaient pour une double saisie représentant, au total, 117 kilos de cocaïne. S'agissait-il d'une « livraison surveillée » afin de piéger les trafiquants ? Les policiers ou des membres des services brésiliens avaient-ils outrepassé leur mission ? L'affaire Mato Grosso a permis de lever un coin du voile derrière lequel s'agitent, pêle-mêle, vrais et faux policiers, trafiquants authentiques et déguisés et où tous les coups, même les plus tordus, sont permis, si ce n'est recommandés.

Le premier épisode se situe au mois de février 1992 lorsque la police intervient à Cagnes-sur-Mer tandis qu'un transbordement de cartons est effectué du coffre d'une BMW, faussement immatriculée, à la cabine d'un semi-remorque en provenance de Turin. 63 kilos de cocaïne sont saisis sur place et 1 kilo supplémentaire dans l'appartement que l'un des Italiens occupe à Marina-Baie des Anges, la très luxueuse résidence en forme de paquebot ancré au bord de la mer à Villeneuve-Loubet. C'est là qu'habite Vittorio Ceretta, 51 ans, qui apparaît, avec son ami Stefano Fasanotti, 55 ans, demeurant dans une villa d'Antibes, comme les principaux protagonistes du trafic. Les deux hommes, membres présumés de la Mafia calabraise, sont appréhendés : cela faisait quatre mois que la police surveillait leurs allées et venues.

Le second épisode survint trois mois plus tard à Nice. 53 kilos de cocaïne furent saisis sur un parking dans la voiture de Sergio et Drissia Bonacina qui avaient été photographiés lors de rencontres avec les deux Calabrais déjà interpellés. Mais deux autres mystérieux individus s'étaient fait remarquer pendant les deux transactions baptisées Nice 1 et Nice 2 : deux Sud-Américains qui, de toute évidence, avaient livré la drogue à leurs acheteurs italiens, suisses et espagnols. Or ils avaient disparu sans être inquiétés ni même identifiés. C'est là qu'intervint le commissaire Fausto Cattaneo. Et qu'affirma-t-il ? Que les deux inconnus étaient en fait des agents infiltrés dans le réseau, mais qu'ils avaient dépassé le rôle, parfaitement admis chez nous, d'informateurs dans ce que les policiers appellent une « livraison surveillée ». Ils ne s'étaient pas contentés d'accompagner le trafic : ils l'avaient organisé. Le policier tessinois ajoutait même que l'opération avait usurpé le nom de Mato Grosso. Selon lui, la cocaïne ne provenait pas des raffineries installées dans la montagne brésilienne sous l'égide du célèbre Aercio Nunes, qui est au Brésil ce que Pablo Escobar est à la Colombie, mais plus prosaïquement des réserves de la police brésilienne.

« En effet, ce furent les informateurs eux-mêmes, en accord avec les services français et avec les éléments "hors contrôle" des services brésiliens, qui transportèrent 60 kilos de cocaïne du Brésil en France. La drogue ne provenait pas des cartels colombiens ou des raffineries du Mato Grosso mais avait été mise à disposition par la police brésilienne », écrit le commissaire Cattaneo dans son rapport, en précisant que les « trois hommes [les informateurs] ont encaissé environ 800 000 dollars qu'ils se sont partagés avec les fonctionnaires de police ».

Ces propos furent vivement contestés par le commissaire Mario Le Corff et deux inspecteurs de l'Office central de répression du trafic illicite de stupéfiants qui, cités comme témoins au procès, affirmèrent que, dans cette affaire, il n'y avait pas eu d'infiltration. Chacun laissa entendre que le policier tessinois n'avait pas accepté d'être écarté de l'enquête par son propre supérieur... Et qu'il réglait ses comptes... Autant dire que les témoignages des policiers français ne réussirent pas à convaincre, totalement, les observateurs objectifs des débats.

La Colombie, la France, l'Italie et leurs représentants, mais aussi et encore, taupes vraies ou fausses, des trafiquants mystérieusement volatilisés : ces mêmes ingrédients de base se retrouvent dans ce qui restera dans les annales françaises du trafic de drogue comme une saisie record : 471 kilos de cocaïne cachés dans la soute d'un voilier. On verra également apparaître dans cette affaire la main de Michele Zaza. L'information émanait de la Drug Enforcement Administration (DEA) américaine : le *Fament*, un sloop de treize mètres battant pavillon britannique, avait quitté la Colombie – en fait, un petit port spécialement aménagé par le cartel de Medellín dans une île proche des rivages colombiens – et faisait route vers les Antilles avec sa cargaison de drogue. Après une escale à Fort-de-France, le bateau, victime d'une avarie, avait rebroussé chemin pour être hissé sur un cargo en partance pour Le Havre. Les douaniers et les inspecteurs de la PJ assistèrent à son débarquement et à son placement sur la plate-forme d'un semi-remorque spécialement affrété pour son transport terrestre. Destination Cannes, où l'attendait son propriétaire et organisateur du trafic : Georges Krancenblum, 54 ans, l'honorable directeur de l'Offshore Yachting International, une société spécialisée dans la vente de voiliers et de yachts, ayant pignon sur rue dans le vieil Antibes. Dûment renseignés par leurs collègues américains, les spécialistes de la PJ de Nice connaissaient non seulement l'itinéraire précis du voilier chargé de coke, mais ils avaient identifié ceux qui étaient chargés de sa réception sur le sol français. Le plan était de laisser arriver le *Fament* à bon port, si l'on peut dire, afin d'appréhender tous les participants – vendeurs, acheteurs et passeurs – au moment de la livraison. Mais le brouillard, selon la version officielle, précipita leur intervention. Le camion et son précieux chargement (100 millions de francs à la revente) furent retardés et contraints à une halte d'un week-end entier sur un parking routier de Cosne-sur-Loire, dans la Nièvre. La drogue n'allait-elle pas être transbordée dans un ou plusieurs véhicules ? Les policiers décidèrent donc d'intervenir. C'est ainsi qu'un dimanche après-midi du mois de février 1989 quelques automobilistes ahuris assistèrent, sur une aire de stationnement vouée aux pique-niqueurs, au démontage d'un voilier juché sur une remorque avec, en prime, le déchargement d'une multitude de sacs en plastique remplis de poudre blanche.

L'odyssée du *Fament* devait véritablement s'achever deux ans plus tard, devant le tribunal correctionnel de Grasse, par un procès pour le moins mouvementé. Krancenblum, impeccable dans un costume croisé, la voix forte pour un homme de petite taille, très sûr de lui, donnant volontiers du « Cher Monsieur » au président Acquaviva (dont on sait maintenant qu'il en a vu d'autres), se présenta, lui aussi, comme une taupe à la solde de la DEA. Il expliqua qu'il avait été engagé par l'administration américaine à l'occasion de son implication, quelques années auparavant, dans un autre trafic de cocaïne. Il vivait alors à Miami où il louait des bateaux aux trafiquants qui faisaient la traversée entre la Colombie et la Floride. Il avait négocié sa liberté contre une collaboration qui avait trouvé sa plus belle expression dans l'aventure du *Fament*. Il relatait même, avec force détails, une réunion « de travail » avec des agents américains et des policiers colombiens au cours de laquelle toute l'opération avait été mise au point. Hélas pour lui, le représentant de la DEA à Marseille vint dire que tout cela était faux et qu'en fait, si Krancenblum avait effectivement rencontré des policiers et des douaniers colombiens, c'était pour les corrompre !

Considéré comme l'organisateur du trafic, Monsieur Georges – ainsi l'appelaient respectueusement ses voisins antibois impressionnés par son affabilité et son opulence – écopa du maximum prévu par la loi : vingt ans de prison dont les deux tiers incompressibles. Celui qui apparut comme son associé, l'Italien Roberto Piras, se vit infliger la même sanction. Les cinq autres prévenus – dont deux Sud-Américains et la femme de Krancenblum, une ravissante Chinoise de Taiwan – furent également lourdement condamnés. Deux Colombiens, dont un certain Pépé, avaient échappé à toute sanction : ils étaient passés entre les mailles du « coup de filet », ce qui laissa penser qu'ils avaient pu être, eux, les véritables agents de la DEA infiltrés dans la filière. Mais leur rôle réel ne fut jamais éclairci. De même, cinq jours de débats ne permirent pas d'identifier les véritables commanditaires du trafic. De source policière italienne, le discret Roberto Piras, originaire de La Spezia, devait faire l'objet d'une demande d'extradition des autorités italiennes qui le considéraient comme affilié à la Camorra. Il aurait été, dans cette affaire, le représentant d'un certain Francesco d'Ambrosio, camorriste de renom, tandis qu'un trio se serait tenu dans l'ombre : Nunzio Barbarossa, Nunzio Guida et Umberto Naviglia. Rappelez-vous : les trois Napolitains interpellés, le 14 février 1989, à la sortie d'une réunion qui s'était tenue à l'Élysée Palace, à Nice, c'étaient eux ! La police avait laissé filer les douze autres participants à ce « sommet » mafieux dirigé par deux authentiques parrains : Gaetano Fidanzati pour Cosa Nostra et Michele Zaza pour la Camorra. On sait maintenant que l'interception, dix jours auparavant, du *Fament* et de ses 471 kilos de cocaïne, devait figurer en tête de l'ordre du jour.

Voilà qui accrédite la thèse défendue par le juge marseillais Jean-François Sampiéri : Zaza ne reconnaissait son activité de trafiquant de cigarettes que pour mieux dissimuler son implication dans le trafic de cocaïne. C'est que les deux hommes avaient appris à se connaître. Ils s'étaient rencontrés pour la première fois en mars 1989 – une année décidément très fertile en événements mettant en lumière l'implantation mafieuse sur le territoire national – lorsque Zaza fut arrêté à la demande du magistrat. Ce dernier avait réuni suffisamment d'éléments pour l'impliquer dans un gigantesque trafic portant sur 800 tonnes de « blondes » d'une valeur marchande estimée à 79 millions de francs. Il faut savoir que pour beaucoup de Napolitains, du gamin livré à lui-même aux camorristes patentés, la revente des cigarettes importées clandestinement est souvent l'unique source de revenus. Or, précisément, Michele Zaza avait suivi, de la base au sommet, ce parcours obligé. Né en 1945 à Prosida, dans la banlieue napolitaine, il avait été ce *siuscia*, ce gamin, des films néoréalistes qui ont fait la gloire du cinéma italien d'après-guerre. A 6 ans, orphelin, il survivait en vendant des cigarettes de contrebande aux péages de l'autoroute et dans la rue. Intelligent, courageux et prêt à tout pour s'imposer auprès de ses copains aussi bien que de ses rivaux – ce qui lui avait valu d'être surnommé O Pazzo, le Fou –, il avait gravi tous les échelons de la hiérarchie de la Camorra et il était devenu l'un des chefs de la Nouvelle Famille à l'issue d'une guerre sans merci. M. Sampiéri savait tout cela comme il n'ignorait pas non plus, pour avoir longtemps parlé avec son collègue Falcone, que Zaza était l'un des rares non-Siciliens à avoir été admis comme « homme d'honneur », c'est-à-dire membre de la Mafia, la vraie, la Cosa Nostra sicilienne. Celle-ci, selon Tommaso Buscetta, le grand repenti italien, impressionnée par les bénéfices colossaux que les Napolitains retiraient de l'importation clandestine de cigarettes et par le fait que cela impliquait une logistique utilisable pour le trafic de drogue, avait intégré en son sein les plus grands contrebandiers. Buscetta avait précisé qu'une commission, dite de Palerme, avait réglé les tours des débarquements. Un autre repenti, Marino Mannoia, avait confirmé auprès du juge Sampiéri cette double activité. Mais alors qu'il se montrait très prolixe sur sa fortune, indiquant par exemple qu'il avait l'intention de s'acheter une villa de 8 millions de francs, ou sur son passé de contrebandier, Zaza nia toujours toute accointance avec le trafic de stupéfiants.

Bref, c'est ce personnage important du crime organisé en Italie qui a, l'un des premiers, choisi la France comme terre d'accueil puis comme champ d'activités. Zaza avait été interpellé une première fois à Draguignan, quelques mois auparavant, dans des circonstances rocambolesques et sans conséquence pour lui. « Nous étions partis sur un hold-up qui venait de se dérouler à Fréjus, raconte un inspecteur de la PJ de Toulon, lorsqu'un appel radio nous informa qu'une autre attaque à main armée avait eu lieu à Draguignan et qu'un témoin avait aperçu deux hommes armés dans une voiture arrêtée non loin de l'agence bancaire attaquée. Arrivés sur les lieux, nous fûmes surpris de constater que les deux suspects n'avaient pas bougé de place. Mais notre surprise vira à la stupéfaction lorsque nous apprîmes, un peu plus tard, qu'il s'agissait de Michele Zaza, présenté par nos collègues italiens comme l'un des grands chefs de la Camorra. En fait, Zaza et son ami se trouvaient là par hasard. Ils étaient venus consulter un cardiologue et Zaza contemplait un pistolet que détenait son ami lorsqu'un passant avait observé la scène et téléphoné à la police. »

Il s'agissait bien d'autre chose que d'un banal hold-up lorsque les policiers se présentèrent, le 13 mars 1989, à la porte de sa villa située dans le parc ultra-résidentiel des Hauts de Vaugrenier, sur la commune de Villeneuve-Loubet, près de Nice. C'est là qu'il s'était installé, avec son épouse et leurs enfants, placés dans une institution privée franco-américaine du plus grand chic. Zaza menait la vie d'un riche rentier, mais ce n'était qu'apparence car il continuait à diriger ses affaires occultes. Écoutes téléphoniques, filatures et aveux de complices avaient permis au juge marseillais d'acquérir la conviction que Zaza était à la tête d'un trafic international de cigarettes mis au jour, cinq mois plus tôt, avec l'interception d'un chargement clandestin de 9 640 kilos de blondes sur le port de Marseille. On ne s'étendra pas autrement sur cette affaire, qui a été abondamment décrite et commentée, sauf pour relever ce qui intéresse le sujet de cet ouvrage. A savoir qu'elle est exemplaire, à travers le personnage haut en couleur de Zaza, des deux premières phases du processus de l'extension de toute mafia hors de son territoire d'origine.

Voilà un grand boss qui fuit sa chère Naples et la justice de son pays pour venir s'installer, avec femme, enfants, parents et amis, sur la Côte d'Azur. On apprend, grâce à Giuseppe le Repenti, qu'il a participé au premier grand sommet mafieux qui s'est tenu à l'hôtel Negresco à Nice en 1981. Une assemblée de parrains qui représentent Cosa Nostra, la 'Ndranghetta, la Camorra, mais aussi l'une des cinq grandes familles de New York et le milieu corse. Tandis que son nom est apparu dans plusieurs dossiers de trafic de cocaïne, il est appréhendé, huit ans plus tard, pour avoir dirigé, à partir de sa résidence française, un vaste trafic de cigarettes dont on a quelque raison de croire qu'il se doublait d'un trafic de drogue, comme l'a confessé un autre repenti. Il avait réussi à mettre sur pied un réseau mêlant Italiens, Espagnols et Français, camorristes et truands locaux, dockers et chauffeurs routiers dont l'organisation se jouait des frontières. Ce réseau comprenait plusieurs sociétés de transport, de transitaires et d'import-export, toutes parfaitement honorables, à l'image de leurs dirigeants. Mais y appartenaient aussi des douaniers corrompus du poste frontière de Menton et des responsables de bureaux de change, peu regardants sur les centaines de millions de lires que les mafiosi leur demandaient d'échanger contre des dollars ou des francs : en fait, de les blanchir. Au total, une cinquantaine de personnes de conditions très différentes et de diverses nationalités étaient réunies au sein d'une seule et même « entreprise » que Michele Zaza, le *capo* de la

Camorra, dirigeait depuis sa villa de Villeneuve-Loubet (où ses voisins vantaient volontiers sa discrétion et sa courtoisie) avec la même maestria qu'il avait mise à dominer ses compatriotes napolitains pour gagner ses galons.

Dans les affaires qui viennent d'être évoquées – choisies parmi d'autres du même type pour l'importance des quantités transportées –, cocaïne et cigarettes n'étaient que de passage, si l'on peut dire, sur le sol français. Même si, et c'est la caractéristique de la phase 2 de l'implantation du crime organisé sur le territoire national, c'est chez nous que se trouvent le siège social et les animateurs de ces entreprises clandestines.

Avec l'histoire du Loup, on retrouve la drogue, même si c'est de l'héroïne, la Mafia, même si c'est la calabraise, et des voyous locaux, même s'ils ne peuvent prétendre au titre de parrain. Mais cette affaire présente, par rapport aux précédentes, une différence fondamentale : la drogue n'est plus de passage. Elle est vendue sur le marché local. Et c'est bien le signe – très inquiétant – d'une évolution à l'intérieur de cette même phase 2 : après une période d'observation, la Mafia tente de s'approprier le territoire sur lequel elle a placé ses pions. Antonio Palamara, un Calabrais âgé de 50 ans au moment des faits, était un membre de la 'Ndranghetta, et pas des moindres. Domicilié à la fois à Juan-les-Pins et à Vintimille, celui que ses complices ne désignaient que sous son sobriquet, Loupo (le Loup), recevait dans son quartier général, un hôtel d'Antibes, des compatriotes catalogués comme mafieux et entretenait des rapports fréquents avec l'Italie, le Mexique, le Brésil et le Canada. Parmi ses relations, on trouvait, par exemple, un certain Decicco, chef de la 'Ndranghetta de Toronto et un mafioso sicilien nommé Girolamo Mazzafero. Les services de police italiens considèrent que Loupo dirigeait une famille affiliée au clan Piromalli qui traitait d'égal à égal avec Carmine Alfieri et Toto Riina, les *capi* les plus puissants de la Camorra et de Cosa Nostra. En le condamnant à quinze ans de prison, le 9 octobre 1990, le tribunal correctionnel de Nice avait voulu punir le fournisseur en gros de plusieurs revendeurs de Nice et Antibes qui alimentaient cinq réseaux locaux de dealers. Très prudent et souvent solitaire, le Loup utilisait avec ses correspondants un langage codé où il n'était question que de brillants, de pâtes, de meubles, de pierres, d'émeraudes, tandis que les personnages dont il ne voulait pas prononcer le nom étaient désignés par des surnoms comme « le maçon » ou « l'homme à lunettes ». En fait, Palamara ne vendait rien si ce n'est de l'héroïne et de la cocaïne : 88 kilos au total selon un rapport du SRPJ de Marseille. Parmi ses vingt coaccusés, dont cinq Italiens, des Sénégalais, des Nord-Africains, des Français et un riche commerçant israélo-américain, demeurant sur la Croisette à Cannes, figurait aussi un « passeur » qui avoua avoir transporté, en trois voyages, 118 millions de lires en Suisse pour le compte de Palamara.

Cependant, si la drogue est la première de ses activités en France comme dans le monde, la Mafia mène également d'autres business moins connus, moins révoltants aussi, mais toujours très lucratifs. Ses coutumes culinaires – ah, l'escalope milanaise ! – et la pauvreté de son cheptel font de l'Italie une très grosse importatrice de veaux français. Le crime organisé ne pouvait que s'intéresser à ce marché, mais à sa manière : c'est-à-dire en fraudant sur plusieurs tableaux et en blanchissant de l'argent sale.

L'arrestation dans les premiers jours d'avril 1982 d'un grossiste en fleurs de Vintimille, ancien conseiller municipal de cette ville frontière, permit d'établir l'existence d'un gigantesque trafic de veaux entre la France et l'Italie. Dissimulés sous le châssis de sa voiture, les douaniers italiens découvrirent 1,3 million de francs en coupures de 500 francs. Cette découverte était à rapprocher d'une autre intervention de douaniers, français ceux-là, qui avaient intercepté trois Italiens qui cachaient 245 000 francs et un carnet de comptabilité codée. Il s'agissait, dans les deux cas, de maquignons et de passeurs (à l'époque le contrôle des changes existait encore) travaillant pour le compte d'une organisation financée par la Mafia ; l'animateur en était un play-boy italien demeurant à Monaco, dont les revenus inavouables lui permettaient de rouler en Rolls et de posséder un yacht et un hélicoptère. Il dirigeait deux sociétés, l'une à Nice et l'autre à Monte-Carlo, qui servaient de couverture au trafic. Il achetait des veaux dans le centre de la France qu'il payait moitié au noir, moitié avec factures. Ce système avait l'avantage de permettre des économies sur la TVA, puisqu'elle était calculée sur la moitié du prix réel, tout en bénéficiant des montants compensatoires monétaires de la CEE. Les éleveurs français étaient également gagnants, car ils minoraient leurs revenus de moitié par la même occasion. L'arnaque était complétée, en Italie, grâce à la complicité de vétérinaires véreux. Ils fournissaient aux trafiquants des hormones destinées à engraisser des veaux de médiocre qualité afin de les vendre en Italie sous le label « Qualité supérieure ». Le montant du trafic fut estimé, côté italien, à 200 milliards de lires, avec un bénéfice net annuel de 34 milliards de lires.

La combine était très rentable. Elle devait être reprise en 1991, avec une variante, toutefois. Les maquignons italiens proposaient aux éleveurs français ce même paiement en deux fois qui était si intéressant pour eux. Ils acquittaient donc la moitié du prix d'achat des veaux en espèces et promettaient le règlement de l'autre moitié sur factures adressées aux sociétés qu'ils représentaient. Mais il s'agissait de sociétés fantômes et les éleveurs furent floués !

Les subventions de la CEE sont une manne inépuisable pour les trafiquants de tout poil, comme le démontre le député François d'Aubert dans son livre *Main basse sur l'Europe*[1]. Il faut savoir, par exemple, que la Commission des communautés a estimé qu'entre juillet 1989 et mars 1993 les Italiens ont détourné 2 500 millions de francs au détriment des subventions du Fonds de garantie agricole, alors que ces fraudes n'atteignaient « que » 406 millions de francs pour l'Allemagne et 154 millions de francs pour la France. On ne sera pas étonné d'apprendre que, selon les experts européens, l'AIMA (organisme chargé du contrôle et de l'attribution de ces subventions) a été noyauté par les organisations criminelles. Voilà pourquoi nos voisins se montrent absolument inimitables dans cet exercice. Car lorsque le crime organisé s'empare d'un trafic, il le fait avec ses escrocs spécialisés, ses fonctionnaires corrompus, ses réseaux d'écoulement des marchandises détournées et ses circuits de recyclage de l'argent indûment

1. Éditions Plon, 1995.

gagné. Une opération menée à bien par la section financière de la PJ de Nice, en septembre 1993, en fait la brillante démonstration.

Elle a permis de dévoiler la mise en place par la Camorra d'un réseau européen de commercialisation du sucre basé sur un axiome simplissime : le cours de la tonne de sucre étant de 1 300 dollars US dans le monde et de 2 500 dollars à l'intérieur de la CEE, celle-ci rembourse la différence lorsqu'un fabricant européen vend sa production hors de la CEE. C'est cette « compensation », destinée à combler le surcoût de la production européenne, estimé à 1 200 dollars la tonne, que les trafiquants s'appropriaient grâce à un trafic basé, comme pour les cigarettes chères à Michele Zaza, sur la falsification de documents douaniers.

Acheté en Hollande pour être vendu en Croatie et en Slovénie, le sucre finissait en réalité dans les caves de producteurs de vin italiens tout heureux de pouvoir, sans attirer l'attention des contrôleurs, mettre du sucre dans leurs fûts afin de faire grimper leur « piquette » de quelques degrés. Cela supposait une organisation qui avait été mise en place par la Camorra, dont le représentant fut arrêté en Italie en même temps que deux Français, un Allemand et plusieurs autres Italiens. En un an, les trafiquants avaient acheté 4 000 tonnes de sucre à deux sucreries de Rotterdam pour être officiellement livrées dans l'ex-Yougoslavie. La marchandise était acheminée jusqu'à Nice par camions de 25 tonnes affrétés par une entreprise de transport de Beausoleil (Alpes-Maritimes). C'est au centre de dédouanement de Nice que les camions étaient déplombés avec la complicité d'un Italien, employé dans une société de transit, qui fournissait les faux documents correspondant à une livraison hors frontières de la CEE. Ceux-ci étaient dûment visés par des complices du poste frontière de Trieste tandis que la marchandise était déchargée en Italie sous couvert d'un transport de carrelages. Les viticulteurs payaient au cours européen le sucre acheté à Rotterdam au cours mondial. Les sucriers encaissant la différence auprès de la Commission de Bruxelles ne perdaient rien. Les trafiquants, eux, gagnaient beaucoup d'argent puisqu'ils vendaient, en Italie, 2 500 dollars la tonne de sucre payée 1 300 dollars en Hollande. Les règlements se faisaient, sans facturation, sur un compte bancaire de Monaco, ce qui mettait les trafiquants à l'abri de tout contrôle intempestif.

La Camorra apparaît dans une autre opération qui présente, avec la précédente, au moins deux points de ressemblance. Il s'agit encore d'escroqueries au détriment de la CEE avec la Côte d'Azur pour base opérationnelle. Plus exactement de tentatives, car si les intentions prêtées aux camorristes ne se sont pas réalisées, ce fut en raison de l'intervention des forces de police. Préparée dans le plus grand secret, sous l'égide du parquet anti-mafia de Gênes, l'opération reçut le joli nom de Mare Verde (Mer verte) et se déroula, simultanément, en France, en Italie, en Belgique et en Allemagne ; elle entraîna l'arrestation d'une quarantaine de membres supposés de la Mafia napolitaine qui faisaient l'objet de mandats d'arrêt internationaux pour « escroqueries et extorsion de fonds ».

C'est sur la Côte d'Azur que furent appréhendés douze membres de cette bande. Le chef, Antonio Sarnataro, 50 ans, originaire de Naples, et ses fils, ainsi que plusieurs complices avaient élu domicile sur trois yachts, dont deux de trente mètres de long, ancrés au port de Cap-d'Ail, en bordure de la principauté de Monaco, où, selon un rapport du tribunal de Gênes, Sarnataro et ses amis avaient leurs entrées au casino et contrôlaient le travail de prostituées de haut vol placées sous la férule de l'un des leurs, baptisé Le Jamaïcain. A propos de prostitution, ce rapport indique également que la même équipe exploitait deux maisons closes à Menton, par l'intermédiaire de deux sœurs d'origine marocaine et de nationalité française. Il apprend encore que Sarnataro, gérant d'un hôtel de San Remo, et ses hommes pratiquaient l'usure au détriment de chefs d'entreprise, d'hôteliers et de commerçants de la région de Ligurie, en difficultés financières, auxquels ils avançaient de l'argent au taux de 10 % par mois ! Ils n'hésitaient pas à utiliser la violence pour récupérer leurs créances. Cela pouvait aller jusqu'à se rendre propriétaires des biens de leurs débiteurs lorsque ceux-ci ne pouvaient vraiment plus rembourser leurs dettes.

L'usure était une source de revenus importante, mais ils avaient monté une « *mega truffa* », c'est-à-dire une vaste escroquerie, aux dépens de l'agence de Gênes de la Banco di Napoli, dont le directeur était leur obligé. Ils se faisaient prêter des sommes importantes au nom de sociétés aux bilans gonflés par une fausse comptabilité qu'ils mettaient ensuite en faillite, ce qui les dispensait de tout remboursement. L'arnaque avait été répétée au détriment de la Banca dell'Agricultura et de la Banca del Lavoro, et les camorristes avaient pu ainsi encaisser 27 milliards de lires. Ces pertes étaient affectées au chapitre des créances inexigibles par les banques, ce qui fait dire à un haut responsable de la DIA, le service centralisé des enquêtes anti-mafia en Italie : « Les banques ont tendance à ne pas faire de publicité sur ces opérations car, évidemment, leur image en souffrirait, mais grâce à la Banca d'Italia nous savons qu'elles augmentent de manière vertigineuse. »

Les énormes capitaux ainsi rassemblés devaient être investis dans le trafic de la viande, encore au détriment de la CEE, par l'intermédiaire d'une société installée à San Remo, la Liguria Leasing Service, spécialisée dans l'étude de marchés dans l'agro-alimentaire, et dont des bureaux venaient d'ouvrir à Menton. Selon le colonel Santarelli, responsable de la subdivision « Camorra et 'Ndranghetta » au service « investigations » de la DIA, le projet de Mare Verde était de s'emparer d'une société, la Ferrovie Torino Nord, cotée en Bourse à son plus bas niveau, et de se faire prêter en Belgique, grâce à un complice bien placé, des capitaux importants sur ses titres qui auraient été ensuite abandonnés. Il s'agissait aussi de récupérer les excédents de viande que la CEE cède aux pays de l'Est à très bas prix pour les revendre, au noir, sur le marché italien, ce qui permettait, de plus, de frauder sur la TVA et les impôts directs. La bande escomptait un bénéfice de 7 millions de francs. Tout était en place, de part et d'autre de la frontière franco-italienne, pour lancer cette OPA sur la viande destinée aux pays de l'Est. Selon des renseignements émanant de la Guardia di Finanza, Sarnataro and Co étaient en relations étroites avec une importante société de vente de viande de Menton et une autre de Monaco, dirigée par un Italien, ce qui aurait pu leur faciliter grandement les choses pour les transferts de fonds.

Antonio Sarnataro fit une apparition dans un dossier autrement plus prestigieux puisqu'il s'agit des ennuis judiciaires que Didier

Pineau-Valencienne, le PDG de Schneider, connut, fin mai 1994, avec la justice belge. DPV fut placé sous mandat de dépôt par le juge Jean-Claude Van Aspen qui instruisait une plainte d'actionnaires minoritaires de deux filiales belges du groupe Schneider estimant avoir été spoliés dans une opération de restructuration financière présentée comme irrégulière. C'était le premier volet de cette affaire ; elle sentait le soufre en raison de la personnalité d'un homme d'affaires italo-suisse, Valentino Foti, qui s'y trouvait mêlé, incarcéré le même jour que le grand patron français. Voici ce qu'on pouvait lire dans *Le Point* daté du 4 juin 1994 : « Les deux filiales belges de Schneider ont pris conjointement une participation de 25 % dans le capital de la société Patience Beaujonc Finance (PB Finance) qui détenait une partie du groupe verrier italien Sirix Intervitrum. Celui-ci a fait faillite, mais là n'est pas le plus grave. Car PB Finance est contrôlée par la société Fimo AG, basée à Chiasso, en Suisse, et a comme administrateur Valentino Foti. Ce même Foti est également administrateur de la société italienne Soffiera Brondi, soupçonnée par la police de blanchir l'argent de la drogue. On trouve d'ailleurs dans son conseil d'administration un certain Attilio Repetti, lui-même proche d'Antonio Sarnataro. »

Voici donc mises en exergue les relations qui s'établissent, à un niveau élevé, entre les chefs du crime organisé et des hommes d'affaires qui gravitent autour de sociétés au-dessus de tout soupçon. Grâce à leur puissance financière, les chefs mafiosi peuvent infiltrer certains conseils d'administration. Un thème qui sera développé dans la partie intitulée « Les liaisons dangereuses ».

Mais revenons à Mare Verde. Lorsqu'ils furent placés sous écrous extraditionnels à Marseille et à Luynes, à grand renfort de gendarmes armés jusqu'aux dents, Sarnataro et les onze autres personnes appréhendées sur la Côte d'Azur demandèrent à être transférés en Italie sans autre forme de procès. Une requête inhabituelle chez les mafiosi : elle provoqua la surprise des magistrats et des policiers français qui avaient participé au coup de filet dont le retentissement avait été grand dans la presse française et italienne. Mais cette surprise céda le pas à un certain désenchantement lorsqu'ils apprirent que la plupart des camorristes de Mare

Verde avaient été remis en liberté par la justice de leur pays, peu de temps après avoir été extradés. C'était à n'y plus rien comprendre !

Le procureur Virdis, un homme à la moustache grisonnante, très affable et courtois, occupe un vaste bureau au palais de justice de Gênes. Situé en plein centre historique, le bâtiment est curieusement composé d'une armature métallique qui recouvre les murs de pierres et la cour, entourée de colonnes supportant des allées intérieures, d'un hôpital du XVe siècle. Des baies vitrées de son bureau, on pourrait presque toucher du doigt le clocher de l'église San Camillo, le patron des infirmiers. Lui et tous ceux qui ont voué leur vie à la lutte anti-mafia savent bien que, pour tenter de guérir l'Italie de ce cancer qui la ronge, ils doivent s'appuyer sur les confidences des mafieux eux-mêmes ; repentis, collaborateurs de justice ou, simplement, désireux de s'attirer quelque indulgence des juges. Alors que je m'étonnais, devant lui, du fait que les responsables de Mare Verde aient, si rapidement, été libérés, il me déclara, avec un rien de solennité : « Je ne peux que vous répéter ce que j'ai dit à mes collègues français au sommet anti-mafia d'Aix-en-Provence. Notre système judiciaire ne permet pas de garder des inculpés en prison, de manière préventive, lorsque ce n'est plus une exigence absolue. Après mûre réflexion, dans ce cas précis, cette exigence n'existait plus. » Et il a ajouté : « Ils ont parlé. »

Ce qu'ils ont dit n'a pas été révélé. Par contre, j'ai pu apprendre que Sarnataro, l'hôtelier de San Remo, était le chef « opérationnel » d'un groupe de camorristes impliqués dans l'opération : celui de San Remo. Il y en avait un second composé de Génois. Une réunion eut lieu, le 19 octobre 1992, à l'hôtel Swizzera de San Remo. Les deux groupes étaient présents et les discussions portèrent sur des remboursements encore impayés. Un observateur infiltré devait préciser que pour assurer le bon déroulement de la réunion, selon l'esprit camorriste, on trouvait « au-dessus » des groupes un certain Generoso, un homme âgé, maigre, chef charismatique venu de Naples.

Il s'agissait du représentant du chef incontesté et même adulé de la Nouvelle Famille : Michele Zaza. Libéré de la prison des Beaumettes, le 15 novembre 1991, après avoir purgé la peine de prison qui lui avait été infligée pour le trafic de cigarettes, O Pazzo avait alors rejoint sa femme et leurs trois enfants dans leur villa de Villeneuve-Loubet. Depuis, les spécialistes de la brigade antigang de la PJ de Nice le surveillaient nuit et jour. « Il nous avait repérés, raconte l'un d'eux, et il n'était pas rare qu'il vienne nous dire bonjour et nous proposer une tasse de café. Le jour où un nouveau mandat d'arrêt est arrivé pour l'opération Mare Verde, nous sommes allés sonner à sa porte et il nous a suivis sans faire d'histoire. » C'était le 12 mai 1993. Zaza ne devait plus goûter à la liberté, mais pas à cause de Mare Verde, car son implication n'était pas prouvée. Incarcéré à Marseille, il fut l'objet d'une nouvelle demande d'extradition pour une série d'homicides déjà anciens. Le fait que ces crimes n'aient pas été dénoncés dans une précédente demande compliqua encore la difficulté juridique née des discordances entre le droit français et le droit italien. L'une de ces discordances, et pas la moindre pour le sujet qui nous occupe, étant que le crime d'association mafieuse, d'une acception très large en Italie, n'existe pas dans notre Code pénal. Bref, l'assise proprement juridique de la demande italienne ne paraissait pas très assurée. Il fallut toute la science, la rigueur professionnelle et la compétence, inégalée en la matière, de l'avocat général Richard Bouazis pour emporter la décision de la chambre d'accusation. La demande d'extradition fut donc accordée. En mars 1994, Zaza retrouva la prison romaine de Rebiddia où il mourut le 17 juillet 1994 à l'âge de 50 ans. Lui qui avait si souvent simulé ou, en tout cas, artificiellement provoqué un malaise pour être hospitalisé et augmenter ainsi ses chances d'évasion succomba à une crise cardiaque au cours de son transfert à l'hôpital. Sans avoir parlé. Ce qui n'était pas le cas du chef suprême de la Camorra, Carmine Alfieri. Lui avait choisi de « collaborer ».

« Collaboration qui, au-delà de son contenu, a sûrement un effet dévastateur pour l'image de la Mafia napolitaine. Je crois, pour ma part, qu'un certain type de Camorra est fini, a été vaincu. Carmine Alfieri a reconnu lui-même que l'État avait gagné contre lui », déclara le *dottore* Roberti, magistrat au parquet anti-mafia de Naples. Mais il ajouta aussitôt : « La défaite militaire de la Camorra en Campanie, c'est-à-dire sur son territoire d'origine, pourrait pousser les vaincus à faire prendre à leurs capitaux qui, malgré les mises sous séquestre qui ont été ordonnées, sont encore importants, à leur faire prendre, donc, le chemin de la France et de l'Europe et de les infiltrer, non plus avec des personnes, mais avec de l'argent. »

Que ce distingué magistrat se rassure : cette infiltration, en 1995, n'est plus une crainte mais une réalité. Et elle s'avère d'autant plus redoutable qu'elle a trouvé un terreau particulièrement favorable à sa pénétration : celui des pots-de-vin, dessous-de-table et commissions occultes, liant secrètement certains responsables politiques et affairistes sans scrupules. L'argent sale du crime organisé rencontrant l'argent noir de la corruption, c'est le crime s'appuyant sur le bras de la (fausse) vertu.

TROISIÈME PARTIE

Les ripoux

Le système Médecin

« Je m'en souviens dans les moindres détails. Le maire était en vacances à Phoenix, dans l'Arizona, avec Ilène et leur fille Shawn, et moi, avec mes enfants, à Benidorm en Espagne. C'était au mois d'août 1990, le 18 très exactement. Il m'a appelé au téléphone pour me dire : “Rappelez-moi, il faut que je vous parle.” A l'heure convenue, je me suis rendu chez un ami espagnol qui dirige une agence immobilière. La note a dû être salée car nous sommes restés au moins trois quarts d'heure au téléphone. Le maire m'a dit d'emblée : “Est-ce que je peux compter sur vous ?” Je lui ai répondu que ça faisait dix-sept ans que je travaillais pour lui et que je n'avais jamais trahi sa confiance. Mais j'avais compris : il allait m'annoncer sa démission. »

Nous sommes dans l'appartement que M. et Mme Lucien Oltra occupent, juste en face du palais Masséna, à la fois musée et haut lieu des réceptions mondaines de la ville de Nice, dont les jardins à la française s'ouvrent directement sur la Promenade des Anglais. Depuis le 17 novembre 1994, Jacques Médecin est l'hôte de la prison de Saint-Quentin-Fallavier, en bordure de l'autoroute Lyon-Grenoble, et Jean Oltra, qui fut son principal collaborateur pendant de nombreuses années, me reçoit chez ses parents, des gens vraiment charmants comme savent l'être les pieds-noirs – ils sont de Staouéli, près d'Alger.

Il pleut sur Nice en cet après-midi de veille de Noël 1994 et nous n'avons pas vu que le ciel, déjà sombre, s'est complètement obscurci. Cela fait plus de trois heures que je note tout ce qu'il me confie sur le « système Médecin » tel qu'il l'a vécu depuis que, jeune étudiant sympathisant des mouvements d'extrême droite, il a participé à sa première campagne pour des élections législatives en soutien de Jacques Médecin. C'était en 1973, et, depuis, la fidélité et le dévouement de Jean Oltra n'ont jamais été pris en défaut. Un engagement total, sans restriction aucune : le seul de sa vie. Même aux heures les plus sombres des gardes à vue à la PJ, des mises en examen dans le bureau du juge, des procès et de l'incarcération, alors qu'il payait au prix fort son rôle de « bras droit » de Jacques Médecin et qu'il pouvait espérer troquer de l'indulgence pour lui contre de l'accablement pour l'autre – sans doute le lui a-t-on suggéré –, Jean Oltra n'a rien dit qui puisse nuire au « patron ». Puis, plus tard, lorsque la justice française a rattrapé et ligoté l'exilé volontaire, là-bas, sur les rives du Rio de La Plata, un fleuve tellement large qu'il ressemble à un océan, le seul qui lui soit resté fidèle, alors qu'il n'y a plus rien à gagner et tout à perdre à le fréquenter, c'est lui, Jean Oltra.

« Est-ce que je peux compter sur vous ? » : la question était donc de pure forme. Un simple préambule pour une confidence qu'ils ne furent que quatre à partager : Jacques Médecin, son épouse Ilène, sa fille aînée Martine et Jean Oltra. Et voilà que ce dernier se lance dans une confession complètement inédite : la véritable histoire de la démission de l'homme politique le plus controversé de France (à moins que Bernard Tapie ne l'ait supplanté).

« Il avait reçu un fax de quatre pages de son avocat Henri-Charles Lambert. J'en connaissais le contenu très alarmiste puisqu'il me l'avait envoyé aussi. J'ai tenté de le convaincre de ne pas abandonner la partie. De revenir à Nice pour se battre car j'étais persuadé, et je le suis toujours, que, même après avoir fait quelques mois de prison préventive, il aurait pu être réélu maire de Nice. Mais sa décision était prise. Il m'a dit qu'il venait d'avoir une longue conversation avec Ilène et Martine et qu'elles étaient d'accord avec lui. Son leitmotiv était : “Ils veulent ma peau.” Se faire arrêter dans sa ville, se montrer aux Niçois les menottes aux poignets : cette idée lui était insupportable et il ne voulait pas donner ce plaisir à la gauche, son ennemie de toujours », raconte Jean Oltra.

Un silence pour évacuer le trop-plein d'émotion qui le gagne à cette évocation et il reprend : « On devait revenir à Nice et repartir le 9 septembre pour le Japon, un voyage tout à fait officiel. Le maire m'a précisé que ce voyage se ferait normalement, mais qu'il ne rentrerait pas à Nice le 16 septembre. “D'Osaka je me rendrai en Amérique du Sud”, m'a-t-il dit en me laissant libre de le suivre ou alors de revenir à Nice avec la délégation. J'ai encore essayé d'argumenter en lui suggérant de désigner un pool d'avocats qui examinerait la situation et lui donnerait un avis objectif. D'attendre cet avis. Mais il n'a rien voulu entendre. Sa décision était ferme et définitive. »

Médecin et Oltra, leurs vacances achevées, se retrouvent donc à Nice, comme prévu, le 26 août 1990. Ils reprennent leurs postes. Ceux de maire de Nice et de président du conseil général des Alpes-Maritimes pour Médecin, de directeur général de Nice-Communication et du Comité des fêtes – les deux plus importantes associations paramunicipales, clés de voûte du « système Médecin » – pour Oltra. Le 7 septembre – « C'était un vendredi », se souvient-il –, Jacques Médecin le convie à prendre l'apéritif dans ses appartements privés du palais de la Préfecture, ancienne demeure des ducs de Savoie et des rois de Sardaigne, au cœur du vieux Nice, qu'il occupe en véritable seigneur de province par la grâce de la décentralisation.

« Nous étions trois avec Henri-Charles Lambert. Le maire lui a tendu cinq lettres : une pour sa mère, une pour sa sœur, une pour Michel Bavastro, une pour le préfet et une pour Max Gilli. Il a ajouté qu'il avait l'intention de démissionner le samedi 22 septembre, alors qu'il serait installé depuis quelques jours en Amérique du Sud, mais qu'il l'avertirait par téléphone du moment précis où ces lettres devraient être livrées. Il n'y pas eu de commentaires. Henri-Charles Lambert n'a rien dit, moi non plus. Je n'aurais d'ailleurs pas pu : je pleurais. »

Le lendemain, samedi, Jacques Médecin donne une interview à Paul Barelli de Radio Monte-Carlo. Lui qui a toujours eu le verbe haut, assenant devant chaque micro des certitudes sans partage, avec un aplomb qui a fait beaucoup pour ses succès politiques, lui qui a toujours pourfendu ses adversaires réels ou supposés par la parole comme d'autres l'auraient fait, jadis, avec une épée, se montre ce jour-là réservé et désabusé. Sa superbe légendaire a disparu : il parle en vaincu. Barelli est surpris, mais il ne peut pas vraiment comprendre. Comment pourrait-il imaginer que celui qui, désignant la statue de Bayard, devant le palais de justice de Grenoble qu'il fréquentait pour la première fois, s'était exclamé à l'intention de la foule des journalistes, moins d'un an auparavant : « Je suis comme lui : sans peur et sans reproche », que cet homme politique flamboyant, jamais à court d'arguments, a décidé de battre en retraite ?

Oltra reprend : « Le séjour à Osaka s'était achevé normalement. Au moment de la séparation à l'aéroport, le maire a salué les gens qui l'avaient accompagné : comme si de rien n'était. Nous avons donc fait Osaka-New York-Buenos Aires, le vol qui était prévu dans le programme initial. Par contre, ce qui ne l'était pas, c'est ce qui nous attendait à l'aéroport Ezeiza. Il y avait un message pour moi : rappelez Henri-Charles Lambert. C'était le samedi 15 entre 12 et 13 heures. Je l'ai joint à son bureau. C'est à ce moment-là qu'il m'a appris que, la veille, mon amie Françoise, qui venait nous rejoindre, avait été contrôlée par la douane à Roissy et que l'on avait trouvé dans sa valise une enveloppe contenant 600 000 francs. C'était un coup monté ! La réaction du maire a été immédiate : “S'ils ont pu faire ça, c'est qu'ils sont capables de tout. On n'attend pas le 22 septembre comme prévu : je démissionne immédiatement.” Et il a demandé à son avocat de faire livrer les lettres tout de suite. »

Le lendemain, *Nice Matin* annonçait, en exclusivité, la démission de Jacques Médecin « de tous ses mandats » en publiant l'une des cinq lettres qu'il avait confiées à maître Henri-Charles Lambert et dont l'enveloppe portait le nom de Michel Bavastro, président-directeur général du grand quotidien régional, mais qui s'adressait aux Niçois. La nouvelle eut l'effet d'un séisme. Elle ébranla le Niçois moyen habitué depuis tellement longtemps (trente-sept ans pour le père et vingt-cinq pour le fils) à vivre sous le règne des Médecin. Elle fit s'écrouler le médecinisme, une forteresse encore solide en dépit de tous les coups de boutoir qu'elle avait encaissés. Elle plongea dans l'angoisse ceux qu'elle abritait : les profiteurs d'un système qu'ils croyaient éternel.

Chacun fut pris de court car, en dépit des rumeurs qui avaient couru la ville ces derniers mois, personne ne pensait vraiment que « Jacques » abandonnerait son royaume. Jean Oltra, pour avoir vécu à ses côtés et beaucoup réfléchi depuis, estime que cet abandon a été provoqué par la conjonction de plusieurs facteurs : « A mon avis, l'idée de la démission a commencé à prendre forme sérieusement dans sa tête en 1988 ou 1989 au plus tard. Il a été très affecté, beaucoup plus qu'il n'a laissé paraître, par les campagnes de presse, notamment celle du *Canard enchaîné*, qui le harcelaient régulièrement. De plus, ses relations avec sa deuxième épouse, Ilène, s'étaient sérieusement détériorées alors qu'il venait de faire la connaissance d'une journaliste de Punta del Este, venue accompagner un groupe uruguayen au Carnaval de Nice de 1988. Ils ont d'abord échangé des lettres avant de vivre une véritable histoire d'amour. Toujours dans cette même période, il a été profondément blessé par les accusations d'antisémitisme dont il a fait l'objet. Il y eut, d'abord, l'exploitation d'une phrase maladroite et sortie de son contexte pour être utilisée contre lui. C'est quand il a dit : “Connaissez-vous un juif qui refuse un cadeau ?” Un peu après, en juin 1990, ce fut l'inauguration du musée d'Art moderne à Nice. Le maire s'était beaucoup investi pour donner à l'École de Nice un cadre digne d'elle. Cinq mille invitations avaient été lancées. Il n'y eut que mille personnes présentes. Pour Médecin, c'était un fiasco. De plus, la manifestation avait été boycottée par les artistes : Arman, Sosno, César, Fahri, Tobiasse n'étaient pas venus. Ils étaient ses amis et depuis très longtemps. Il a mesuré le poids de la campagne qui le visait, et celui des difficultés qui l'attendaient. Quelques semaines plus tard, un de ses amis, haut fonctionnaire au ministère de l'Intérieur, lui apprenait qu'une réunion s'était tenue à Aix-en-Provence entre le préfet de la région PACA, celui des Alpes-Maritimes, des fonctionnaires du fisc et de la cour régionale des comptes et des hauts magistrats des cours d'appel d'Aix et de Grenoble où il avait été mis en examen une première fois pour ingérence. Il avait été question de son arrestation et de son incarcération lors de sa prochaine convocation, fin septembre, devant les magistrats grenoblois. C'était la veille des vacances et il y avait Marisol qui l'attendait à Punta del Este : il a craqué nerveusement et amoureusement. C'est à ce moment qu'il a décidé de démissionner. Quand il m'a appelé de Phoenix, le 18 août, pour me le dire, c'était le résultat d'une confirmation qu'il avait recherchée auprès de sa femme et de sa fille aînée qui a toujours été très proche de lui. »

Comment en était-on arrivés là ? C'est-à-dire à un endettement record de la cinquième ville de France dont le maire tout-puissant s'était mis « en cavale », comme on dirait d'un vulgaire malfrat. Il avait été arrêté et extradé pour être jugé pour détournements de fonds tandis que plusieurs autres élus, dont son successeur, Honoré Bailet, mais aussi son épouse et un grand nombre de collaborateurs, amis ou complices, responsables d'associations paramunicipales ou fonctionnaires municipaux, encouraient les foudres de la cour régionale des comptes quand ce n'était pas celles du tribunal correctionnel. Là encore, Jean Oltra, même si l'on admet qu'il ne peut pas tout dire, est intéressant à écouter. Car il a accepté de parler pour la première fois. Et c'est un témoin privilégié. Voilà pourquoi.

Il a fait partie de cette cohorte de jeunes hussards qui ont grandi dans l'ombre tutélaire du « patron ». Celui-ci, qui avait hérité de son père, à sa mort en 1965, à la fois d'un siège de maire, mais aussi d'une organisation électorale parfaitement rodée, n'avait eu de cesse de se dégager de l'emprise, un peu trop contraignante à son goût, des vieux caciques de la ville encore en place. Pas question de chausser les pantoufles de celui que ses admirateurs appelaient le roi Jean et ses détracteurs Jean Proumessa, Jean Promesses. Sous-entendu : qui ne les tient pas ! Jacques Médecin, lui-même ancien journaliste, s'était entiché d'un reporter de la télévision régionale, brillant et beau parleur : Jean-Paul Claustres, qui fera une carrière fulgurante comme maire (PR) de Draguignan (Var). Celui-ci, originaire d'Alger mais marié à une Niçoise, avait été licencié de l'ORTF à la suite des grèves de mai 68. Jacques, bon prince et désireux de renouveler les cadres de son équipe, l'engagea aussitôt comme responsable du service de communication qu'il venait de créer : il n'y avait guère que Chaban à Bordeaux qui l'eût précédé dans cette initiative appelée à faire école.

C'est Jean-Paul Claustres qui va servir de sergent-recruteur au sein de la faculté de droit de Nice pour former le CLUM (Comité de liaison université-municipalité) dans la perspective d'un affrontement entre Médecin et le nouveau président de l'université, giscardien convaincu, Jean-Claude Dischamps, lors des législatives de 1973. Il y a au CLUM, outre Jean-Paul Claustres et Jean Oltra, quelques-uns des jeunes gens pressés qui feront carrière aux côtés du maire de Nice. Ils partagent la même ambition, la même envie d'en découdre et les mêmes convictions d'extrême droite. A l'exception d'Henri-Charles Lambert qui présente une double originalité : il est royaliste et il veut faire cavalier seul dans la profession d'avocat. Jacques Médecin, il l'aura comme client ainsi qu'on l'a vu lors de l'épisode de la démission.

« La première fois que j'ai rencontré Jacques Médecin, c'était en octobre 1972, dans son bureau, après la création du CLUM. Je me souviens qu'il a eu le don de nous mettre à l'aise. Il a fait venir des boissons et il nous a montré des maquettes et des photos en nous disant : "Voilà le Nice de l'an 2000." C'était vraiment très cool », raconte Jean Oltra. Lui et ses amis étudiants, du mouvement Occident, fomentent une grève générale dans les facs de Nice, troublent les réunions de l'adversaire et publient un journal, de quatre pages, dans lequel ils se gaussent de M. Dischamps, qui est incapable de diriger une université alors qu'il prétend régenter la ville de Nice. On ne saura jamais quel fut l'impact de l'action de Jean Oltra et de sa bande, mais le résultat du premier tour est triomphal : 16 000 voix d'avance pour Jacques Médecin. L'élection est gagnée. Le nouveau député remercie publiquement les « jeunes » qui l'ont aidé : dès lors, leur ascension au sein du système est lancée.

Mais un inconnu travaille dans l'ombre, dont il ne sortira vraiment que vingt ans plus tard quand la justice s'intéressera aux comptes de sa société, la SEREL, et, à travers ces comptes, aux pots-de-vin dont auraient bénéficié Médecin et d'autres hommes politiques de la Côte d'Azur et d'ailleurs. Il s'agit de Francis Guillot, dont Jean Oltra dit qu'il a financé leur premier journal électoral en 1973. Oltra ajoute : « Jean-Paul Claustres avait monté le Département conseil, une structure officieuse qui ne pouvait pas être hébergée à la mairie où les collaborateurs les plus proches de Jean Médecin étaient encore en place. Alors, pendant un an, une fois par semaine, le lundi ou le mardi en soirée, de mars 1973 à mars 1974, nous nous sommes réunis dans les locaux de la SEREL, chez Francis Guillot qui sponsorisait notre petite équipe fonctionnant comme un "shadow cabinet" au service de Jacques Médecin. Ce dernier présidait nos réunions, dont l'ordre du jour était très politique. Je me souviens qu'un soir la discussion avait porté sur l'intervention de Médecin à l'Assemblée nationale à propos de la loi sur l'avortement. Devait-il soutenir ou combattre le texte ? Dire oui ou non ? Les avis étaient partagés. Nous avions voté et le "non" l'avait emporté. »

En février 1974, Jacques Médecin, au faîte de sa carrière politique, est nommé secrétaire d'État au Tourisme. Il emmène Jean-Paul Claustres avec lui à Paris : il sera son chef de cabinet, tandis qu'à Nice les ex-jeunes fachos en rupture de fac trouvent des emplois contractuels à la mairie et au conseil général des Alpes-Maritimes où leur idole règne en maître. Mais il faudra attendre encore dix ans avant que ne soit mis en place le fameux système des associations paramunicipales, véritables pompes à fric dont on ne saura jamais avec certitude et précision dans quelles poches elles versaient le flot d'argent puisé dans les caisses de la commune. A en croire Jean-Paul Claustres, qui est bien placé pour en parler, l'idée n'est pas née à Nice, mais à Paris, et elle n'est pas de Médecin : « Nous étions les derniers sur la liste des ministères, donc très mal servis par les fonds secrets attribués à chaque ministre. Je le sais pertinemment parce que c'était moi qui étais chargé, en tant que chef de cabinet, d'aller chercher chaque mois un chèque à Matignon et de le déposer sur un compte ouvert au nom de Jacques Médecin. C'est la règle commune. Seul le chiffre inscrit sur le chèque change d'un ministre à l'autre. Pour nous, c'était 12 000 francs. Une somme bien insuffisante pour couvrir nos "extras". A peine de quoi payer ses impôts… Il fallait se débrouiller autrement. Or nous avions trouvé en arrivant au secrétariat d'État l'Association française d'action touristique qui avait été créée par le prédécesseur de Jacques Médecin. Le ministère allouait une subvention à l'association dont le budget servait à payer les secrétaires, les voyages, les frais de représentation et autres babioles, comme une toile de Trémois dont je ne suis pas sûr qu'elle décore encore un bureau ministériel. Il y a eu, peut-être, quelques libéralités prises avec l'orthodoxie comptable et, sûrement, avec l'objet premier de l'association, mais c'était la seule façon de pouvoir travailler efficacement. »

Pouvoir travailler efficacement : l'argument revient inévitablement quand on évoque la création des associations qui étaient, à Nice, comme des satellites autour d'une planète. Lancées depuis la mairie, elles en étaient restées dépendantes tout en suivant leur propre trajectoire. Selon Jean Oltra, l'initiative de leur création était venue des cadres administratifs qui avaient remplacé, en même temps que le fils avait pris la place du père défunt, les plus proches collaborateurs de Jean Médecin, lesquels ne se seraient pas accommodés des libéralités ainsi prises avec les règles de la comptabilité publique. En fait, de toute éternité, des associations proches de la mairie se sont substituées à elle pour assurer certaines missions. On peut citer en exemple le Comité des fêtes qui a toujours eu en charge le carnaval et les batailles de fleurs, dont l'organisation supporte mal, il est vrai, la rigidité administrative. Les forfaits attribués aux familles de carnavaliers, qui travaillent avec des bouts de papier et de la colle de farine, sont incompatibles avec les exigences de la comptabilité publique. Mais avec Médecin, à partir de 1983-1984, une dérive a commencé à se faire sentir : les associations se sont multipliées et leurs subventions ont grossi à vue d'œil. Au point que c'est une partie importante des finances municipales qui a échappé à tout contrôle sous le couvert, bien laxiste, de la loi 1901. Ainsi pour le seul exercice de 1990, le dernier avant la fuite du maire, la ville a alloué près de 240 millions de francs aux sept plus importantes de ces associations. Toutes présidées par Jacques Médecin et dirigées par une poignée d'hommes sûrs qui passent de l'une à l'autre, en échangeant leurs fauteuils au gré des circonstances ou de leurs affinités, quand ils ne dirigent pas, également, des entreprises privées liées en affaires à ces associations. « Cette permanence des hommes au travers des structures associatives ou purement commerciales est l'une des caractéristiques du système des associations subventionnées par la ville de Nice », peut-on lire dans un rapport de la cour régionale des comptes qui analyse le fonctionnement des deux principales d'entre elles, qui sont intimement liées : Nice-Communication et le Comité des fêtes. Elles ont perçu, à elles deux, entre 1985 et 1990, 606 millions de francs. Soit le quart du total des subventions accordées par la ville à la myriade de clubs et organismes sportifs, sociaux ou culturels que compte la cité et qu'elle aide peu ou prou.

« Le montant annuel des subventions du Comité des fêtes et de Nice-Communication équivaut au budget de fonctionnement d'une commune de 30 000 habitants », indique ce même rapport. Autre précision, plus apte à édifier le contribuable niçois : les fonds alloués à ces deux associations ont représenté, en 1989, une dépense de 400 francs par habitant. Sans compter les locaux mis à leur disposition, dont la ville acquitte les loyers, et les agents communaux, dont elle assure les émoluments. En revanche, note le rapporteur, « une partie des personnes rémunérées par Nice-Communication ne travaillaient pas pour l'association. Sur une masse salariale de 133 millions de francs, 32,6 millions ont été irrégulièrement versés ».

Le détail de ces salaires indus montre que la gabegie était généralisée. On trouve, pêle-mêle, une dizaine d'employés et de cadres municipaux qui touchent ce qu'il faut bien appeler une gratification, sans exercer aucune fonction au sein de l'association. On peut citer, sans risquer d'être démenti, le directeur financier de la ville, le directeur du cabinet du maire, le chef du protocole, un responsable du service du nettoiement ou encore Mme Martine Daugreilh, suppléante de Jacques Médecin, puis député et adjointe au maire, qui a perçu en qualité de chargée des relations publiques près de 400 000 francs en cinq ans. Il y a aussi une vingtaine de personnes qui « touchent » parce que liées, d'une manière ou d'une autre, à des gens bien en cour. Comme François-Xavier Médecin, cousin du maire, qui a perçu 1,6 million de francs, en cinq ans également, un ancien footballeur professionnel (160 000 francs en

1990) ou l'épouse de l'ex-député invalidé Christian Estrosi, l'un des « bébés Médecin » (111 742 francs pour l'année 1987).

Nice-Communication se montre également très généreuse en réglant les « repas d'affaires » d'élus non membres de l'association, quand ce ne sont pas ceux de Mme Médecin : 6 249 francs en 1987. On retrouve cette dernière, ainsi que Mmes Estrosi et Daugreilh, au poste « voyages » pour des sommes non négligeables qu'il serait fastidieux de détailler ici.

Après la gabegie, on arrive au soupçon caractérisé de détournement de fonds avec l'analyse des relations commerciales liant Nice-Communication et le Comité des fêtes à la société Monaco Sponsoring. Une société-taxi chic et choc qui a encaissé près de 20 millions de francs, TVA comprise, de 1985 à 1990, de la part de ces deux associations. « De multiples indices et, notamment, des surévaluations flagrantes, des doubles facturations et surtout l'absence de preuve de la réalité de la plupart des prestations alléguées permettent d'assimiler une grande partie des 19 447 857 francs, à de véritables libéralités. » Mais si l'on remplace le langage administratif de la cour régionale des comptes par celui, plus précis, de M. Didier Durand, procureur adjoint à Nice, on parle de faux en écriture et d'abus de confiance au détriment de la ville de Nice, donc des contribuables. « C'est une histoire de voleurs ! » s'exclama ce magistrat lors de l'évocation de l'affaire devant le tribunal correctionnel de Nice, le 14 décembre 1994. Certes, il n'imputait pas la totalité de la facturation à des détournements, car certaines prestations avaient bien eu lieu, mais une grande partie quand même : « C'est beaucoup de millions de francs volés aux contribuables », dit-il. Il cita le témoignage de la comptable de Monaco Sponsoring qui avait retiré 7,5 millions de francs en espèces, en moins de cinq ans, du compte bancaire de la société, à la demande de Philippe Prat, son patron. Lequel, appréhendé au Maroc, où il s'était réfugié, et ramené en France, affirma devant le tribunal que cette somme représentait la « rémunération administrateur » de son prête-nom monégasque. Il s'agit de l'une des nombreuses « spécificités » monégasques permettant à la fois d'échapper à l'impôt sur les bénéfices et de dégager des espèces

« au noir »[1]. Ce fut bien le cas, ici, si l'on retient les dénégations dudit « prête-nom », affirmant avoir été payé par chèques, et les déclarations du directeur financier du Comité des fêtes et d'un autre témoin, qui ont parlé de mallettes remplies de billets remises à la permanence électorale de Jacques Médecin.

Ce dernier a refusé de quitter sa cellule de la prison de Saint-Quentin-Fallavier pour venir témoigner dans ce procès fait à deux hommes qui ont servi ses intérêts, plusieurs années durant. Ce ne fut pas pour déplaire aux autorités judiciaires et policières de sa bonne ville de Nice qui craignaient que Jacquou ne transforme la barre des témoins en tribune politique, encouragé par la troupe de ses derniers fidèles, regroupés au sein d'un comité de soutien très actif à défaut d'être vraiment représentatif. Cette crainte n'eut plus, bientôt, de raison d'être lorsqu'il changea à nouveau d'avocats. Il revint à Me Georges Luciani, du barreau de Grasse, expert réputé en droit fiscal et en droit des sociétés, qui avait déjà démêlé à son avantage plusieurs embrouillaminis avec les impôts, et prit un deuxième conseil, Me Jean-Marc Varaut, un ténor du barreau de Paris. Celui-ci parla, d'emblée, pour caractériser le nouveau système de défense, de « stratégie de connivence » : on ne saurait mieux dire. Le détenu « uruguayen », vouant aux gémonies ses anciens amis de la droite modérée au profit de la droite la plus extrémiste, avait laissé la place au prévenu « français », d'une discrétion et d'une bonne volonté exemplaires. Plus question d'une candidature aux futures élections présidentielles et municipales, qui aurait brouillé le jeu politique déjà suffisamment trouble. Ni de recours tous azimuts capables de gripper la machine judiciaire. Oubliées, également, les menaces de révélations fracassantes dont certains de ses anciens amis, haut placés à droite, avaient tout à craindre étant donné qu'ils avaient pu bénéficier, eux ou leur parti, de l'argent collecté par le système Médecin. L'heure était donc à la connivence, pour ne pas dire à l'entente cordiale. Les magistrats grenoblois et niçois qui l'auditionnèrent en cette fin d'année

1. J'ai expliqué précisément ce mécanisme, et d'autres encore, dans mon précédent ouvrage, *Monaco. Une affaire qui tourne*, Éditions du Seuil, 1992, et coll. « Points Actuels », 1994.

1994 louaient tous sa disponibilité et sa courtoisie. C'est que Médecin, passionné de trains électriques, ne déraille que quand il veut et que, grand amateur de cuisine, il sait accommoder une sauce au goût de ses convives. L'imprécateur de Montevideo s'était donc effacé devant un interlocuteur plein de charme et de séduction. Celui qu'il sait être lorsqu'il a en face de lui des gens qu'il ne considère pas comme ses adversaires…

De toute façon, il n'était pas impliqué, judiciairement parlant, dans le dossier Monaco Sponsoring, même si le réquisitoire définitif du procureur Didier Durand relève que la société a réglé des frais de voyages aériens d'un montant de 508 042 francs au bénéfice, notamment, du couple Médecin et de ses amis. Philippe Prat expliqua ces « libéralités » par son désir de favoriser leurs relations d'affaires. On a vu, en effet, qu'elles s'étaient déroulées pour le plus grand profit des deux parties, à défaut de celui des finances publiques. Philippe Prat et Jean Oltra furent condamnés à deux années de prison ferme et 100 000 francs d'amende, le 24 décembre 1994, par le tribunal correctionnel de Nice[1].

On reparlera de Monaco Sponsoring dans un autre dossier, mais il convient, auparavant, de poursuivre l'évocation de la vie des associations paramunicipales, toutes présidées par Jacques Médecin, dans ce qu'elles ont de peu orthodoxe. Au hit-parade des subventions de l'exercice 1990 (le dernier en date du « médecinisme ») après Nice-Communication (67 millions de francs) et le Comité des fêtes (74 millions de francs), on trouve Nice-Opéra avec 36 millions de francs. Il s'agissait de gérer l'opéra de Nice, dont le directeur est Lucien Salles. Son fils, Rudy, est, avec Martine Daugreilh et Christian Estrosi, déjà cités, le troisième « bébé Médecin » : ces jeunes squales qu'il a fait naître à la politique à Nice et émerger sur le plan national en assurant leur élection au Parlement.

Rudy Salles fut l'attaché parlementaire de François Léotard, député-maire de Fréjus, où son père détenait la concession des arènes pour l'organisation de spectacles en tout genre. Puis, il devint un nouvel affidé de Jacques Médecin, maire de Nice, qui

1. Ces condamnations sont devenues définitives en 1995.

avait désigné son père pour diriger l'opéra, mais également les arènes de Cimiez et le Théâtre de verdure voués les unes à la Grande Parade de jazz et, l'autre, aux concerts de variétés.

On nous pardonnera ce jeu de mots trop facile, mais cette direction ne fut pas dénuée de fausses notes. Sur le plan comptable s'entend, évidemment. C'est ainsi que, à l'issue de plusieurs commissions rogatoires internationales, il fut établi que le couple Médecin a puisé à sa convenance dans un compte de la Bank of California, agence de Beverly Hills – le quartier ultra-résidentiel cher aux stars de Hollywood et aux personnalités les plus huppées de Los Angeles. Le compte n° 075.031942, pour lequel Jacques et son épouse californienne ont bénéficié d'une procuration, était ouvert au nom de la société de droit panaméen Costa Real Estate Corporation. Entre le 22 juillet 1983 et le 27 mars 1986, le total des crédits de ce compte avait atteint 1 959 000 dollars et celui des débits 1 870 000 dollars. Au cours moyen de l'époque, soit 7,50 francs, cela a représenté de jolies sommes. Sur ces sommes, l'enquête policière établit que 4 millions de francs étaient parvenus de l'étranger, dont deux fois 12 000 dollars, « certainement », et quatre fois 12 000 dollars, « selon toute vraisemblance », versés par Nice-Opéra. Sans plus de précision, car les enquêteurs ne purent retrouver la trace des relevés bancaires qui étaient adressés à la société Atlantis Investments de Los Angeles, dirigée par un certain Jean Filippi. Quant aux « cartons » de la banque, ils avaient disparu également.

A partir de mars 1986 et jusqu'en 1989, le circuit du détournement avait transité par la Suisse. Un compte à numéro de la SBS (Société de banques suisses) de Genève avait été ouvert au nom d'une avocate suisse qui déclara avoir agi sur instructions de Pierre Michaut, un ami très proche du maire de Nice. Deux ordres de paiement – l'un de 15 000 dollars, le 2 juin 1986, et l'autre de 40 000 dollars, le 18 septembre 1986 – avaient été effectués par l'avocate au bénéfice respectif de Martine Médecin, la fille aînée du maire de Nice, et de ce dernier, baptisé pour la circonstance « Jack » Médecin. Il est vrai que les deux virements avaient abouti sur un compte de la Security Pacific National Bank de Los Angeles. C'est Pierre Michaut qui avait donné les ordres nécessaires, car il avait procuration sur le compte de l'avocate genevoise.

Pierre Michaut et son ami et associé Jean Filippi ont été présentés par l'accusation comme les principaux organisateurs du détournement de fonds réalisé aux dépens de Nice-Opéra. Ils géraient, par l'intermédiaire de leur propre société suisse, deux sociétés dites « de façade » avec lesquelles Nice-Opéra avait signé des contrats : la panaméenne Costa Real remplacée par l'anglaise de l'île de Man, Oceania Systems. A raison de 12 000 dollars par trimestre, ces deux sociétés devaient sélectionner des jeunes talents de l'art lyrique aux États-Unis au bénéfice de l'opéra de Nice. Prestations fictives selon l'accusation, prestations bien réelles rétorquait Lucien Salles qui affirma que le travail avait été effectué par Eric Hamrin, le directeur artistique adjoint du Metropolitan Opera de New York, le fameux Met, qui avait exigé ce mode de paiement bien commode pour frauder le fisc. Mais Hamrin ne put être interrogé : il était décédé en 1988. Pourquoi alors une partie de l'argent, au moins, avait-elle abouti à Los Angeles sur un compte mis à la disposition des époux Médecin ? Le directeur général de l'opéra de Nice ne put fournir de réponse. Quant à Jacques Médecin, il déclara au président Daniel Fage, de la chambre d'accusation de la cour d'appel de Grenoble, qu'il se servait de ce compte pour ses besoins quotidiens lors de ses séjours aux États-Unis sans bien savoir d'où venait tout l'argent qui y affluait. Il ajouta, cependant, qu'il se doutait bien qu'il y avait là de l'argent « douteux ».

L'essentiel de ces informations fit l'objet des débats de l'audience du 29 mars 1995 du tribunal correctionnel de Grenoble. Ce jour-là, Jacques Médecin fut extrait de sa cellule de la prison de Saint-Quentin-Fallavier pour répondre du délit d'« abus de confiance » et Lucien Salles, prévenu libre, de celui de « complicité ». Pierre Michaut et Jean Filippi, les deux compères, également poursuivis pour le même motif, n'avaient pas daigné se présenter. Le premier, gravement malade, avait préféré rester au Brésil, pays dont il possède la nationalité, et le second n'avait plus donné signe de vie depuis fort longtemps.

Le procureur, Jean-Pierre Dages-Desgranges, qui prononça des phrases très dures à l'encontre de l'ex-maire de Nice – « Vous avez commis un crime contre la démocratie en accréditant l'idée dans l'opinion publique que les élus du peuple s'en mettent plein les poches » –, obtint largement satisfaction dans ses réquisitions. Après six semaines de délibéré, le tribunal correctionnel de Grenoble condamna Jacques Médecin à deux ans de prison ferme, 200 000 francs d'amende et cinq années de privation des droits civiques pour « abus de confiance ». Pour « complicité », Lucien Salles se vit infliger dix-huit mois de prison dont douze ferme, 100 000 francs d'amende et cinq années de privation des droits civiques, et les deux autres prévenus en fuite : deux ans de prison ferme, 200 000 francs d'amende et cinq ans de privation des droits civiques par défaut.

Avec Nice-Acropolis (40 millions de francs de subvention en 1990), on découvrit que le « système Médecin » pouvait aussi financer des farces de potaches attardés. On pourrait sourire des facéties du CUBE, autrement dit le Club pour l'union et le bien-être, de son « grand maître » et de ses deux cent cinquante membres, choisis dans le Tout-Côte d'Azur et le Tout-Paris, si elles n'avaient pas été réalisées avec l'argent du contribuable. Le grand maître était Hubert Ballay, administrateur général de l'association présidée par le maire de Nice, chargée de la gestion du magnifique palais des Congrès Acropolis ancré sur la Promenade des Arts, fleuron de vingt-cinq ans de règne de Jacques Médecin, comprenant également, côte à côte, le nouveau théâtre et le musée d'Art moderne. Selon son fondateur, le CUBE était destiné à promouvoir l'image de marque d'Acropolis. « On dirait plutôt un regroupement de zozos maniant un humour de bas étage », déclara le président Jean-Pierre Ferry, en janvier 1993, lors d'une audience du tribunal correctionnel de Nice, à propos des activités de cette association créée en 1988 par Hubert Ballay, à l'image des confréries bachiques. On apprit ainsi que les « encubés », comme ils s'appelaient eux-mêmes finement, se réunissaient une fois par an pour des dîners dansants ou pour aller jouer au petit soldat (américain), avec jeeps et uniformes loués pour la circonstance, sur les hauteurs de Nice. Tout cela aurait pu passer pour d'aimables plaisanteries si les factures, faussement libellées, n'avaient pas été réglées par Nice-Acropolis qui n'existait que par la grâce des subsides municipaux. Mais le grand maître dut, à son tour, payer la note : deux ans de prison avec sursis et le remboursement des 938 570 francs indûment utilisés.

Il est plus difficile d'évaluer les détournements qui ont résulté de l'emploi de fonctionnaires municipaux et de l'utilisation du matériel appartenant à la ville dans deux autres dossiers à scandale qui ont marqué l'ère Médecin fils. Le premier concerne la Diacosmie, un centre de production de décors et de costumes pour l'opéra de Nice édifié à grands frais en 1986. Présentée comme étant « unique en Europe » par son importance et son éclectisme, la Diacosmie était double : officielle et clandestine. Le chef décorateur ne se contentait pas des commandes de l'opéra et de la ville de Nice ; il fournissait également en services des clients privés, parmi lesquels de hauts fonctionnaires municipaux, des élus et ses propres supérieurs hiérarchiques.

Le second dossier de cet ordre est plus significatif encore de cette dérive, quasi généralisée, de corruption en tout genre et qui montre qu'un petit groupe d'hommes et de femmes avait fait main basse sur la ville, sa mairie et ses services municipaux. Il s'agit de l'affaire dite de la Brigade spéciale. A Nice, l'homme de la rue savait bien que le service du nettoiement fournissait l'essentiel des troupes de choc des agents électoraux. Une spécialité bien ancrée dans la tradition locale comme la pissaladiéra, cette tarte à l'oignon, ou la socca, délicieuse fine pâte de farine de pois chiches passée au four. Chacun s'en accommodait comme d'un point noir sur le visage qu'on finit par ne plus voir à force d'être là. Mais la surprise fut grande lorsqu'on apprit qu'il ne s'agissait plus seulement d'une poignée d'éboueurs jouant les gros bras le temps d'une campagne électorale : collage, décollage d'affiches et service (d'ordre) compris. Dans ce domaine aussi, la succession du père au fils à la tête de la municipalité avait transformé un système artisanal en système industriel.

La « machine électorale » de Jean Médecin, pilotée par son premier adjoint Raoul Bosio, le pantagruélique et inamovible élu de la vieille ville, gagna en puissance et en sophistication sous la férule de celui qui l'avait remplacé et que tout opposait à son prédécesseur. A l'hénaurme Bosio – débordant de truculence paillarde, autodidacte mêlant volontiers le français au dialecte niçois, qui n'avait connu qu'un parti, le Rassemblement républicain de Jean Médecin, et dont on disait qu'il échangeait volontiers quelque gâterie contre l'attribution d'un appartement HLM, sur lesquels il avait la haute main – avait succédé le triste, petit et discret Michel Falicon. Niçois de modeste origine, son diplôme de la faculté de droit de Nice et sa fonction de dirigeant du mouvement d'extrême droite Occident lui avaient valu de faire partie du CLUM, ce vivier des bébés Médecin (j'allais écrire des bébés requins). Féru d'informatique et plus à l'aise, à l'inverse de Raoul Bosio, derrière un bureau qu'au contact des électeurs, il avait montré du goût pour le pouvoir, ce qui ne fut jamais le cas de Jean Oltra. Débutant dans l'ombre des cabinets de Jacques Médecin, à la mairie de Nice, au secrétariat d'État au Tourisme et au conseil général des Alpes-Maritimes, puis en tant qu'élu, il devint donc adjoint au maire de Nice chargé du service du nettoiement. Un poste clé si l'on veut bien se souvenir que la machine électorale des Médecin puisait là ses troupes de choc.

« On pouvait mobiliser, instantanément, un millier d'hommes pour le travail des campagnes électorales, une vraie armée, et assurer une affluence de trois à quatre mille personnes pour n'importe quelle réunion publique, explique Jean Oltra. La force du système résidait dans une distribution de services très bien rodée. Les hommes de troupe recevaient un cadeau pour Noël, des paniers-repas lorsqu'ils étaient en campagne ainsi qu'une enveloppe pour rembourser leurs frais d'essence et de cigarettes. Mais surtout, ils savaient pouvoir bénéficier de la puissance administrative de la mairie de Nice qui est, avec sept mille agents, le principal employeur, et de très loin, de la région. Il suffisait d'un coup de téléphone au chef du personnel pour obtenir, aussitôt, un emploi pour le fiston ou une promotion pour l'épouse ou le cousin. »

Ce que Jean Oltra ne dit pas, c'est que ce clientélisme, cher aux sénateurs de la Rome antique, qui avait trouvé son application « naturelle » dans les grandes villes du Sud de la France, s'était transformé au point de basculer dans une totale illégalité.

« A l'origine existait au sein du service de nettoiement de la ville de Nice une équipe dite “spéciale” avec un effectif réduit d’une quinzaine d’agents chargés du “désaffichage”, de la lutte anti-graffitis, du désherbage, du débroussaillement et de l’entretien des voies privées. Mais avec l’arrivée du nouvel adjoint, chargé du nettoiement, M. Michel Falicon, l’effectif, dirigé par un nouveau contremaître, avait grossi pour atteindre quatre-vingts personnes. Le contrôle de ce service “échappait totalement” aux responsables administratifs. “L’équipe spéciale” obtenait des locaux particuliers. Surtout, à côté du travail “officiel” déjà précisé, ce service, toujours selon M. Jacques Berney, devait prendre des directives “ailleurs” pour effectuer des prestations dont il ne connaissait pas la teneur et dont il ne lui était pas rendu compte. Il précisait : “Par ‘ailleurs’ j’entends : auprès de la permanence Jacques Médecin, ou directement auprès de l’adjoint délégué, en l’occurrence M. Falicon” », écrit le procureur de Nice, M. Paul-Louis Auméras. Précisons que ce Jacques Berney, ingénieur à la ville de Nice et responsable administratif du service, sera lui-même mis en examen pour ingérence : il avait détourné des matériaux de la voirie municipale pour l’aménagement de sa résidence secondaire. Car le rapport du procureur de Nice, qui fait état des résultats d’une enquête préliminaire effectuée par la PJ de Nice sur les activités de la Brigade spéciale, a abouti à l’ouverture d’une information judiciaire. Elle a été confiée à la cour d’appel de Grenoble, plusieurs adjoints au maire de Nice étant incriminés dont, bien sûr, Michel Falicon. Mis en examen pour « complicité d’ingérence », il n’eut pas la chance de ses deux collègues féminins du conseil municipal, Martine Daugreilh et Christine Selvi. Accusées d’avoir fait effectuer leur déménagement et divers travaux aux frais de la municipalité, l’une dans son appartement, l’autre dans son restaurant, elles bénéficièrent d’un non-lieu. Elles évitèrent donc le sort réservé à Michel Falicon et Jacques Berney, cités à comparaître devant le tribunal correctionnel de Grenoble, le 28 mars 1995, et qui entendirent le procureur réclamer une peine de huit mois de prison avec sursis à leur encontre. Seul le fonctionnaire fut condamné à six mois d’emprisonnement avec sursis et à 50 000 francs d’amende, tandis que Michel Falicon et deux autres responsables de la Brigade spéciale bénéficiaient d’une relaxe.

Ce procès faisait suite à une première et originale sanction : Michel Falicon a été le premier élu français à subir les rigueurs de la loi du 27 juillet 1991 qui prive de tous ses mandats électoraux celui ou celle qui est déclaré « comptable de fait » par une juridiction administrative. Michel Falicon avait été « épinglé » par la chambre régionale des comptes de Provence-Côte d'Azur pour ses responsabilités au sein de plusieurs associations paramunicipales de la ville de Nice.

Quant à Christine Selvi, elle ne s'en tira pas pour autant à si bon compte, car son nom apparaissait dans un autre scandale moralement plus révoltant. Déléguée aux affaires sociales, elle avait, dans ses attributions, le contrôle d'une association caritative très ancienne : le centre d'assistance par le travail La Fourmi. Fondé avant la dernière guerre par Mlle Lucienne Sardina, une journaliste vouée à la charité chrétienne, sa raison d'être était de « fournir du travail de couture à des handicapés mentaux et venir en aide aux indigents ». On ne peut pas dire que Mme Selvi entrât dans l'une de ces deux catégories. D'ailleurs, ce n'étaient pas des vêtements modestes ou usagés qu'on lui reprochait de s'être appropriés, mais bel et bien des modèles de haute couture qu'elle s'était fait payer par la caisse de l'Œuvre de La Fourmi. Il y en avait pour 99 000 francs à la rubrique comptable « Vestiaire spécial ». Mme Selvi expliqua qu'il s'agissait de prêter des tenues décentes à des artistes à la recherche d'un emploi. Des artistes de grand talent peut-être, mais de petite taille, car les vêtements en question allaient du 36 au 38 : juste ce qu'il fallait pour l'habiller, elle, qui ne dépasse pas 1 mètre 60 sous la toise. Entre 1988 et 1991, l'Œuvre de La Fourmi avait également fourni du matériel informatique à la police municipale, un cadeau de 6 000 francs à la deuxième fille du maire pour son mariage, payé des notes de restaurant à 500 francs le couvert, champagne non compris, au Chanteclerc du Negresco et, enfin, une carte de membre du Beach Regency Club, à 600 francs, permettant à son détenteur de bénéficier d'une réduction de 50 % dans les restaurants de l'hôtel de la Promenade des Anglais. Autant de dépenses que l'on qualifiera de « surprenantes » s'agissant d'indigents. Elles avaient fortement grevé le budget annuel de 1,5 million de francs assuré, pour l'essentiel, par des subventions de la ville de

Nice et du conseil général, ces vaches à lait du « système Médecin ». Christine Selvi dut répondre, devant le tribunal correctionnel de Grenoble, de cette application très personnelle du vieil adage populaire : charité bien ordonnée commence par soi-même... Le 14 mars 1995, elle fut condamnée à huit mois de prison avec sursis, 30 000 francs d'amende et trois ans de privation de droits civiques. Elle demanda à Me William Caruchet de faire appel de ce jugement, espérant le voir réformer, notamment pour la dernière partie, celle qui la rendait inéligible...

Pour en finir avec la Brigade spéciale, on retiendra un chiffre, le seul qui ait pu être calculé précisément. La facture des heures supplémentaires fictives, payées par la ville à ses membres pour les récompenser de leur dévouement, avait atteint 1 948 000 francs en trois ans, de 1988 à 1990. Mais le préjudice subi par la ville de Nice et ses cochons de payants est bien plus important, puisque quatre-vingts agents municipaux ont été détournés, pendant plusieurs années, de la tâche d'intérêt général pour laquelle ils étaient rétribués. Et cela pour servir des intérêts particuliers.

Michel Falicon n'était pas le seul responsable de ce commando de déserteurs du service public. Il n'en était même pas le véritable chef. Ce rôle était tenu, et avec une autorité non contestée, par Max Gilli, le père de Christine Selvi, la cigale accusée de piller la Fourmi. Rappelez-vous : il était destinataire de l'une des cinq lettres que Jacques Médecin avait confiées à Me Henri-Charles Lambert, son avocat niçois, pour qu'il les remette en mains propres lorsqu'il déciderait de démissionner de tous ses mandats. Deux de ces missives étaient « publiques » : celles destinées au préfet des Alpes-Maritimes, pour l'aspect officiel, et à Michel Bavastro, PDG de *Nice Matin*, pour l'annonce faite aux Niçois. Les trois autres avaient un caractère intime : elles étaient adressées à sa mère, à sa sœur Geneviève et à Max Gilli. Voilà qui donne la mesure de l'importance de Max dans le système Médecin. Il ne pouvait pas rêver de plus bel hommage rendu à sa fidélité et à son dévouement. Mais aussi à l'efficacité de son travail de pilote de la machine électorale de Jacques Médecin. Une machine d'une telle efficacité qu'elle ne connaissait pas de ratés. Médecin était en mesure, grâce à elle, de faire gagner n'importe qui, n'importe quand et n'importe où, à Nice et même dans tout le département des Alpes-Maritimes. Cela, il le savait, il le devait en grande partie à Max. L'histoire des bébés Médecin est exemplaire. Voilà des jeunes gens, inconnus des électeurs, qui se voient soudain propulsés à l'Assemblée nationale grâce au soutien de Jacques Médecin et de sa machine à gagner les élections mise au point et pilotée par Gilli. Un personnage hors du commun. Grand, solide, tempes grisonnantes, ignorant résolument le costume-cravate, il était parfaitement à l'aise avec la troupe d'éboueurs qu'il commandait et auxquels il pouvait s'adresser en « nissart », le dialecte encore en usage dans les quartiers populaires dont il était issu. Une seule fois, au début des années 60, il avait défrayé la chronique des faits divers quand il avait essuyé un coup de feu dans un bar proche du port de Nice. Albert l'Oranais lui avait tiré dessus pour une sombre histoire de rivalité commerciale : Max avait réussi à lui souffler la concession du bar du palais des Expositions. Il avait déjà choisi le clan Médecin et commençait à en retirer quelque bénéfice. C'était avec le père. Lorsque le fils assura la succession, le rôle de Max Gilli ne cessa de prendre de l'importance, dans l'ombre du maire dont il devint, au cours des dernières années, inséparable. Au point qu'on l'appelait le « maire bis ». Il l'accompagnait partout, discret et l'œil aux aguets : un épagneul bien dressé, mais qui savait montrer les dents lorsqu'un danger menaçait.

Il était le maître absolu de tout ce qui concernait les élections, donc de la collecte des fonds et leur répartition, mais aussi de la distribution des prébendes et autres avantages en nature accordés aux militants et bienfaiteurs du médecinisme. Négligeant tout mandat ou poste officiel pour lui-même, il avait compris d'instinct que le véritable pouvoir s'exerce en coulisses, là où se tiennent ceux qui tirent les ficelles des marionnettes qui s'agitent sur la scène. Propriétaire d'un kiosque à glaces et sandwiches ouvert jour et nuit et baptisé, en toute simplicité, Chez Max, marchand de pan-bagnats analphabète mais d'une grande intelligence pratique, Max Gilli, devenu expert ès élections, a fini sa vie, casier judiciaire vierge, emporté par un cancer, dans un hôtel particulier de la colline de Cimiez, le Neuilly niçois, parmi ces bourgeois qu'il n'a jamais fréquentés mais auxquels, finalement, il imposait ceux qu'ils allaient élire.

Jean Oltra raconte une anecdote tout à fait édifiante à ce sujet : « Pour les municipales de 1983, j'avais dit au maire : il nous faut un vrai sportif. J'ai proposé Christian Estrosi qui avait été trois fois vice-champion du monde de moto en 750 cm^3. Le maire l'a pris sur sa liste et, bien sûr, il a été élu. Mais il s'est révélé très actif, très accrocheur et il a fait beaucoup de progrès. De telle sorte qu'il a posé sa candidature pour les législatives de 1986. Je me souviens, nous étions dans un bureau du conseil général et nous avions deux candidats pour la troisième circonscription : Rudy Salles et Christian Estrosi. La discussion s'éternisait et Max s'est impatienté : "Dépêchez-vous, j'ai autre chose à faire." J'ai suggéré de tirer au sort. Le maire a été d'accord. Rendez-vous a été pris à 17 heures à la permanence avec les intéressés. On a mis dans une boîte douze papiers dont deux portaient les noms de Salles et d'Estrosi. C'est celui de Salles qui est sorti le premier. Estrosi devenait donc son suppléant mais, à ce moment-là, le candidat qui devait se présenter dans la cinquième s'est plaint du fait que cette circonscription comprenait plusieurs cantons de montagne où il ne connaissait personne. Max l'a entendu geindre. Il s'est énervé. Il lui a dit : "Si c'est pour pleurer, tu peux te casser." Et il l'a fait sortir. Moi, je me suis tourné vers Christian Estrosi qui a été aussitôt d'accord pour le remplacer. De numéro deux, il est passé numéro un et il a été élu. D'ailleurs, cette année-là, nous avions fait le plein : six candidats, six élus ! »

Voilà comment Christian Estrosi, que *Le Canard enchaîné* surnomma le « moto didacte », devint député des Alpes-Maritimes. Parmi les bébés Médecin, seul Rudy Salles survécut à la démission du « père ». Martine Daugreilh ne sut pas conserver le fauteuil royal de la deuxième circonscription, un domaine réservé aux Médecin, que Jacques lui laissa lorsqu'il fut contraint de l'abandonner pour cause de cumul des mandats. Quant à Christian Estrosi, il eut l'outrecuidance de se poser en héritier : il perdit, coup sur coup, son poste d'adjoint au maire de Nice par démission, son mandat de député par invalidation, son poste de président du

RPR dans le département par élimination, et fut battu, lors d'une élection partielle de conseiller général, fin 1994, par un jeune inconnu, futur gendre de Jean Oltra. Ceci expliquant peut-être cela.

Une machine électorale ne fonctionne pas toute seule. Elle réclame des hommes et du carburant, c'est-à-dire de l'argent. Les hommes, on a vu qu'ils étaient recrutés au sein du service du nettoiement de la ville et qu'ils partaient au combat sous le drapeau de la Brigade spéciale. L'argent : combien et comment ?

« Sept à huit millions de francs pour une campagne pour les municipales. Ils étaient apportés par les entreprises travaillant pour la ville. Toutes versaient autour de 3 % sur le montant des travaux. C'est Max qui était chargé de la récolte à la permanence », raconte Jean Oltra. L'un de ces entrepreneurs a avoué cette participation. Il s'agit de Francis Guillot, PDG de la SEREL, une société niçoise spécialisée dans la signalisation et la régulation du trafic routier. Rolls, villa au cap d'Antibes, loge au stade Louis II de Monaco : ce passionné de football qui a présidé l'AS Cannes puis l'OGC Nice menait grand train. Il est apparu dans ce récit au moment de la création, en 1972, du Comité de liaison université-municipalité, cher aux étudiants d'extrême droite supporters de Jacques Médecin. Il finance alors le journal de campagne du maire de Nice et offre ses locaux pour les réunions du cabinet fantôme animé par Jean Oltra, Jean-Paul Claustres et autres futurs collaborateurs de Jacques Médecin. Il ne devait pas s'arrêter en si bon chemin. On le retrouve en 1991 devant M. Jean-Paul Renard, doyen des juges d'instruction de Nice, auquel il avoue la constitution d'une caisse noire. Cela lui vaudra une mise en examen pour « corruption » et quelques mois de prison. Car lui aussi était passé de l'artisanat à l'industrie.

L'artisanat, c'était, par exemple, de proposer à ses employés de faire acheter par la SEREL les appareils électroménagers dont ils avaient besoin et de les rembourser en espèces pour alimenter la caisse noire de la société. L'industrie, ce fut de créer des sociétés-taxis en Suisse, au Canada, en Belgique et en Russie et de leur payer des prestations fictives dont le montant était rétrocédé, amputé d'une commission, sur un compte ouvert à Monaco. L'une d'entre elles s'appelait tout simplement Dennis. Un proche collaborateur de Francis Guillot a raconté au juge que, entre 1989 et 1991, il s'était rendu une fois par mois à Monaco, en compagnie de l'épouse de Francis Guillot et de la mère de celle-ci, pour des retraits d'espèces variant entre 150 000 et 600 000 francs. Le PDG de la SEREL a reconnu, lui-même, avoir versé 14 millions de francs à des décideurs municipaux, élus et hauts fonctionnaires de Nice, mais aussi d'autres villes en France, dont 4 millions au seul Jacques Médecin. Il expliqua qu'il s'agissait de la part des édiles d'un véritable racket, car l'alternative était la suivante : soit il payait et obtenait des chantiers, soit il refusait de payer et il pouvait fermer son entreprise. Corrupteur, certes, mais malgré lui.

Francis Guillot et Jacques Médecin devaient se retrouver côte à côte sur le banc des prévenus du tribunal de Grenoble pendant une semaine, du 19 au 23 juin 1995. Un mois et demi plus tard, ce même tribunal rendait son jugement, aussitôt frappé d'appel par les intéressés : 3 ans et 6 mois de prison ferme, 1 million de francs d'amende et 5 années de privation des droits civiques pour Médecin, et 5 ans de prison ferme, 1 million de francs d'amende et 5 années de privation des droits civiques pour Guillot.

C'était l'épilogue de trois années d'instruction à l'issue desquelles le doyen des juges d'instruction de Nice, M. Jean-Paul Renard, avait signé à leur encontre, le 25 avril 1995, une ordonnance de renvoi en correctionnelle. Jacques Médecin devait répondre de « recel d'abus de biens sociaux et de corruption passive ». De même que son successeur à la tête de la mairie de Nice : Honoré Bailet et son épouse avaient bénéficié de voyages d'agrément aux Canaries, dans le Pacifique et au Canada. Mme Bailet ayant, de surcroît, été payée par la SEREL et l'une de ses filiales pour un emploi fictif. Ce qui lui avait permis d'acquitter les traites d'un appartement situé à Paris.

L'histoire retiendra que, dans cette affaire de corruption, ce sont les déclarations de Francis Guillot qui ont motivé la demande d'arrestation provisoire, en vue d'extradition, lancée par le procureur Auméras de Nice à son homologue de Maldonado, en Uruguay. Elles ont valu à l'ancien maire de Nice l'obligation de quitter « L'isla Santiago », sa mirifique villa des rives du Rio de la Plata, pour une prison de Punta del Este, puis de Montevideo. Le retour en France, encadré de policiers, de Jacques Médecin coïncida, curieusement, avec un changement dans les accusations de Francis Guillot. Après avoir laissé planer le doute sur la destination des 4 millions de francs versés à Jacques Médecin, il écrivit au juge Renard pour préciser qu'il ne fallait voir là aucun signe d'enrichissement personnel car cet argent était destiné à son parti, le Rassemblement républicain.

Ce qui est certain, c'est que le partenariat de la ville de Nice et de la SEREL a coûté très cher aux contribuables niçois. Francis Guillot a déclaré, lors d'une audition à la PJ : « A titre d'exemple, en ce qui concerne les travaux d'installation des feux de signalisation de la ville de Nice, bien que le matériel soit moins cher, j'installais pour un même montant quatre carrefours alors qu'aujourd'hui j'en installe douze. » Le marché de la régulation des feux tricolores, qui était acquis à la SEREL pour 30 millions de francs par an sous le règne de Jacques Médecin, fut attribué après appel d'offres pour 4,5 millions quand Me Jean-Paul Barety devint maire de Nice !

Mais, puisqu'on parle finances, on ajoutera que l'héritage Médecin s'est traduit par le remboursement, entre 1990 et 1994, de 1 milliard de francs de dettes contractées par les sociétés d'économie mixte et les associations paramunicipales pour lesquelles la ville s'était portée garante. Globalement, la dette de la ville de Nice était encore égale à son budget début 1995, c'est-à-dire 4,5 milliards de francs. Ce qui représentait, avec les intérêts, une annuité de remboursement de 1 milliard de francs. Soit une dette totale avoisinant les 15 000 francs et une traite annuelle de plus de 3 000 francs pour chaque Niçois : femmes, chômeurs et enfants compris. Beaucoup plus, évidemment, si l'on fait le même calcul pour les seuls foyers fiscaux.

Pauvre contribuable qui n'était guère mieux loti du côté du conseil général des Alpes-Maritimes pour lequel sa contribution avait dû souffrir, également, de quelques dérapages au parfum de corruption ! Le plus spectaculaire nous ramène à Philippe Prat, l'ancien pilote automobile converti dans la gestion d'une société-taxi monégasque, Monaco Sponsoring, déjà épinglée pour ses relations commerciales avec le Comité des fêtes de la ville de Nice. Il s'agit toujours de commerce, mais avec une société niçoise baptisée Com'06.

« Com'06 rimait davantage avec commission qu'avec communication », écrivait Maurice Huleu dans *Nice Matin* du 20 septembre 1991. Le jeu de mots n'était pas gratuit, car cette société avait été créée pour empocher une grosse commission de la part du conseil général des Alpes-Maritimes sous couvert d'un budget de communication. Résultat de l'opération : l'assemblée départementale, alors présidée par Jacques Médecin, avait payé 18 millions de francs ce qu'elle aurait pu avoir pour moins de 10 millions. Cela mérite une explication. Le conseil général, par une délibération du 8 juillet 1988, avait signé un marché de gré à gré avec la société Com'06 portant sur l'installation de 25 salles multimédias dans les villages de l'arrière-pays. Montant de l'opération, entièrement financée par l'assemblée départementale : 18 millions de francs. Mais une enquête, diligentée par la Direction nationale des enquêtes fiscales, devait relever plusieurs bizarreries dans cette opération. Il y avait d'abord le fait que Com'06 s'était vu attribuer ce contrat alors qu'elle n'avait pas encore d'existence officielle. Constituée de deux actionnaires à parts égales – M. Maurice Domenge et Mme Micheline Baus –, elle n'avait été créée que pour les besoins de la cause. Avec deux salariés et aucune compétence particulière, il lui était impossible de procéder aux installations prévues par le contrat. En fait, elle n'avait joué que le rôle d'intermédiaire commercial entre le conseil général, le client et le fournisseur, une entreprise réellement spécialisée, qui avait réalisé la mise en place des vingt-cinq salles multimédias. Pour la somme de 9 725 000 francs, toutes taxes comprises. La différence avec les 18 millions de francs payés par le commanditaire avait été partagée – un quart, trois quarts – entre Com'06 et Monaco Sponsoring, lesquelles s'étaient donc vu accorder une importante rétribution pour des prestations jugées fictives.

Ce fut, en tout cas, l'avis du juge Daraude-Boisseau, du tribunal de grande instance de Nice, qui inculpa, le 20 novembre 1991, Maurice Domenge de « faux et usage de faux, recel d'abus de confiance et d'abus de biens sociaux » et le fit incarcérer quatre mois durant. Ancien président du Rugby Club de Nice, créateur d'une chaîne de magasins à l'enseigne de « La Porcelaine blanche », et ami proche de Jacques Médecin, Maurice Domenge, séduisant et beau parleur, plus habitué à fréquenter les salons huppés que les cellules des prisons, ne résista pas longtemps à l'avanie de la détention. Il avoua la combine et cita Jacques Médecin comme l'un des bénéficiaires des 9 millions de francs surpayés par le conseil général. D'où le second dossier traité par la cour d'appel de Grenoble, concernant à la fois l'ancien maire de Nice et l'ex-dirigeant de Monaco Sponsoring, revenus tous les deux, sous escorte policière, de leur exil volontaire, l'un de Punta del Este et l'autre de Casablanca. Jacques Médecin, cependant, devait échapper à un éventuel châtiment en dépit de son implication dans cet autre scandale en vertu de la « spécialisation » de l'extradition : l'affaire des salles multimédias ne faisait pas partie des motifs avancés par la justice française pour obtenir son rapatriement.

Mais le dossier le plus surprenant dans la série « magouilles en tout genre » reste celui de la renégociation de la dette de la ville de Nice, dont on a vu qu'elle était d'un niveau incomparable. La révélation de cette affaire est due à la perspicacité de la cour régionale des comptes dont un jugement provisoire, du 12 juillet 1990, étonna même les plus blasés des citoyens habitués à se faire tondre la laine sur le dos, tandis qu'une enquête préliminaire était ordonnée par le parquet de Nice sur une dénonciation des services fiscaux.

Tout avait commencé par une délibération du conseil municipal de 1985 donnant, pratiquement, carte blanche à Jacques Médecin pour renégocier la dette de la ville qui atteignait, à cette époque, 3,6 milliards de francs. La désinflation autorisait des gains importants, aussi bien pour les particuliers que pour les collectivités qui avaient souscrit des crédits à des taux de 15 à 17 %. L'attention des contrôleurs fut attirée par le fait que la ville de Nice avait utilisé les services de sociétés privées pour traiter avec des banques et établissements financiers qu'elle aurait pu, aussi bien, contacter elle-même. D'autant mieux, du reste, que l'opération s'était traduite par des « gains illusoires en raison des honoraires versés ».

Que s'était-il passé ? La ville avait confié à la société AREFIC, une filiale de la BNP, parfaitement habilitée pour ce rôle, le soin de renégocier sa dette. La première anomalie venait du fait qu'elle avait versé 3 % de commission alors qu'AREFIC se contentait, habituellement, de 0,50 à 1,50 %. C'était donc beaucoup. Trop même, car il s'avéra que le service rendu n'avait pas été à la hauteur d'une telle rétribution. D'ailleurs, et c'était la deuxième anomalie, le partenaire de la ville de Nice avait aussitôt redistribué une partie de sa commission à trois « intermédiaires » : le cabinet parisien Thierry Perrin (127 000 francs), la SARL Deltana, spécialisée dans la vente de produits esthétiques (*sic*) proche de celui-ci (1,5 million de francs) et la société Club Sudd (5,3 millions de francs). Pour quels services ? Le moins que l'on puisse dire est qu'ils ne paraissaient pas évidents, surtout en ce qui concernait Club Sudd, qui n'avait pas encore d'existence légale lorsque son compte à la Banque niçoise de crédit fut crédité de 5 372 580 francs par AREFIC, au mois d'août 1986. C'est ici que le public salue l'entrée en scène d'une fort belle comédienne. Une jeune femme alors âgée de 23 ans, cheveux auburn et yeux verts, qui se fera un nom dans le show biz en devenant la principale collaboratrice de Lucien Salles, le directeur général de Nice-Opéra, concessionnaire des arènes de Fréjus, du Théâtre de verdure et des arènes de Cimiez à Nice, ami de Jacques Médecin, père du député Rudy Salles et directeur de la société Europe Show, une entreprise de spectacles qui a organisé, dans les années 80, tous les grands concerts de rock et de variétés sur la Côte d'Azur. Elle s'appelle Elizabeth Arnulf et c'est elle la présidente et seule adhérente de Club Sudd, encore en voie d'enregistrement à la préfecture des Alpes-Maritimes, bureau des associations, lorsque plus de 5,3 millions de francs atterrissent sur son compte en banque. L'argent ne va pas rester longtemps immobilisé. La belle Elizabeth retire, en trois fois et en liquide, 4 804 000 francs en août et décembre 1986. On n'a jamais su où cet argent avait disparu !

Interrogée par la PJ, dans le cadre d'une enquête préliminaire, la jeune femme indiqua vaguement qu'elle avait avancé cet argent à un ami, marchand de chaussures installé aux États-Unis, qui était en difficulté. Hum ! Ce qui est certain, c'est que c'est bien dans ce pays qu'elle trouva refuge lorsque, le 4 novembre 1992, le président Farge, de la chambre d'accusation de la cour d'appel de Grenoble saisie du dossier qui mettait en cause le maire de Nice, lança un mandat d'arrêt international à son encontre. Il devait être levé, deux ans et demi plus tard, par cette même chambre d'accusation de Grenoble, au motif que le procureur de Nice avait ouvert une information en 1990 sur des faits remontant à 1986 et qu'ils étaient, *de facto*, couverts par la prescription. Mais si la belle Elizabeth se trouvait ainsi hors d'atteinte de la justice, il n'en demeurait pas moins qu'elle avait joué un rôle essentiel dans l'affaire. Jacques Médecin, répondant à des journalistes, avait expliqué ainsi l'intrusion de la jeune femme dans les tractations de la ville de Nice avec des organismes financiers portant sur plusieurs milliards de francs. Chacun appréciera : « J'avais reçu dans les locaux de Radio Baie des Anges, un groupe d'étudiants niçois qui s'intéressaient à cette radio locale où je répondais, chaque samedi matin, aux auditeurs en direct. A un moment, une jeune fille s'est détachée du groupe et a demandé à me parler en tête à tête. Elle m'a proposé de faciliter la renégociation de la dette de la ville de Nice. Je lui ai dit de s'adresser aux services financiers de la mairie. Je ne la connaissais pas. J'ai appris plus tard qu'elle s'appelait Elizabeth Arnulf. Je suppose que c'est pour ce rôle d'intermédiaire qu'elle a été rétribuée. »

Mais il ne faudrait pas croire, pour autant, que Jacques Médecin accordait sa confiance au premier amateur venu, fût-il doté d'un joli minois. En véritable professionnel de la politique, il choisissait au contraire des partenaires rompus aux affaires. C'est ainsi que l'on vit apparaître dans son entourage, en 1986, ce Pierre Michaut qui lui a facilité la récupération, *via* la Suisse, des sommes détournées au détriment de l'association Nice-Opéra. Jacques Médecin avait rencontré Pierre Michaut à Rio au cours d'un de ses innombrables voyages à l'étranger. Ce fut le début d'une fructueuse collaboration.

Pierre Michaut créa, le 9 juin 1987, un bureau d'études à Nice sous la forme d'une SARL – la CAARD – au capital de 2 millions de francs réparti entre neuf actionnaires dont une société offshore basée à Londres. Il en était le directeur technique et Patrice Prudhomme le PDG. Les bureaux d'études, on le sait, ont mauvaise réputation depuis qu'il est apparu qu'ils constituaient le moyen idéal pour « fabriquer » des fausses factures. On rencontre des bureaux d'études dans les dossiers les plus importants de détournements de fonds concernant les collectivités locales. On vit ainsi la CAARD intervenir dans les principaux projets d'aménagement de la ville de Nice. A croire que sa collaboration était devenue indispensable aux maîtres d'œuvre qui, pourtant, s'étaient toujours passés de ses services. Un partenariat constant et quasi exclusif s'instaura donc entre Nice et ce bureau d'études providentiel que l'on retrouvait, en 1988, nanti de multiples et divers contrats, comme le pilotage de la construction de deux hôtels face au palais des Expositions, la coordination des dossiers du musée d'Art moderne et du nouveau théâtre, l'aménagement de la gare du Sud, l'implantation d'un géant de la distribution en gros ou d'un futur Centre européen de l'environnement. On pourrait allonger la liste car le carnet de commandes de la CAARD était bien rempli. Il s'agissait toujours d'études sur des projets dans lesquels la ville était décisionnaire. Soit en tant que maître d'œuvre, soit qu'elle concédât ce rôle à une société d'économie mixte ou carrément privée.

Pourquoi cet engouement soudain et irrépressible pour ce bureau d'études auquel, de toute évidence, les édiles niçois ne résistaient pas, et, en particulier, le premier d'entre eux ? Un premier élément de réponse intervint, en mars 1989, dans le cadre de la vaste affaire des fausses factures de la SORMAE, filiale de la Société auxiliaire d'entreprises, l'un des plus importants groupes de construction en France, qui apparut comme la pompe à finances des principaux partis politiques au pouvoir, de droite et de gauche, dans les grandes villes du Sud-Est de la France. Mais l'annulation d'une partie de la procédure pour vice de forme et la loi d'amnistie sauvèrent la cohorte d'élus et d'hommes d'affaires impliqués dans le scandale du banc d'infamie de la correctionnelle. Parmi eux figuraient Patrice Prudhomme et Pierre Michaut.

Les deux hommes disparurent, sains et saufs, de la scène niçoise. Pierre Michaut retourna à Rio et Patrice Prudhomme s'installa dans la région parisienne. On n'entendit plus parler d'eux jusqu'au mois de mai 1994 lorsque le doyen des juges d'instruction de Nice, M. Jean-Paul Renard, lança deux mandats d'arrêt internationaux à leur encontre pour « abus de biens sociaux, faux et usage de faux ». Pierre Michaut fit savoir qu'il était gravement malade et qu'il ne pouvait pas venir à Nice, mais Patrice Prudhomme se présenta devant le magistrat, qui lui signifia sa mise en examen pour « abus de biens sociaux » et le laissa en liberté.

Pierre Michaut, véritable animateur de la CAARD, était ainsi rattrapé par l'opération « mains propres » à la niçoise qui visait à épurer le « système Médecin ». Il passait même, aux yeux de certains, pour le principal acteur de sa « modernisation ». Il y aurait eu, en quelque sorte, deux époques dans la corruption où baignaient les activités de la ville de Nice : l'avant et l'après CAARD. Avant, les entreprises travaillant pour la municipalité versaient une commission sur les travaux réalisés. Après, ces travaux étaient multipliés au-delà des besoins réels pour permettre au bureau d'études animé par Michaut de percevoir ses honoraires dont une grande partie était rétrocédée à qui de droit. Le maire de Nice montrait, ici encore, la pointe de son épaisse moustache, car on retrouvait dans ce dossier, au chapitre transferts de fonds à l'étranger, le même responsable de la société fiduciaire suisse à l'origine de la création des sociétés Costa Real et Oceania Systems. Celles qui avaient reçu des honoraires versés par l'association Nice-Opéra pour « la recherche de nouveaux talents » et qui avaient été récupérés par le couple Médecin à Los Angeles.

Car il n'y avait pas que Lucien Salles pour alimenter les comptes d'Oceania Systems, société chère à Michaut et Filippi. Outre les virements trimestriels de Nice-Opéra, on avait relevé un versement de 40 000 dollars de Georges Wein, l'organisateur de la Grande Parade du jazz, largement subventionnée par la mairie, ou encore 12 000 dollars de la société américaine LTM Corporation, dont le PDG, Charles Crevet, déclara aux policiers que, pour obtenir la concession des studios de cinéma de la Victorine, sur les hauteurs de Nice, il avait versé 12 000 dollars par trimestre entre 1984 et

1988 sur un compte d'Oceania Systems à Londres : à croire que c'était le tarif habituel pour les clients de la ville de Nice.

Les enquêteurs purent aussi relever que ce même compte londonien avait été utilisé pour d'autres opérations : le versement d'une commission de 500 000 francs de la SEREL de Francis Guillot, par le biais de deux filiales belge et monégasque, et deux virements de 200 000 dollars chacun, émanant de la société Degrémont, filiale de la Lyonnaise des Eaux, un pot-de-vin ayant trait à l'octroi, en août 1983, du marché de la station d'épuration Haliotis, en bordure de l'aéroport de Nice. Avec l'apparition de la société Degrémont et de la Lyonnaise des Eaux, on pénètre de plain-pied dans un dossier de même nature que celui du « système Médecin » mais plus vaste, puisqu'il a les dimensions de l'Hexagone tout entier : celui de la corruption de certains hauts responsables de partis politiques et élus de tous bords, par des dirigeants d'entreprises nationales et de groupes internationaux. Le feuilleton de ces affaires, en cette année 1995, a multiplié les épisodes plus inquiétants les uns que les autres pour la santé morale de notre pays.

Une culture de la malhonnêteté ?

Si le « système Médecin » a fait l'objet d'un assez long développement, c'est parce qu'il est appelé à faire référence en matière de corruption de la vie publique en France. Il est le premier modèle mis au jour de la réunion des divers moyens connus de piller les caisses d'une collectivité locale. Les associations paramunicipales, généreusement subventionnées, mettent une importante partie des finances d'une commune hors du champ des rigueurs de la comptabilité publique. On a vu que cela permettait d'offrir des voyages, de payer des notes de restaurant, mais aussi des salaires indus et des factures, à n'importe qui et pour n'importe quoi. Les bureaux d'études se font facturer des prestations fictives. Dans les deux cas, l'intervention de sociétés-taxis est nécessaire pour récupérer en aval une partie des commissions versées en amont de ce fleuve d'argent noir. Le troisième moyen met en œuvre des sociétés offshore, basées dans des paradis fiscaux, par lesquelles transitent les pots-de-vin versés à la faveur des marchés publics. A Nice, les trois principaux outils de la corruption étaient à l'ouvrage ainsi que d'autres, plus folkloriques, comme l'utilisation de la Brigade spéciale, une spécialité typiquement niçoise.

Mais la corruption de la vie publique, elle, n'est pas une spécialité niçoise en cette fin de siècle. Elle fait, au contraire, penser à un cancer dont les métastases gagnent toutes les parties du corps France. Jacques Médecin a été extradé d'Uruguay pour être incarcéré à la prison de Saint-Quentin-Fallavier, près de Grenoble. Le maire RPR de cette ville, Alain Carignon, alors ministre de la Communication du gouvernement Balladur, a été détenu d'octobre 1994 à mai 1995 dans une cellule lyonnaise. Et, tandis qu'une demande d'extradition vise l'ancien député-maire PS d'Angoulême et ancien secrétaire d'État, Jean-Michel Boucheron, converti en restaurateur à Buenos Aires, deux autres membres du gouvernement Balladur, Gérard Longuet et Michel Roussin, démissionnaires, se retrouvent mis en examen dans des affaires douteuses pour les mêmes motifs que leurs collègues. On ne compte plus, par ailleurs, les élus de moindre importance et de tous les partis accusés de s'être servis dans les caisses de leur commune, à l'instar de Jean-Luc Bécart, sénateur-maire communiste d'Auchel (Pas-de-Calais), mis en examen pour, entre autres délits, « corruption et détournement de fonds » : le dernier d'une longue liste pour l'année 1994. Le maire de L'Alpe-d'Huez et vice-président du conseil général de l'Isère a été le premier mis en cause en 1995.

Rappelons, pour mémoire, que tout a commencé, en mars 1989, avec le dossier de la SORMAE, chère à l'ami de Jacques Médecin, Pierre Michaut. Les inspecteurs Gaudino et Mayot arrachent au directeur général de la SORMAE, Paul Pelletier, une liste de dix noms d'hommes politiques qui ont bénéficié des « largesses » de cette société. Les policiers ne le savent pas encore, mais ils viennent de lever un lièvre qui va faire trébucher le pouvoir socialiste alors tout-puissant et lancer un jeu de massacre encore inédit : celui des hommes politiques bénéficiaires à titre personnel, ou pour les caisses de leur parti, de commissions versées par des entreprises favorisées dans l'obtention des marchés publics.

Poursuivant ce qu'il appellera, dans un livre devenu un best-seller, *L'Enquête impossible*[1], Antoine Gaudino et son coéquipier débusquent trois cahiers à spirales : les « cahiers Delcroix » – du nom de l'ancien directeur d'un bureau d'études, alors inconnu, Urba-Conseil. Tout y est consigné, méticuleusement, des commissions encaissées par le PS, entre 1984 et 1989, sur les marchés publics ainsi que leur répartition entre le parti, les élus locaux et Urba. Le pouvoir tentera d'étouffer l'affaire, mais en vain. La pugnacité et l'habileté de Gaudino auront raison de ceux qui ont voulu faire obstacle à ses investigations. Et puis, surtout, l'exemple est donné. Les juges Jean-Pierre, au Mans, Van Ruymbeke, à Ren-

1. Albin Michel, 1990.

nes, Courroye, à Lyon, Halphen, à Créteil, et d'autres encore, moins médiatisés mais tout aussi décidés, bousculent les conventions non écrites entre le politique et le judiciaire, font tomber tous les obstacles pour porter le glaive de la justice jusqu'au premier cercle du pouvoir.

Le Point, du 22 octobre 1994, titre « Corruption : tout va exploser » et *Le Nouvel Observateur*, à la même époque, sort « Le dossier noir de la corruption » avec cette interrogation : « Mains propres à la française ? » Toute la presse s'empare de ce phénomène, et si la France n'est pas encore l'Italie, elle lui ressemble, de ce point de vue-là, comme une sœur jumelle. Au début de 1995, on dénombre près de deux cents « personnalités » – élus, chefs d'entreprise et fonctionnaires – convaincues de s'être rendues complices de corruption et de détournement de fonds. Toutes les régions sont touchées par cette épidémie dont personne ne peut dire quand elle sera jugulée. Il y a encore beaucoup de mines enfouies sous les pieds des « représentants du peuple » : il suffira de les déterrer et d'allumer la mèche…

L'événement qui a provoqué une telle avalanche d'articles et d'émissions de radio et de télévision a été la mise en examen et l'incarcération d'Alain Carignon, le 12 octobre 1994, par le juge Philippe Courroye de Lyon. Une première dans les annales judiciaires françaises. Vivement contesté par les avocats de l'accusé, ce mandat de dépôt fut confirmé d'éclatante façon, deux semaines plus tard, par la chambre d'accusation de la cour d'appel de Lyon. L'arrêt rendu est très sévère pour Alain Carignon. Il évoque la concession du marché de l'eau à Grenoble à une filiale du groupe Merlin et de la Lyonnaise des Eaux-Dumez, qui aurait donné lieu, *via* le journal électoral du maire et une société-conseil contrôlée par son ami et conseiller Jean-Louis Dutaret (qui fut également embastillé), à des « avantages » dont le montant dépasse les 15 millions de francs. On retrouve, comme dans le « système Médecin », des honoraires abusifs payés à des collaborateurs et des voyages aériens gratuits. Selon les termes de l'arrêt, « de tels actes sont de ceux qui apportent à l'ordre public un trouble grave et durable puisqu'ils reviennent, pour une personne que sa position dans la cité oblige plus que toute autre à faire abstraction de tout intérêt personnel, à solliciter et à obtenir des avantages personnels importants en contrepartie d'une décision de concession d'un service public essentiel à la vie de toute collectivité ». On ne saurait mieux dire et avis à leurs collègues !

L'arrêt emploie aussi le terme de « pacte de corruption » : l'expression fait florès. Son « inventeur » nous pardonnera de l'employer à notre tour à propos d'une autre personnalité importante du paysage politique français, également incarcérée pour des faits similaires : le sénateur UDF, ancien maire de Toulon et ancien président du conseil général du Var, Maurice Arreckx.

A Toulon, la Maison des technologies a fière allure. Elle dresse sa blanche silhouette, massive mais élégante, de murs de verre et de béton, à l'entrée du centre-ville : un bel exemple d'architecture appropriée à la vocation du bâtiment. Pourtant, cet édifice voué aux progrès techniques et à la formation des jeunes générations est devenu le symbole du mal absolu dans une démocratie : la corruption qui lie les hommes politiques aux entrepreneurs et aux truands. C'est en enquêtant sur l'assassinat du député Yann Piat, le 25 février 1994 à Hyères – qui fera l'objet d'un autre développement –, que les policiers et le juge Thierry Rolland, de Toulon, découvrirent, entre autres turpitudes, que l'édification de la Maison des technologies avait donné lieu au versement d'un pot-de-vin de 2 millions de francs.

Trois notables furent mis en cause et incarcérés à la fin du mois de juin : Jean Germain, Raymond Lafforgue et Guy Liautaud. Le premier, polytechnicien et directeur de l'entreprise Campenon-Bernard, adjudicatrice du chantier, avait donné l'argent au deuxième, un agent commercial dont la spécialité était de servir d'intermédiaire entre les grandes entreprises de construction et de travaux publics et les collectivités locales. Ancien entrepreneur lui-même, il mettait en avant ses relations professionnelles pour faciliter l'attribution d'un marché public à telle ou telle entreprise. Il avouait ainsi avoir réalisé trois ou quatre opérations dans le Sud de la France, mais la construction de la Maison des technologies, financée par le conseil général du Var, était la première qu'il menait à bien dans ce département.

Jean Germain reconnut avoir signé un chèque de 450 000 francs au bénéfice du Parti républicain et exhiba un reçu de son trésorier, Jean-Pierre Thomas, député des Vosges, lui aussi mis en examen par ailleurs : ce cadeau entrait dans le cadre du financement, alors autorisé, des partis politiques par les entreprises. Mais le directeur de Campenon-Bernard, filiale de la Générale des Eaux, ajoutait qu'il avait également donné plusieurs chèques totalisant 1,5 million de francs à Raymond Lafforgue en personne. Celui-ci admit avoir conservé à peu près 500 000 francs pour sa propre commission et remis le reste, soit 1 million de francs, à Guy Liautaud, conseiller technique de Maurice Arreckx, alors président du conseil général du Var. En espèces, car son rôle d'intermédiaire se doublait de celui de faux facturier. Il se procurait des fausses factures dont le montant, payé en chèque, était converti en liquide auprès d'amis qui percevaient leur commission au passage.

Les comptes de Campenon-Bernard indiquaient également un versement de 2 millions de francs à la SENEC, une entreprise de La Garde, près de Toulon. Celle-ci avait été « dédommagée » pour avoir été exclue du marché par sa puissante rivale. C'est en tout cas ce qu'expliquait son dirigeant, Dominique Cananzi, un bel homme au regard bleu, dont la famille originaire de Sicile était passée par la Tunisie avant de s'installer et de prospérer dans le Var. Vice-président de la chambre de commerce de Toulon et présenté comme un entrepreneur très influent dans la région, Dominique Cananzi, souriant et sûr de lui, répondait ainsi à un confrère venu l'interroger sur ces deux millions régulièrement passés en comptabilité : « Cela s'appelle de la bonne gestion. »

Un million par-ci, deux millions par-là : finalement, Jean Germain et Campenon-Bernard n'avaient pas trop à se plaindre de la réalisation de la Maison des technologies. 3 millions sur une facture totale de 100 millions de francs, cela faisait du 3 % hors taxes : exactement le pourcentage imposé par le « système Médecin » aux entreprises, selon les confidences de Jean Oltra relatées plus haut.

Mais à qui était destiné le million et demi de francs manquant à l'appel ? A Guy Liautaud, qui les avait reçus des mains de Lafforgue, ou à d'autres ? Après quelques atermoiements, Guy Liautaud a, à son tour, désigné un autre bénéficiaire : Jean-François Barrau, ancien conseiller général socialiste, un transporteur, président de la commission des transports à la chambre de commerce du Var. « Je lui ai remis l'argent pour qu'il le donne à Maurice Arreckx », dit-il en substance. Il s'agissait, en fait, d'une tentative désespérée pour sauver son ami. L'heure de vérité n'allait pas tarder à sonner. Car, enfin, Guy Liautaud donna une dernière version en montrant du doigt celui qui fut son patron, et aussi le patron du Var, comme Médecin l'avait été des Alpes-Maritimes et Gaston Defferre des Bouches-du-Rhône. A savoir : Maurice Arreckx.

« Il a le même âge et la même maladie que le président Mitterrand », déclara l'un de ses avocats, Me Yves Rosé, pour tenter d'apitoyer les magistrats, le juge Rolland de Toulon et ceux de la cour d'appel d'Aix-en-Provence, qui refusaient d'ouvrir les portes de la cellule de la prison-hôpital des Beaumettes qui s'étaient refermées sur son client, le 1er août 1994. Nous étions le 16 septembre et le vieux lion venait de pousser l'un de ses derniers rugissements. Désormais, il apparaîtrait, à chacune de ses auditions, amaigri et le teint cireux. Mais avec encore assez d'énergie pour tenir tête à son accusateur : Guy Liautaud, son ami d'enfance, ingénieur-conseil à la retraite et ancien directeur des services techniques de la ville de Toulon, devenu son conseiller technique et, plus que cela, son homme de confiance à la présidence du conseil général. Guy Liautaud, détenu depuis quatre mois, avait craqué lors d'une confrontation de cinq heures dans le bureau du juge Thierry Rolland. Les vieux compères, si longtemps unis par une réelle amitié et tant de secrets partagés, s'étaient déchirés en tentant, chacun de son côté, de se mettre à l'abri des foudres judiciaires qui menaçaient. Guy Liautaud avoua avoir donné à Maurice Arreckx une partie de la commission qui lui avait été remise. Mais ce dernier persistait à nier : « C'est absolument faux. Je ne comprends pas pourquoi tu dis ça ! »

Arreckx expliquait benoîtement que le trésorier du PR s'était plaint auprès de lui de ne rien voir venir du côté de Toulon alors que Jean-Claude Gaudin, à Marseille, se montrait très efficace dans la collecte des fonds pour le parti. C'était uniquement dans ce contexte que Germain, de Campenon-Bernard, avait été sollicité lors de la construction de la Maison des technologies et qu'il avait donc donné un chèque à Liautaud. Malheureusement pour Arreckx, sa déclaration fut contredite par les deux hommes tandis qu'un coup de théâtre achevait de le discréditer. Le juge Rolland reçut un bout de papier sur lequel, écrit au feutre vert, on pouvait lire que Maurice Arreckx possédait un compte en Suisse, identifiable sous le pseudonyme de Charlot. La rumeur colportait cette information depuis plusieurs semaines déjà, mais Maurice Arreckx l'avait toujours réfutée. Il ne savait pas qu'il avait été « balancé ». Que le juge possédait maintenant une précision et qu'il allait l'exploiter à fond en apportant la preuve que le compte Charlot existait bien, depuis 1982, à la Banque de gestion privée, un minuscule établissement de Genève. Contraint de fournir des explications, Arreckx affirma que le compte avait été ouvert, après la victoire de la gauche, pour permettre à certaines entreprises de continuer à aider le Parti républicain, mais de manière plus discrète. Les fonds arrivaient en Suisse par le biais d'un bureau d'études de New York.

Peut-être ce compte servait-il au financement de son parti, mais il était évident que le sénateur de Toulon l'utilisait – aussi – pour ses propres besoins. C'est ainsi que Charlot avait recelé jusqu'à 6,2 millions de francs avant de se vider partiellement : Maurice Arreckx, apprenant qu'il était atteint d'un cancer, avait transféré 4 millions de francs à ses quatre enfants. Il ne restait donc que 2,2 millions de francs lorsque, en avril 1992, un virement de 250 000 francs suisses, soit environ 1 million de francs français, vint alimenter la tirelire, selon l'expression de Jean-Pierre Mériadec, grand reporter à *Nice Matin*. Celui-ci, fin connaisseur des affaires varoises, révéla, dans l'édition du 23 décembre 1994 du quotidien régional, qu'un mystérieux recours avait été engagé pour dissimuler le nom du propriétaire du compte de la puissante Union des banques suisses d'où provenait le million viré sur Charlot.

Pourquoi ce jeu de cache-cache ? « Ici, ce n'est plus l'ancien président du conseil général du Var qui est inquiet. Ce sont ceux qui lui ont donné cet argent. Car si le juge toulonnais se voit offrir la possibilité de connaître le détail de ce compte UBS, il risque d'avoir des surprises : des noms, beaucoup de noms, de personnalités politiques françaises de tous bords qui ont été "arrosées" grâce à ce compte, lequel n'aurait été créé que dans ce but. Un confrère helvétique nous a déclaré : "Chez vous, la mise au jour de ces pratiques aurait le même effet que la chute d'une bombe atomique !" », écrivait l'excellent Jean-Pierre Mériadec.

En clair, cela voulait dire qu'une grande entreprise, dont la prospérité est liée au bon vouloir des maires et présidents des conseils généraux, c'est-à-dire la plupart des personnalités politiques qui comptent dans ce pays, utilisait un compte en Suisse pour leur verser des pots-de-vin. L'examen des mouvements de fonds attribués à ce compte mystérieux révélerait les noms de ceux qui, à l'image de Maurice Arreckx, auraient usé de leur pouvoir d'élus pour s'enrichir personnellement.

Voilà qui n'étonnera pas Antoine Gaudino, l'ex-inspecteur de la PJ de Marseille reconverti en chef d'une entreprise devenue rapidement florissante : la Brigade financière privée. C'est lui et son ancien coéquipier, devenu son nouvel associé, Alain Mayot, qui ont allumé, en 1989, la première mèche du feu d'artifice qui a fait exploser des affaires de corruption à la chaîne un peu partout en France. Or, voilà ce que nous a déclaré Antoine Gaudino, lors d'une rencontre au Safari, l'excellent restaurant du cours Saleya à Nice qui fait courir le Tout-Côte d'Azur, fin 1994 : « Nous travaillons sur contrats avec des chefs d'entreprise qui nous demandent des enquêtes sur des dossiers financiers. Et que nous disent-ils tous ou à peu près tous ? Qu'ils sont obligés de payer pour obtenir le moindre chantier. Nous avons même été surpris par la généralisation de la corruption et à tous les échelons en France. Le fondement de la politique est devenu une culture de la malhonnêteté. »

Le chevalier blanc de la lutte anticorruption devait s'illustrer de façon très spectaculaire en contraignant à la démission l'un de ses propres clients : Charles Scaglia, le maire UDF de La Seyne-sur-Mer. Cette affaire a fait l'objet de nombreux articles, au mois d'août 1994, lorsqu'elle fut révélée. Rappelons simplement que le cabinet Gaudino avait été engagé par le maire de La Seyne pour effectuer un audit sur les comptes de la ville. Charles Scaglia, crâne d'œuf et barbe fleurie, était brusquement passé de l'anonymat de son poste de secrétaire général adjoint de la mairie de Toulon à la tête de la municipalité de la deuxième ville du Var en 1984. Une élection considérée comme un grand succès par la droite, car elle mettait fin à trente-six ans d'hégémonie communiste. L'obscur gratte-papier avait pris d'assaut la citadelle rouge et l'avait réduite. Mais le nouveau maire ne devait pas faire longtemps l'unanimité au sein même de sa propre majorité. Les défections s'accumulaient lorsque la mise en cause de sa gestion par la chambre régionale des comptes accrédita les rumeurs concernant l'absence de clarté de certaines opérations. C'est pour faire taire ces mauvais bruits qu'Antoine Gaudino fut engagé. « Il a commis l'imprudence de ne pas donner un cadre précis et restreint à ma mission. Dès lors, nous avons enquêté tous azimuts, et lorsqu'il a découvert que nous irions jusqu'au bout de nos investigations il a voulu mettre fin à notre mission, mais il était trop tard. Nous n'avons pas été payés, donc le rapport nous appartenait et nous pouvions en disposer », raconte Antoine Gaudino.

Ce rapport, rendu public, débusque plusieurs dossiers plus que suspects, comme celui du domaine de Fabregas où 9 millions de francs se sont volatilisés. Mais c'est surtout le rôle de l'ancien directeur de cabinet de Charles Scaglia qui est mis en cause. Cet élégant personnage, présenté comme l'éminence grise du maire de La Seyne, devenu conservateur de la Fondation Mentor, est tout simplement accusé d'avoir voulu s'approprier les œuvres du peintre, estimées à 40 millions de francs. Malgré un salaire mensuel de 58 000 francs, une voiture, un logement de fonction et l'attribution d'une indemnité de 3 millions de francs au cas où il quitterait ses fonctions !...

C'est dire que la corruption est, hélas, monnaie courante, sans jeu de mots, dans le domaine très vaste de la construction et des travaux publics varois. A l'automne 1994, les mises en examen au palais de justice de Toulon tombaient comme les feuilles des platanes de la place de la Liberté, la mal nommée. Car, voilà que les maisons de retraite apparaissaient comme un marché tellement juteux qu'il n'avait pu laisser indifférents certains appétits particulièrement voraces.

L'une d'entre elles avait particulièrement retenu l'attention de la police et de M. Albert Lévy, substitut du procureur de la république à Toulon. Construite à La Seyne, inaugurée le 13 mars 1994, « Bellevue » avait été en partie détruite par un incendie une semaine plus tard. Les six premières pensionnaires de cet établissement tout neuf seraient mortes par asphyxie sans la rapidité d'intervention des sapeurs-pompiers. Trois foyers furent découverts dans les sous-sols. Il n'y avait pas de doute : l'incendie était criminel. Mais que peut faire la police quand la victime déclare qu'elle ne se connaît aucun ennemi ! Pourtant le flair et l'obstination du substitut Lévy ont permis à l'enquête de franchir cet obstacle, habituellement insurmontable dans les affaires de racket et de corruption : le mutisme qui fait des victimes les complices de leurs bourreaux.

Le magistrat demande aux policiers de s'intéresser à la personnalité du propriétaire de « Bellevue ». Petit et légèrement rondouillard, Albert Martin passe pour un malin. Fonctionnaire de la poste à Marseille, il ne se contente pas de son traitement qui avoisine les 15 000 francs par mois : il fait des affaires dans l'immobilier. Il a eu pour associé un homme dont il rêve d'acquérir l'envergure et qui possède une dizaine de maisons de retraite dans le Sud de la France. Le voilà donc lancé dans deux projets. Le premier n'a rien d'inédit. En 1982, il avait déjà donné lieu à un vaste scandale qui mêlait un affairiste niçois, un conseiller juridique de l'Aga Khan, des banquiers suisses et des hommes d'affaires parisiens. Ce joli petit monde avait émis l'idée d'exploiter les gisements d'une eau, réputée très pure, du domaine de Beaupré, sur les communes de Signes et de Méounes, dans le Var. L'eau devait être amenée par canalisations jusqu'à La Ciotat, récupérée par des tankers et livrée en Arabie Saoudite. On avait parlé de deux millions de bouteilles commercialisées chaque mois. En fait, ce montage mirifique n'était destiné qu'à berner quelques investisseurs imprudents qui perdirent plusieurs millions de francs, tombés à l'eau si l'on peut dire. Quelques années plus tard, Albert Martin avait tenté, mais en vain, de reprendre ce premier projet à son compte. Il eut plus de réussite, si l'on peut dire, avec le second.

C'était celui de la maison de retraite « Bellevue », dont Albert Martin confiera la gérance à son amie Joëlle. Il le mènera à son terme alors que le chantier connaissait une série de vicissitudes trop nombreuses et trop variées pour être le fait du hasard. Un témoin rapportera aux enquêteurs une exclamation d'Albert Martin qui s'était demandé, quatre mois avant la fin des travaux, s'il avait « bien remis l'enveloppe à qui il fallait ». L'instruction démontre qu'il a été, effectivement, question d'enveloppes mais que, justement, le postier-promoteur n'a pas tenu ses promesses…

Et Albert Martin de dévoiler ce que Jean-Pierre Mériadec appela « Scénario pour un racket ». Il raconte qu'il a été contacté par un chef d'entreprise qui lui a proposé de lui « arranger son affaire ». Un peu plus tard, un inconnu lui a donné rendez-vous dans un bistrot à Paris pour le conduire dans le bureau d'un sénateur du Var, au palais du Luxembourg. « Il m'a dit : Je sais ce que vous désirez, cela me paraît réalisable. Mon ami qui vous accompagne vous expliquera les modalités. »

En fait de « modalités », il s'agissait de payer 2,2 millions de francs pour obtenir les autorisations administratives : 1,2 million de francs pour l'eau de Beaupré et 1 million de francs pour l'ouverture de la maison de retraite dont les travaux devaient être dévolus à l'entrepreneur qui avait joué les intermédiaires. « Pour l'aide sociale accordée par le département à votre maison de retraite, nous verrons plus tard. Bien sûr, il y aura une rallonge », aurait ajouté ce *deus ex machina* au petit pied. Il faut savoir que les collectivités locales paient des forfaits aux maisons de retraite agréées afin qu'y soient admises les personnes privées de moyens financiers. On cite le cas d'un autre établissement varois qui aurait ainsi bénéficié d'une attribution de cinquante « lits » à 310 francs par jour, ce qui lui assurait une recette fixe de près de 500 000 francs par mois.

Albert Martin ne se fait pas trop prier pour donner les identités des « corrompus ». L'entrepreneur est un dirigeant de Campenon-Bernard. L'intermédiaire, un restaurateur de la rue de Rivoli à Paris : Richard Rocard, la quarantaine avantageuse, alors marié à l'animatrice de télévision Évelyne Leclerq mais aussi, et surtout en la circonstance, ex-gendre du sénateur Maurice Arreckx. C'était, bien entendu, dans le bureau de celui-ci que Richard Rocard avait conduit Albert Martin. Si les protagonistes reconnaissent les contacts, les rendez-vous et la visite au Sénat, en revanche ils divergent sur le mobile de ces démarches. Richard Rocard affirme que c'est Martin qui lui a proposé une « gratification » en échange de son rôle de relations publiques et qu'il a formulé auprès de lui son intention de devenir actionnaire dans le projet de Beaupré. Albert Martin, au contraire, maintient qu'il s'agissait bien d'un pot-de-vin destiné à lever tous les obstacles. Quant au sénateur Arreckx, il s'est contenté d'écarter toutes ces billevesées d'un froncement de sourcils. Son avocat, Me Hervé Andréani, a fait savoir que le sénateur n'avait aucun pouvoir sur la décision concernant l'exploitation du gisement d'eau de Signes. Il n'était plus question de maison de retraite...

Pourtant, c'est bien ce second projet, et lui seul, qui fut mené à son terme : sans enveloppe ni rallonge, mais avec toute une série d'ennuis pour son promoteur. Il faut préciser qu'il avait obtenu, contre l'avis unanime de la commission *ad hoc*, l'autorisation d'ouverture accompagnée d'une lettre du président du conseil général du Var. En dépit de cette aubaine, Albert Martin n'avait pas tenu ses promesses. Il n'avait jamais versé le million demandé en échange, de même qu'il s'était adressé à une autre entreprise que celle qui était à l'origine de son contact au Sénat. Il ne fallait pas chercher ailleurs la source de la cascade d'incidents qui avaient affecté la maison « Bellevue ». Quant à Albert Martin, son incarcération avait été motivée par deux raisons. La première était que le rackетté s'était transformé en racketteur. Avant même l'ouverture de son établissement, il avait réuni une somme de 1,6 million de francs provenant de la dîme perçue auprès des médecins, infirmiers, infirmières et kinés désireux de travailler à « Bellevue ». Une pratique d'ailleurs très répandue. Même auprès des maisons de retraite clandestines, c'est-à-dire qui fonctionnaient en dehors de tout contrôle, ainsi que j'avais pu l'établir lors d'une enquête personnelle sur ce sujet publiée dans *Nice Matin*. Je me souviens que l'une des gestionnaires d'un tel établissement percevait même un bakchich d'une entreprise de pompes funèbres quand elle faisait appel à ses services lors du décès de l'un de ses pensionnaires. Ah, le commerce de ces chers, très chers, disparus…

Mais la raison primordiale qui valut à Albert Martin de se retrouver, pour trois mois jour pour jour, derrière les barreaux de la prison de Draguignan était autre. Il avait été incarcéré pour son bien, si l'on peut dire. Pour assurer sa propre sécurité après les révélations faites aux enquêteurs puis au magistrat instructeur. N'avait-il pas lâché dans les couloirs du palais de justice de Toulon : « Cette fois je suis foutu. Je vais être flingué ! » Qu'avait-il donc à se reprocher au point de craindre pour sa vie ? Tout simplement d'avoir enfreint la loi du silence, la fameuse omerta, que partagent tous ceux qui appartiennent à des sociétés liées par le secret : celles qui réunissent corrupteurs et corrompus. C'est sur ce délicat terreau que, après les phases du refuge et de l'installation, les organisations du crime organisé ont entamé, avec des perspectives de succès, la conquête de nouveaux territoires.

QUATRIÈME PARTIE

La conquête

Les casinos lessiveuses

Les casinos, l'immobilier, les golfs, mais aussi, et c'est moins connu, des sociétés de navigation maritime, des cliniques, des bureaux de change, des hôtels, des entreprises du bâtiment et de travaux publics, sans compter les restaurants, les bars et autres night-clubs : le moins que l'on puisse dire, et pour ne parler que des cas concrets révélés ici, c'est que la Mafia sait se montrer très éclectique dans ses investissements en France. Qui dit investissement dit blanchiment. Les deux se confondent puisque l'argent du crime organisé est toujours « sale ».

La première fois que l'on entendit parler de Mafia à propos de casino et, par la même occasion, d'investissement-blanchiment de la Mafia en France, ce fut dans les années 70 au casino Ruhl de Nice. Jean-Dominique Fratoni, surnommé le Napoléon des tapis verts, ce qui n'était pas pour lui déplaire étant donné son viscéral attachement à son île natale, avait pris la direction du rutilant établissement de la Promenade des Anglais à Nice. Et à ce titre, lors de sa première conférence de presse, il avait eu une réplique demeurée fameuse. A un journaliste qui lui demandait qui étaient les actionnaires italiens qui possédaient, selon ses propres déclarations, 49 % des parts de la société exploitant le Ruhl, il avait répondu : « Je ne peux pas vous donner leurs noms, puisqu'il s'agit d'une société anonyme. » Survenue lorsque le Ruhl et Fratoni commencèrent à connaître les ennuis qui allaient conduire à la fermeture de l'un et à l'exil de l'autre, l'enquête de la douane devait montrer que les actionnaires étaient tellement anonymes qu'ils se cachaient derrière des parts en blanc payées avec de l'argent venu d'Italie, *via* la Suisse. Un document de la Guardia di finanza désigna Jean-Dominique Fratoni et Cesare Valsania, le représentant des mystérieux financiers italiens au conseil d'administration du Ruhl, comme appartenant aux Banquiers romains, une branche de la Mafia. Le soupçon fut confirmé par une simple constatation. Dans les années suivant la fermeture du Ruhl, chaque repreneur potentiel, qui réussissait à convaincre le ministère de l'Intérieur de la noblesse de ses intentions, se désistait immanquablement : comme s'il n'avait pas eu le feu vert de décideurs de l'ombre. Inversement, les repreneurs qui se présentèrent avec l'étiquette « amis de Fratoni » étaient invariablement écartés par le gouvernement parce que suspectés d'être des hommes de la Mafia. De cette époque date la notion de « transparence des capitaux », si utile lorsque l'État veut éloigner du milieu des jeux une société en odeur de mafia.

Au début du mois d'août 1994, Jean-Dominique Fratoni devait succomber des suites d'une « longue et cruelle » maladie, à Lugano, en Suisse, la ville où il avait trouvé refuge lorsqu'il s'était enfui de Nice, poursuivi par deux mandats d'arrêt pour fraude fiscale et infractions douanières, en mars 1980. Il aurait pu revenir à Nice, la ville de sa jeunesse, puis de sa triomphale réussite mais aussi de sa déchéance civile, si ce n'est professionnelle. Au printemps 1992, la chancellerie elle-même avait admis qu'il pouvait bénéficier de la prescription de tous les délits qui lui étaient reprochés, mais Dominique, comme l'appelaient ses amis, craignait qu'un traquenard judiciaire ne lui soit tendu. Comme son ami Jacques Médecin, le maire de Nice, lui aussi réfugié volontaire à l'étranger, il préférait l'exil plutôt que risquer de se retrouver en prison. La fin de l'ancien PDG du casino Ruhl de Nice demeura entourée d'un certain secret. On apprit seulement qu'il avait été incinéré dans la plus grande discrétion. Ses cendres furent ramenées à Cuttoli-Corticchiato, le village haut perché proche d'Ajaccio, où il était né le 1er février 1923 et où il revenait chaque année ouvrir les volets de la maison familiale comme le font tous les Corses qui travaillent sur le continent.

De mafia, il était encore question dans ce qui fut appelé « la guerre des casinos de Nice » : un affrontement sans merci entre le

Ruhl et le Palais de la Méditerranée et, singulièrement, entre Jean-Dominique Fratoni et Mme Renée Le Roux, dont la fille, Agnès, disparue au cours du week-end de la Toussaint 1977, fut la principale victime. On ne va pas revenir, ici, sur ce véritable roman noir de la vie niçoise qui a fait l'objet de deux livres [1]. Sauf pour dire que l'un des éléments qui précipita la chute du vénérable Palais de la Méditerranée, au profit de son jeune et turbulent voisin de la Promenade des Anglais, fut ce que l'on appela « l'opération charters ». Mme Le Roux s'était adressée à des recruteurs italiens pour organiser le déplacement de joueurs de la Péninsule. Le résultat fut désastreux puisque cette ultime tentative pour redresser les finances du casino se solda par un déficit de 10 millions de francs, entre novembre 1976 et juin 1977. Une enquête de la PJ de Nice établit que huit invités sur dix n'avaient même pas pénétré dans la salle de jeux ! Autrement dit, ils étaient venus faire du tourisme à Nice aux frais du casino. C'était une première arnaque. La seconde tenait à une surfacturation de 4 millions de francs de la part de la Mediterranea Viaggi de Catane (Sicile) que le Palais de la Méditerranée avait réglée rubis sur l'ongle. Le commissaire de la PJ chargé de l'enquête retint comme hypothèse probable, pour expliquer ce désastre, que les dirigeants du Ruhl avaient utilisé ce stratagème pour couler définitivement un rival déjà mal en point. Le policier s'appuyait sur une double considération. Premièrement, c'était à eux que le « crime » avait profité. Deuxièmement, les agents recruteurs avaient proposé leurs services à Mme Le Roux en lui faisant croire qu'ils voulaient régler leurs comptes avec le Ruhl dont ils avaient été éjectés, or c'était le contraire qui s'était produit. On retiendra, pour l'anecdote, que parmi eux se trouvait le futur patron d'écurie de formule 1 qui deviendra champion du monde, comme me le confia Mme Renée Le Roux.

Mais pour ce qui concerne l'implantation de la Mafia, les deux personnages les plus intéressants dans le groupe de recruteurs sont ceux qui apparaissent être les chefs : la suite des événements le

1. L'un de votre serviteur intitulé *Agnès Le Roux. Enquête sur la disparition d'une jeune femme riche* (Les Presses de la Cité, 1983) et, l'autre, de Renée Le Roux et de son fils Jean-Charles, au titre sans ambiguïté : *Une femme face à la Mafia* (Albin Michel, 1989).

confirmera. A savoir, Gaetano Corallo et Felice Cultrera, dont les *curriculum vitae* qu'ils se sont forgés depuis l'épisode des joueurs fantômes du Palais de la Méditerranée démontrent que les soupçons du commissaire de la PJ étaient parfaitement fondés.

Gaetano Corallo est devenu le bras droit de Nitto Santapaola, le numéro deux de Cosa Nostra, toutes familles confondues, et en tant que tel successeur de Toto Riina à la tête de la Coupole, l'organe suprême de la Mafia. Quant à Felice Cultrera, né le 24 mars 1938 à Catane, il est présenté par la police italienne comme un mafioso de premier plan. C'est elle qui confia à la PJ de Nice une mission de surveillance de quatre ressortissants italiens « liés à Cosa Nostra » venus passer une semaine dans deux grands hôtels niçois au début du mois de mai 1992. Cultrera et ses trois amis, dont un avocat d'une quarantaine d'années, étaient présentés comme « susceptibles de passer un important contrat de vente d'armes avec un homme d'affaires saoudien ». De fait, le quatuor, surveillé également par le service anti-drogue américain, multiplia les échanges téléphoniques et les fax avec plusieurs pays sans que rien ne soit révélé de leur contenu. Un contenu qui resta soigneusement caché jusqu'à ce que l'hebdomadaire italien *L'Expresso* révèle, le 3 février 1995, que Felice Cultrera et ses amis étaient, au printemps 1992, en relations avec Adnan Kashoggi, un homme d'affaires saoudien spécialisé dans le marché de l'armement, et Hassan Hennany, l'ex-secrétaire particulier du roi Fahd d'Arabie Saoudite. Soit directement, soit par l'intermédiaire d'autres personnes liées à Cosa Nostra. Il apparaissait aussi dans cette relation de conversations téléphoniques croisées que Cultrera tentait, en avril 1992, d'obtenir un rendez-vous avec Silvio Berlusconi, alors simple président de la Fininvest, par le biais d'Alberto Del'Utri, Sicilien lui aussi et frère du numéro un de la société publicitaire du groupe présidé par Berlusconi.

Felice Cultrera apparaît encore dans des investissements à Marbella en Espagne et dans l'île de Saint-Martin aux Antilles, une île où Fratoni tenta de créer un casino alors qu'il était contraint d'abandonner le Ruhl promis à un tumultueux destin.

Un casino est une lessiveuse d'argent sale tellement pratique que les mafiosi n'ont jamais renoncé à s'en servir d'une manière ou d'une autre. L'exemple le plus édifiant de ces dernières années en France est la tentative de reprise du casino de Menton par une association liant la Camorra et le banditisme corse, lesquels se cachaient – à peine – derrière un écran d'hommes de paille. On y retrouva non seulement le partenariat déjà rencontré à propos de l'implantation de la 'Ndranghetta sur la Côte d'Azur mais intervint également la corruption d'un policier, d'un juge consulaire, d'un mandataire de justice et, restée au stade du soupçon, celle d'un magistrat. De surcroît, on nota dans cette affaire la présence effective de deux notaires, de deux anciens avocats et d'un chef d'entreprise paraissant très bien introduit auprès des hauts fonctionnaires parisiens habilités à favoriser les autorisations d'exploitation de jeux. On ajoutera, pour faire bonne mesure, une approche très appuyée, mais vaine, d'un maire et de son premier adjoint dans le but d'acheter la complaisance active de ces derniers.

On eut connaissance de cette offensive fort bien orchestrée alors que, pour l'essentiel, elle avait déjà été déjouée. En fait, lorsque fut déclenchée, à l'aube du 15 avril 1991 et simultanément en France et en Italie, une vaste opération de police pour infractions à la législation sur les stupéfiants. Le choix de la date avait été fixé, conjointement, lors d'une réunion secrète franco-italienne qui s'était tenue sous l'égide du parquet de Marseille : la nécessité d'une coordination s'était imposée tout au long de filatures, surveillances et écoutes téléphoniques qui avaient montré que tous les protagonistes français et italiens formaient un groupe unique qui se comportait comme si, de Naples à Marseille, il n'y avait qu'un seul et même territoire.

Pour les camorristes, les Corses et leurs prête-noms – que l'on retrouvera derrière la Sofextour, une SARL légalement constituée, candidate à la reprise du casino du Soleil à Menton –, France ou Italie, c'était du pareil au même. Lorsque policiers et carabiniers, dès potron-minet ce 15 avril 1991, allèrent frapper à la porte de quatre-vingts personnes de part et d'autre de la frontière, il y avait huit mois environ que l'enquête avait commencé. A l'origine, des renseignements émanant de la direction des courses et jeux des Renseignements généraux avaient accusé un groupe d'Italiens de se livrer au trafic de drogue et de vouloir investir le produit de ce trafic dans le rachat de casinos. Et les RG de désigner un certain Gianni Melani, exploitant d'un magasin à l'enseigne Italy Cuir, rue Coutellerie à Marseille (2e). L'information parut d'autant plus vraisemblable que cette boutique servait de point de ralliement à bon nombre d'Italiens, parmi lesquels les Masia, père et fils, condamnés pour des infractions à la législation sur les stupéfiants en Italie.

Il apparut d'emblée au juge d'instruction Sampiéri, omniprésent dès qu'il s'agit de mafia, que l'affaire pourrait s'avérer intéressante, car le marchand de cuir était lié avec Don Beppino, ou Pepe Obiando : autrement dit Giuseppe Liguori, le beau-père de Michele Zaza (qu'on ne présente plus), alors incarcéré à la prison-hôpital Sainte-Marguerite à Marseille dans le cadre du trafic de cigarettes dont il s'était rendu coupable. Un personnage de comédie italienne, ce Don Beppino, 66 ans, propriétaire d'un vaste magasin de cuir à Rome où il employait une soixantaine de personnes dirigées par son épouse, Laura. Un magasin vendu à son directeur pour 400 millions de lires qu'il a « claqués en grande partie avec les femmes à Paris » selon sa propre déposition. Il ne connaît personne ou il est fâché avec tout le monde, Don Beppino. Quand le magistrat lui montre des photos ou lui lit des retranscriptions de conversations téléphoniques qui démontrent le contraire, il lève les yeux au ciel en invoquant la difficulté de se comprendre quand on n'est pas du même pays : « A Naples, on n'appelle pas les gens par leur nom, mais par leur surnom. C'est comme moi si vous dites Giuseppe Liguori, personne ne me reconnaîtra, car pour tout le monde je suis Pepe Obiando. Tagliamento, je ne savais pas qu'il s'appelait Tagliamento. Son père était mon ami et Tagliamento, je l'appelle Ragnulillo – Petite Araignée – car c'est le surnom du père et du fils. Melani, c'est le Toscan ; Corrieri, Scialettiello et Colombo on l'appelle Otario, car son père était démocrate chrétien. » Au-delà du folklore, il reste que Gianni Tagliamento, Giovanni Melani, Antonio Corrieri, Luigi Colombo et d'autres Napolitains, que les policiers voient aller et venir dans les parages du magasin Italy Cuir, tiennent d'étranges propos et voyagent beaucoup alors qu'ils se déclarent tous – *comediante, tragediante* – désespérément pauvres et réduits à la seule activité délictueuse qu'ils avouent pratiquer, la mort dans l'âme : celle de revendeurs à la sauvette d'objets contrefaits : sacs Vuitton, montres Cartier et autres imitations plus ou moins réussies de grandes marques. En fait, il s'agit d'une véritable industrie dont on verra plus loin, avec la révélation d'un document inédit, qu'elle est aux mains de la Camorra, mais au niveau de la production en gros dont le chiffre d'affaires est estimé à 35 milliards de francs par an.

Pour revenir aux investigations qui ont précédé le coup de filet franco-italien du 15 avril 1991, le magistrat a rapidement distingué deux équipes : celle des « Marseillais et des Parisiens », qui se présentent comme de minables forains sans le sou mais que l'on soupçonne de se livrer au trafic de stupéfiants – ce qu'ils nieront tous farouchement – et que l'on voit s'affairer autour de Michele Zaza, leur chef vénéré, dans le but de le faire libérer. Et celle des « investisseurs », vouée à l'acquisition de casinos.

« Membre » de la première équipe, Antonio Corrieri déclare vivre de ventes à la sauvette et explique qu'il se rend en Italie pour « acheter des montres » et effectue un déplacement à Barcelone pour passer une soirée avec des copains napolitains. Contrebandier, oui. Trafiquant de drogue, non. Il a ouvert un magasin de cuir à Marseille comme son ami Vincenzo Miranda, arrêté en possession de trois cent vingt-trois montres contrefaites, qui reconnaît être un grand voyageur. Il se rend fréquemment en Italie, Espagne, Allemagne, Suisse, Belgique, Angleterre et, auparavant, au Mexique, aux États-Unis, Pérou, Panama, Tunisie, etc. Cela n'a rien à voir avec son implication, demeurée sans suite, dans un trafic portant sur 40 kilos de cocaïne courant 1984. « Nous, les Napolitains, on est spécialistes de la vente à la sauvette, donc on se débrouille toujours. De plus, il y a des magasins tenus par des Napolitains dans le monde entier… » Quant à une conversation avec un certain Roberto, qui se trouvait à Chypre, il explique, le plus sérieusement du monde, qu'ils ont employé un langage codé, car ils négociaient la vente de « cornes d'éléphants » et qu'ils ne savaient pas si c'était interdit ou non.

Toujours dans cette première « équipe », Giovanni Melani, le patron d'Italy Cuir, tient le même genre de propos : il revendique une activité d'« embrouilleur » et de marchand ambulant qui l'amène parfois à se rendre au Venezuela, à New York et aux Antilles françaises, mais il ne faut surtout pas voir autre chose dans ces déplacements. Et surtout pas un trafic de stupéfiants. On citera encore Luigi Colombo, qui détenait dans sa voiture 237 lingots d'or et 340 faux pesos en or, et son ami, Mario Fratta, lui aussi exploitant d'un magasin de vêtements de cuir, mais à Paris, et présenté comme « le souffre-douleur de beaucoup de Napolitains ». Mais le personnage central de cette première équipe est aussi celui de la seconde : Giovanni, dit Gianni, Tagliamento. En l'absence de Zaza, momentanément empêché par la volonté du juge Sampiéri, le chef, c'est lui. Il y a longtemps déjà que Petite Araignée tisse sa toile de mafioso de Naples à Marseille en passant par San Remo et Gênes où son influence n'est guère contestée par les camorristes qui le considèrent comme le bras droit de Zaza que « les Italiens vénèrent comme un Dieu », dira un protagoniste de l'équipe des « investisseurs » qui officie, elle, du côté de Monaco, Menton et de la Riviera dei Fiori.

« Il existe à l'évidence des tentatives de prise de possession des casinos français par des ressortissants italiens liés ou appartenant à la Mafia. Ces prises de possession s'établissent par le biais de sociétés fictives dans lesquelles sont recrutés des prête-noms complaisants. Il semble se dessiner ou être, enfin, mise en évidence l'existence d'une association italo-corse dans laquelle les Italiens apporteraient le financement et les Corses le savoir-faire et la technique des jeux. Cette association serait composée d'individus ayant une dimension très importante. Ainsi, à Menton, a-t-on vu apparaître Jean G. Colonna, trafiquant de stupéfiants bien connu et un des leaders actuels des milieux corses des jeux », écrit, dès le 23 avril 1991, Mme Solange Moracchini, procureur à Marseille. Elle évoque aussi les déclarations de plusieurs inculpés à propos de la corruption de juges consulaires et d'élus municipaux. Elle passe en revue, dans ce même document, les protagonistes de l'affaire. On voit apparaître un trafiquant de fausse monnaie « aux revenus aussi flous que substantiels » qui se propose d'intervenir auprès de la municipalité de Menton dont il aurait financé la campagne électorale avant de se retirer de l'opération « dès qu'il a eu l'impression que certains éléments touchaient à la came ». Puis un chef d'entreprise, qui indique que les projets des Italiens ne se limitaient pas à l'acquisition du casino de Menton mais se situaient dans une optique plus générale de rachat de cercles de jeu à Paris, Beaulieu, Chamonix et autres. C'est lui qui a volontiers fait état d'informations sur des interventions de la police des jeux avant qu'elles ne se produisent, ce qui lui a conféré une certaine aura et a accrédité l'idée qu'il pourrait faciliter l'obtention de l'autorisation de la commission supérieure des jeux. Moyennant finances, évidemment. Une sorte de conseiller : un rôle qu'il partage avec un avocat démissionnaire du barreau de Paris et reconverti en gérant de pizzeria à Menton.

Interviennent aussi un croupier corse, un avocat honoraire et l'un de ses amis, ancien notaire de Monaco, qui s'affairent à mettre sur pied la société de droit français, la Sofextour, qui se donnera comme PDG un contrôleur de gestion qui ne contrôlera jamais rien. Il avouera lui-même qu'il n'était là que pour signer les procès-verbaux que lui présentait son beau-frère, Sergio Corte, employé des jeux au casino de San Remo et ami de Gianni Tagliamento. L'argent vient de l'étude d'un notaire d'Alba dont on a tout lieu de croire qu'il servait de paravent aux véritables financiers de l'affaire : Michele Zaza, Gianni Tagliamento et leurs amis de la Camorra. Ou alors le notaire s'est montré d'une naïveté désolante. Tout au long des tractations engagées pour la reprise du casino, on le voit sortir de l'argent dont il ne maîtrise pas l'usage : 1 milliard 140 millions de lires, en six semaines à peine, du 14 mai au 30 juin 1990. Si c'est le sien, il est très généreux ou terrorisé par ses associés qui, eux, ne mettent jamais la main à la poche. On lui dit que cet argent est affecté à des « démarches » ou à des « sensibilisations » auprès des autorités françaises. En clair : l'équipe des « investisseurs » n'hésite pas à investir dans la corruption. Plusieurs des protagonistes le déclareront au juge Sampiéri, lors de leur première comparution, après le coup de filet du 15 avril 1991.

L'un d'entre eux se montrera particulièrement prolixe. C'est en fait une véritable confession que Giuseppe Arlotti, appréhendé en Italie, fera à un magistrat italien. Cet industriel en meubles partage son temps entre l'Italie et Monaco, car il a épousé la fille de l'ancien notaire monégasque qui est impliqué dans cette ténébreuse affaire. Arlotti dit tout ou presque des tractations concernant la Sofextour. Il affirme, toujours à propos de corruption, avoir remis de « fortes sommes, des centaines de milliers de francs », à Corte pour Christian Lestavel, entrepreneur dans le bâtiment, « qui disait pouvoir faire attribuer la concession à la Sofextour et la prémunir d'éventuels contrôles et interventions ». Lequel Lestavel se montre très précis sur le financement de l'opération : « Il y avait un groupe occulte italien et un groupe occulte français qui apportaient les fonds par l'intermédiaire d'individus représentant la façade légale pour les uns et pour les autres. Il était convenu entre les Italiens et les Corses que la répartition se ferait, compte tenu de l'absence d'apport corse, sur la base de 70-80 % pour les Italiens et 20 à 30 % pour les Corses. Les Italiens étaient décidés à investir dans tous les casinos qui se présenteraient, comme Beaulieu et Chamonix : il y a eu des réunions à ce sujet. »

Puis il ajoute : « Pour l'origine des fonds apportés par les Italiens, c'est Tramini qui m'a averti que Tagliamento, notamment, était très important dans les stupéfiants. Et que lui se retirait à cause de cela. Les Italiens parlaient de Zaza, car c'était l'ami de Tagliamento, et pour eux Zaza était Dieu le Père. Je pense d'ailleurs que c'était lui qui avait la clé du coffre. »

Finalement, toutes ces manœuvres échouèrent, et c'est un autre repreneur formé d'une association entre les groupes Accor et Barrière, déjà concessionnaires du Ruhl à Nice, qui emporta la décision en mettant 10 millions de francs sur la table des enchères. Soit 4 millions de moins que la Sofextour et ses hommes de paille, mais avec le sésame de la Commission supérieure des jeux qui avait été alertée par le Tracfin, l'organisme chargé de déceler les circuits de recyclage de l'argent sale, et son sous-directeur Vincent Lubrano.

Mais si le ministère de l'Intérieur, échaudé par l'expérience du Ruhl, se montre très soucieux de « transparence » dès qu'il s'agit de l'exploitation des casinos, il semble impuissant à contenir l'invasion de la Mafia par le biais de ce que l'on appelle les « agents prêteurs ». Il en est aussi beaucoup question dans le dossier Sofextour et compagnie. Les spécialistes de la police des jeux n'hésitent pas à affirmer que « l'activité des prêteurs dans les casinos français semble être le corollaire important de toute prise de participation italienne dans ces établissements. Par exemple, dans le cas de la Sofextour, il apparaît que le bénéfice escompté par Tagliamento se situait exclusivement dans cette activité. La personnalité de Tagliamento, ses liens avec Michele Zaza expliquent l'importance de ces fonctions dont les mécanismes sont complexes ». Complexes, certes, quand il s'agit de reconstituer les circuits financiers qui font un détour du côté des banques suisses pour ramener l'argent prêté dans les caisses des casinos français, mais dont les schémas de base peuvent s'expliquer assez simplement.

Il faut savoir que rares sont les gros joueurs qui se présentent dans une salle de jeu avec une mallette remplie de billets de 500 francs, de 100 dollars ou de 50 000 lires. On a connu ce genre de folklore à Cannes ou à Divonne avec les émirs du Golfe persique, mais il a disparu : même les nababs du pétrole ont abandonné cette façon de procéder. En réalité, les choses se passent de deux manières à la fois semblables et différentes. La première est la plus classique : c'est le casino qui fait crédit au joueur. C'est-à-dire qu'il lui avance une certaine somme d'argent sous forme de plaques et de jetons à jouer. Le client donne deux chèques : un en blanc et un autre portant le montant de l'avance consentie. Si le client gagne, ses deux chèques sont détruits et on lui en remet un troisième, dit de casino, du montant de ses gains. S'il perd toute l'avance consentie, le casino garde son chèque qui en porte le montant et lui rend son chèque en blanc. S'il ne perd qu'une partie de l'avance, c'est l'inverse qui se produit. Le casino porte sur son chèque en blanc le montant de ses pertes. C'est dans le cas où le client perd tout ou partie de l'avance que se pose le problème du recouvrement, notamment pour les joueurs italiens qui forment, et de très loin, la clientèle la plus importante des casinos français et monégasque. Ce système de crédit est le talon d'Achille des établissements de jeu. Et, singulièrement, des plus importants, car ce sont eux qui acceptent les gros joueurs, donc les grosses avances.

Dans la seconde manière, il s'agit toujours du crédit accordé aux clients importants, mais il est, cette fois, consenti par les

« agents prêteurs ». Ce sont eux qui assument le risque de l'avance, dont ils fixent le montant en fonction de ce qu'ils savent des possibilités financières de leurs clients. Ils encaissent le chèque représentant le montant de l'avance, à charge pour eux d'en faire parvenir la valeur dans les caisses du casino. Moyennant une commission qui varie d'un casino à l'autre, mais qui tourne autour de 10 %.

On peut affirmer, sans risque d'être démenti, que dans plusieurs casinos français ce système de crédit est aux mains du crime organisé. Pourquoi ? Parce que seules les organisations mafieuses ont les moyens de persuasion nécessaires à la récupération des dettes des joueurs italiens ; parce qu'elles sont les seules à disposer des circuits financiers, souvent très tortueux, qui assurent l'approvisionnement des caisses des casinos, et aussi parce que cette activité semi-clandestine est tellement juteuse qu'elle ne pouvait pas leur échapper. Juteuse à deux titres : par le bénéfice direct des commissions auxquelles s'ajoutent les détournements de chèques prétendument non payés et par les possibilités de blanchiment qu'offre ce trafic de chèques et d'espèces à travers des gains et des pertes sur les tapis verts avec lesquels on peut jongler à loisir.

Dans la procédure, diligentée par le juge Sampiéri autour de l'affaire du casino de Menton, on voit apparaître des agents prêteurs qui officient au Carlton de Cannes, au Ruhl de Nice, à Beaulieu, à Menton et à Chamonix. On en retiendra deux : Giulio Giannuzzi et Luigi Raiteri : ils sont exemplaires, et à des titres opposés, du système.

Le premier a été confirmé dans ses fonctions de directeur des relations publiques, en fait responsable du bureau des prêts, du Ruhl par les nouveaux propriétaires dont fait partie le groupe Barrière, ennemi juré de Fratoni, lequel a toujours affirmé que son rival de Cannes et de Deauville était le principal responsable des ennuis judiciaires qui lui ont valu de connaître un long exil. Mais il faut croire que sa rancune s'est essoufflée ou qu'il est, dès qu'il s'agit du Ruhl, incontournable, car Fratoni et Giannuzzi c'est bonnet blanc et blanc bonnet. Comme le démontre le fait que Giannuzzi a été interpellé, le 20 mai 1987, à Lugano par la police suisse en même temps que Fratoni et d'autres Italiens, tous soupçonnés de se livrer à un trafic sur les chèques de joueurs transalpins par le biais d'un bureau de change clandestin. Il avait donné comme adresse, avant d'être relâché, celle du Casino-Club à Nice : le premier « enfant » de Fratoni, celui qu'il n'abandonnera jamais. Son emploi au Ruhl de Lucien Barrière montre que l'influence occulte de Fratoni et de ses amis restait grande en dépit de son éloignement apparent des affaires de jeu.

Si l'on en croit certaines confidences, Giulio Giannuzzi avait perverti le système de la sous-délégation de change d'une banque attribué aux casinos français dans le but d'assurer une certaine discrétion aux joueurs italiens. Après tout l'État n'est-il pas le premier bénéficiaire des bancos des tapis verts ? Au Ruhl, où les Italiens avaient perdu près de 26 millions de francs en 1989, un agent portait les chèques en Suisse. Là, un « changeur » en reversait la valeur en francs français à une banque de Lugano, déduction faite de sa commission. La banque transmettait un virement parfaitement « clean » à son homologue française du Ruhl.

Au Ruhl, le maître d'œuvre de ces opérations était Giulio Giannuzzi, directeur des jeux et homme de confiance de Fratoni, qui avait peu à peu supplanté le directeur du casino. Lié à des mafieux notoires, c'est lui qui effectuait le voyage à Lugano pour remettre les chèques à Remo Donada. Celui-ci apparaît en tant que prête-nom dans douze sociétés domiciliées en Suisse et dans une société panaméenne, la Monoval Trade SA, que l'on retrouve, curieuse coïncidence, dans l'affaire des cigarettes orchestrée par Michele Zaza. Il semble qu'à la suite d'indélicatesses Giannuzzi se soit adressé à une société suisse, la Trustfid de Lugano, puis à un nommé Girolamo Mennoia. C'était ensuite deux banques suisses, la Rhoner SA Lugano et la Migros Bank, qui réglaient le Ruhl. La question demeurait entière des chèques remis à ces banques. Que devenaient-ils ? On peut supposer qu'après plusieurs endos successifs, ils étaient remis en circulation en Italie. Une enquête italienne, menée à Milan, établit que les filières chargées de « traiter » les chèques italiens étaient aux mains de la Mafia, et notamment d'hommes que nous retrouverons autour de Michele Zaza. Mais d'où venait l'argent comptant versé par les banques suisses ?

C'était toute la question et il était manifeste qu'il s'agissait d'un système de blanchiment.

En 1990, les services de police spécialisés établirent que la Mafia avait aussi pénétré dans les casinos de Chamonix, Menton et Beaulieu par le biais des « changeurs ». Le système décrit à propos du Ruhl avait été reproduit à Chamonix, dirigé par des amis de Franco Chamonal, alors propriétaire du casino de Beaulieu, mais aussi patron occulte de celui de Menton officiellement géré par Romano Freydoz, l'un de ses proches, ex-changeur à Chamonix. Beaulieu et Menton furent fermés et ensuite récupérés par une association entre les groupes Barrière, Accor et Sol Kezner, le sud-africain.

Mais à Chamonix, dans l'ombre de Chamonal, on retrouve Luigi Raiteri. Né le 8 avril 1943 à Casale Monferrato, se disant retraité, c'est l'agent prêteur type. Il a travaillé pour les casinos de Chamonix, Beaulieu et Menton, puis pour le Carlton à Cannes. Il apparaît dès le début de l'opération Sofextour, mais pour disparaître rapidement. Visiblement, il ne pèse pas assez lourd par rapport aux mastodontes qui mènent l'offensive. Il rapporte lui-même, au cours d'une audition le 12 mars 1992 au tribunal d'Alba, qu'il s'est fait rabrouer par Tagliamento : « Qui tu es, toi, pour qu'on te donne des explications, Michele Greco, peut-être ? » lui aurait dit le lieutenant de Zaza. Mais Raiteri n'a pas seulement des difficultés de communication avec le camorriste en chef. Il a le tort de connaître aussi Antonio, dit Vittorio, Canale, né le 24 septembre 1942 à Reggio Calabria, un *capo* de la 'Ndranghetta, cité par Giuseppe le Repenti. Ils sont « en affaires ». C'est-à-dire que Raiteri prête de l'argent à Canale, flambeur impénitent, que celui-ci ne lui rend pas toujours. En fait, la dette de ce dernier atteint 1 milliard de lires lorsque Canale tombe dans le coup de filet du 15 avril 1991 alors qu'il séjourne à Paris, ce qui lui vaudra de passer quelques semaines aux Beaumettes. Raiteri, qui pratique l'euphémisme sans le savoir, dira à son propos : « Canale était quelqu'un qui m'inspirait un certain sentiment de soumission, il demandait avec autorité que je le finance. » Cela n'empêchera pas les deux hommes de s'entendre sur le recouvrement croisé de chèques qui leur aurait rapporté de gros bénéfices.

Vittorio Canale, c'est le grand manitou de l'implantation de la

Mafia calabraise sur la Côte d'Azur. Il faut se rappeler qu'il apparaît dès le début de cette très discrète invasion. C'est lui qui se trouve en compagnie du boss de la 'Ndranghetta, Paolo de Stefano, lorsque les policiers envahissent la villa « Tacita Giorgina », en décembre 1982, à Antibes. Celui-ci est extradé en Italie où il sera abattu en prison, quatre ans plus tard, par une « famille » rivale tandis que Canale est remis en liberté, faute de charges suffisantes. C'est lui, encore lui, que Giuseppe le Repenti présente comme le principal « blanchisseur » en France de l'argent sale des activités criminelles de la Mafia calabraise. Et, de fait, il ne manque ni de moyens ni d'entregent. Les services des Renseignements généraux le surveillent discrètement. C'est ainsi qu'ils le voient fréquenter le Ruhl régulièrement en compagnie de compatriotes, dont un Napolitain domicilié à Alassio, qui exerce l'honorable profession de commissaire divisionnaire de police en poste à San Remo. De même qu'un antiquaire, italien également, ce qui est moins surprenant si l'on retient que le blanchiment se fait, en partie, dans la vente d'objets d'art.

Mais Canale fréquente aussi deux cambistes d'un autre calibre que Raiteri. Il s'agit de Maddalena Motto et Pietro Liverani qui exercent leurs talents dans le plus somptueux, le plus prestigieux et le moins soupçonnable des casinos : celui de Monte-Carlo. Et pourtant, c'est sous les hauts plafonds lambrissés de ce vénérable palais construit par Garnier, dans cette principauté de rêve, paradis fiscal qui n'ose pas dire son nom, que la mafia des casinos engrange ses meilleurs bénéfices. L'histoire d'un homme au destin exceptionnel dont la vie est un roman illustre de manière saisissante cette affirmation. Il s'appelle Italo Casadei, il est né le 16 juillet 1931 à Cesena (Italie) et il a choisi de parler, car il a été victime des agissements de certains dirigeants de l'auguste établissement monégasque : ce qu'il raconte donne froid dans le dos.

Mais il convient, d'abord, de situer le personnage. Je l'ai rencontré pour la première fois dans son très bel appartement de la rue Le Sueur à Paris, dans le 16e arrondissement. C'est en effet dans la capitale que cet Italien à la stature imposante, qui m'a reçu vêtu d'une djellaba lui donnant l'allure d'un prince du désert, a fait fortune. Engagé dans la Légion étrangère à 17 ans, puis leader d'un trio acrobatique – les Martelli – qui promena son numéro dans le monde entier après avoir connu la célébrité à Las Vegas, Italo Casadei a toujours aimé « flamber ». Il mène une vie aventureuse de séducteur mondain et d'artiste de music-hall à succès jusqu'à son premier mariage. Il épouse la fille d'Henri Ours, alors numéro un dans l'équipement sportif, et se lance à son tour dans le prêt-à-porter et les accessoires de mode en créant sa propre marque : Big One. On peut être plus modeste mais, qu'importe, seul le résultat compte, et il se traduit par un chiffre d'affaires faramineux. Italo Casadei, devenu veuf, enlève littéralement la ravissante fille, alors âgée de 17 ans, d'un riche et austère industriel du Nord de l'Italie. Ils se marient et ont trois fils, nés à Paris et parfaitement bilingues. Mais, outre sa famille sur laquelle il veille comme un aigle sur son nid, Italo Casadei a une passion : le jeu. Et, comme beaucoup de ses compatriotes fortunés, il montre une prédilection pour Monaco et son casino. Suite réservée à l'hôtel de Paris, table ouverte et crédit presque illimité : il fait partie de ces clients « carte d'or » que l'on s'arrache, car ils ont le bon goût de perdre beaucoup et de payer leurs dettes rubis sur ongle. Mais l'ancien danseur acrobate ne fait pas que cela : en plus de ses bancos, il a le don d'animer une partie grâce à son sens du théâtre et à sa générosité. On l'a vu, à Monte-Carlo, lancer une liasse de 100 000 francs à un autre joueur italien en difficulté et près de perdre la face. Celui-ci s'était penché sous la table pour constater que ses chaussettes n'abritaient plus le moindre billet de 100 000 lires. Italo avait vu le geste et deviné qu'il s'agissait d'un Napolitain : il n'y a qu'eux qui placent à cet endroit l'argent que d'autres mettent dans leur portefeuille. Mais ce n'est que lorsque ce dernier l'eut remercié qu'il apprit qu'il s'agissait de l'un des frères de Pasquale Galasso, homme de confiance de Carmine Alfieri, le grand boss de la Camorra, dont on reparlera lors de l'évocation des investissements de la Mafia napolitaine en principauté.

Tout alla pour le mieux dans le meilleur des mondes du jeu jusqu'à l'été 1990. Italo Casadei termina la saison avec un crédit négatif qui s'élevait à 7,5 millions de francs. Il remboursa 5 millions de francs et laissa un chèque dit « de garantie » du montant en lires de la différence, soit 2,5 millions de francs. « Selon un usage bien établi, ce chèque ne devait pas être encaissé. Nous en étions tellement persuadés qu'il avait été émis sur le compte de mon épouse Nicoletta insuffisamment approvisionné. D'ailleurs, Nicoletta s'est rendue, le 19 septembre 1990, au siège parisien de la SMAR, la société monégasque d'avances et de recouvrements, filiale de la SBM propriétaire du casino, pour déposer un chèque de 322 millions de lires, soit environ 1,4 million de francs au cours de l'époque. Ma dette n'était plus alors que de 1,1 million de francs », déclare Italo Casadei. Une bagatelle, effectivement : il croit avoir réglé le problème, mais il se trompe. C'est à partir de ce moment que ses ennuis allaient commencer. D'abord, une procédure judiciaire lui tomba dessus comme la foudre par temps clair. Rien ne pouvait laisser penser que la SMAR le poursuivrait pour émission de chèque sans provision : le premier, celui de 2,5 millions de francs, avait été mis à l'encaissement et refusé. La justice française devait donner raison aux Casadei sur ce premier point en première instance et en appel mais la Cour de cassation annulait ce jugement et sa confirmation, courant juin 1995, pour vice de forme. Cependant les époux Casadei avaient contre-attaqué en déposant plainte pour escroquerie car on leur réclamait toujours 2,5 millions de francs sans tenir compte du chèque de 322 millions de lires (1,4 million de francs). Or celui-ci a bien été débité de leur compte de la Cassa Rurale de Artigiana de Fossano, le 16 octobre 1990. Par qui ? Par Maddalena Motto, agent prêteur au casino de Monte-Carlo. Au profit de qui ? La question est restée sans réponse. Mais cette appropriation, que la caisse de la SMAR, donc de la SBM, semble ignorer, met en relief le rôle de sulfureux personnages qui seront dénoncés, trois ans plus tard, à la fois par une lettre de six élus du Conseil national (le parlement monégasque), rendue publique à leur insu, mais aussi par le rapport d'un inspecteur des jeux et par celui d'un juge milanais, deux documents confidentiels dont j'ai pu me procurer des copies.

Mais il faut, avant de dévoiler le contenu de ces documents, revenir aux démêlés qui opposent la SMAR-SBM (dont l'État monégasque possède 69,5 % des actions) et Italo Casadei. Car on est passé de la cour d'appel à la cour des miracles, de la loi française à la loi du plus fort, du prétoire à la jungle, des avocats et juges aux voyous : du judiciaire au fait divers.

« J'ai commencé à crier très fort la vérité, alors on m'a proposé une conciliation. L'entrevue a eu lieu dans une suite de l'hôtel Méridien à Paris. On m'a offert 10 millions de francs pour que je retire ma plainte. J'ai accepté, mais l'argent devait m'être remis à Monte-Carlo. J'ai refusé d'aller me jeter dans la gueule du loup. Mais savez-vous qui était le médiateur envoyé par la SMAR ? André-Noël Filippeddu. Il s'est montré, d'ailleurs, de la plus parfaite courtoisie », raconte l'ancien acrobate. Mais, décidément, le monde des « affaires » est petit, car il s'agit bien du même personnage vu à la terrasse du Fouquet's lors d'un épisode de l'affaire OM-Valenciennes et dont le père était apparu, auparavant, dans celle du vrai-faux passeport de l'affaire Chalier-Nucci. Père et fils jouent les guest stars des polars, qui apparaissent lorsque le scénario s'embrouille vraiment. On retrouvera d'ailleurs Monsieur Noël dans la saga politico-mafieuse de l'île Cavallo, au sud de la Corse.

Voilà pour l'anecdote, car l'important est ailleurs. Il est dans une série d'agressions dont vont être victimes les Casadei après leur refus de se rendre chez l'adversaire pour signer l'armistice.

Tandis que les péripéties judiciaires vont bon train, les menaces par téléphone se succèdent à leur domicile, et, le 10 septembre 1992, un postier sonne à leur porte. Il apporte une lettre recommandée. Nicoletta, qui ne se méfie pas encore, ouvre : elle est bousculée, molestée et ligotée par le faux postier. Il réclame les clés du coffre. Elle ne les a pas. Alors, il dévaste l'appartement et s'enfuit, non sans abandonner un exemplaire de *Nice Matin*, édition de Monaco.

Le 20 février 1993, Italo Casadei suit une cure dans un établissement de la station thermale de Montecatini : sa Rolls Royce de collection est détruite par le feu. Un bidon d'essence vide et une carte de visite du casino de Monte-Carlo sont retrouvés près de la voiture calcinée : l'attentat est à nouveau signé. Mais les Casadei n'abandonnent pas leur action en justice. Le 15 novembre 1993, quatre hommes se présentent à la concierge de l'immeuble de la rue Le Sueur : « Ils étaient à bord d'une voiture munie d'un gyrophare. Ils ont montré des cartes tricolores en disant qu'ils voulaient nous poser des questions sur notre fils aîné. Ils étaient au courant qu'il n'était pas rentré depuis trois jours. Cela a endormi notre méfiance. Nous les avons fait entrer », racontent Italo et Nicoletta Casadei. Cette fois, c'est lui qui va « déguster » : frappé à coups de poing et de pied, il est ligoté et bâillonné au pied de son lit : « Cela a duré plus d'une heure. Ils voulaient la clé du coffre. J'ai résisté, mais quand j'ai vu qu'ils menaçaient aussi Nicoletta et notre femme de ménage, j'ai cédé. Ils savaient parfaitement ce qu'ils étaient venus chercher. Moi aussi : deux lettres que m'avait confiées Max Boulakia, un rabatteur de clients du casino de Monte-Carlo, juste avant de mourir, et dans lesquelles il dénonçait les mêmes scandales que moi. Quand ils ont eu ces lettres, ils sont partis, mais en emportant aussi, comme prime ajoutée à leur contrat, une collection d'ivoires et 7 millions de francs de bijoux. »

Après les faux policiers, les vrais braqueurs : Italo Casadei a été abordé dans la rue par trois inconnus dont l'un a pointé un 11,43 contre son ventre : « Je lui ai dit : tue-moi, si tu es un homme ! Il a ricané et ils ont disparu », dit encore l'ancien styliste dont on sait qu'il n'est pas du genre à baisser la tête. Mais quelles vérités détient-il qui le rendent aussi redoutable aux yeux de certains pour les conduire à employer de tels moyens de dissuasion ?

Elles sont, en partie, contenues dans une lettre qu'il a envoyée, le 18 mars 1993, à S.A.S. le prince Rainier de Monaco. Une lettre qu'il s'est résolu à rendre publique après cette dernière agression qui montrait que ses adversaires avaient abandonné la voie de la négociation. Il s'adresse, d'abord, au souverain monégasque pour lui faire le récit de son conflit avec la SMAR et des exactions dont il a été victime avec son épouse. Puis il dénonce certaines pratiques qui ont cours au casino et cela au détriment des joueurs, mais aussi de la SBM. Il cite des noms de tricheurs mais surtout ceux d'agents recruteurs-prêteurs-percepteurs italiens qui sont chargés de récupérer le montant des chèques des joueurs italiens en Italie et de le reverser à la caisse du casino. Ces personnes en prendraient à leur aise en dirigeant le service « prêts » alors qu'ils ne devraient être que des exécutants. Plus grave : une partie des sommes récoltées serait détournée et partagée avec les hauts responsables qui facilitent leurs agissements. Ces accusations auraient pu être considérées comme affabulations d'un mauvais perdant si elles n'avaient pas reçu une sorte de triple confirmation.

Le 20 avril 1994, six conseillers nationaux dits « progressistes », dissidents de la majorité élue au parlement de Monaco, adressent une lettre confidentielle à M. Jean Aribaud, conseiller du gouvernement pour l'Intérieur. Rompant avec la connivence feutrée qui est de règle dans la Principauté, où la langue de bois triomphe toujours du parler vrai, ils font état d'informations transmises par des cadres et employés de la SBM pour dénoncer, également, le comportement des « agents prêteurs » qui outrepassent leur mission en la dévoyant. Et cela avec la complicité du directeur des jeux.

Il faut savoir que les grands casinos, outre les agents prêteurs, emploient aussi des « rabatteurs » (ce sont parfois les mêmes) qui perçoivent une commission sur les « différences » réalisées par les joueurs qu'ils ont conduits jusqu'aux tables de jeu. Les conseillers nationaux citent le cas de la veuve de l'un de ces rabatteurs à laquelle étaient attribués des joueurs qu'elle ne connaissait même pas : pourquoi un tel cadeau si ce n'est pour le partager ? On remarquera qu'il s'agit de Mme Boulakia, l'épouse du personnage décédé qui avait écrit la confession que des voyous sont venus extorquer au domicile d'Italo et Nicoletta Casadei ! Mais, plus généralement, c'est tout un système de commissions abusives que les conseillers nationaux évoquent dans leur lettre de trois pages.

> 1) Peut-on continuer à laisser des agents, par définition non salariés de la Société des Bains de Mer, disposer de telles prérogatives de dirigeants « de fait » du casino de Monte-Carlo, surtout lorsqu'on connaît le passé trouble de certains d'entre eux :
> – Madame Motto déjà arrêtée, emprisonnée plusieurs mois l'année dernière, poursuivie en Italie où elle est soupçonnée de liens avec des personnes peu recommandables et qui a été récemment interdite par décision administrative dans les casinos français.
> – Monsieur Liverani a fait l'objet de poursuites en Italie.
> – Monsieur De Carli qui a eu un mandat d'arrêt international à son encontre, ancien directeur du casino de Beaulieu, qui a

> défrayé la chronique en son temps après que des coups de feu eurent été tirés dans cet établissement. Personnage au passé douteux, poursuivi pour fuites de capitaux et trafic de devises. Plus précisément est-il tolérable que ce dernier se comporte en dirigeant de fait de la Caisse Chèques où il aurait libre accès à toute la documentation concernant les joueurs, ainsi qu'au listing et courrier secret et confidentiel ?
> Ces trois agents ont tous été soumis à des poursuites judiciaires, Monsieur De Carli superviserait l'ensemble du système des agents et en serait en fait le véritable « coordinateur ».
> 2) Est-il normal que l'évaluation réelle des « différences » des joueurs par les cadres jeux et les chefs de table soit occultée ?
> 3) Est-il acceptable que de substantielles commissions soient payées aux agents malgré les abus manifestes constatés, ce qui pourrait poser le problème d'abus de biens sociaux dans une société où l'État est actionnaire principal ?
> Les cadres et employés qui se sont adressés à nous ne peuvent, par leur silence, devenir les complices involontaires de tels agissements dont ils connaissent l'existence.
> En outre, compte tenu de la gravité des éléments ci-dessus, il serait bon de s'interroger sur l'existence d'éventuels délits réprimés par les récentes lois sur le blanchiment.

Fin de citation.

La lettre des conseillers nationaux est donc la première confirmation des dénonciations du joueur Casadei. La deuxième émane d'un inspecteur de police français qui s'est fait mettre en disponibilité pour travailler dans la police des jeux de Monaco. Une police qui, curieusement, n'est pas intégrée à la Sûreté nationale monégasque, mais forme un corps rattaché au ministère des Finances dirigé, obligatoirement, par un fonctionnaire de nationalité monégasque. Las de ne pas être entendu, M. Robert Xerry ne demandera pas le renouvellement de son contrat après avoir, mais en vain, adressé deux notes à son ministre.

Lui aussi évoque le cas de M. et Mme Boulakia et, plus généralement, les commissions abusives dont « les listes, les évaluations et les calculs sont du ressort exclusif de M. Dompé, chef de la SMAR [...], qui a l'approbation automatique du directeur des jeux, M. Palmaro ». Des commissions qui pour le seul Boulakia, simple rabatteur, atteignaient 400 000 à 500 000 francs en moyenne par semaine. « Il est évident que de telles manœuvres profitent à d'autres et que ces commissions fictives sont ensuite partagées avec ceux grâce auxquels elles sont payées. » Puis il se fait plus précis à propos de De Carli dont il dit : « On peut s'étonner de laisser un tel personnage, plusieurs fois poursuivi pour ses liens avec la Mafia, condamné pour trafic de capitaux, agir aussi ouvertement au casino de Monte-Carlo. » Puis, un peu plus loin : « Il se charge d'encaisser les chèques de ces joueurs débiteurs qu'il encaisse sur ses comptes en Suisse et paie ensuite la SMAR par d'autres versements. Il est certain que ces manipulations d'argent – il vire au casino des sommes d'origine indéterminée et encaisse en contrepartie des chèques de personnages connus et sans reproche – constituent le schéma de base du blanchiment d'argent. »

La grande accusation est lancée : le casino de Monte-Carlo, que l'on croyait hors d'atteinte de ces pratiques attribuées à d'autres établissements moins cotés, sert lui aussi de lessiveuse à la Mafia. Il faut dire que les sommes en question donnent le vertige. L'inspecteur Xerry dit que l'un des agents italiens se serait vanté d'avoir eu, en 1992, un volume de transactions de 210 millions de francs.

Le policier cite d'autres exemples très précis. Celui qu'il appelle « le cas M… » dont il dit : « M. M…, qui a passé quelques années en prison en Italie, réputé mafieux, est un joueur assidu au casino de Monte-Carlo, il a un compte à la SMAR qui est actuellement débiteur. En dépit de cette situation, M. M… a viré il y a quelque temps une somme de 1,3 million de francs d'un compte sur une banque américaine à la SMAR. Sur ordre de M. Dompé, cette somme n'a pas servi à effacer sa dette mais a été inscrite sur le compte-dépôt de M. De Carli. Cet argent devait ensuite être viré sur un autre compte en Suisse. Une telle manœuvre ne semble pas pouvoir être qualifiée autrement que "blanchiment d'argent", surtout lorsqu'il s'agit de personnages tels que M… et Carli. » Il note que, au moment où il rédige son rapport, les avances aux agents atteignent 12 millions de francs. Et celles aux joueurs 267 millions de francs. Un constructeur romain et un haut dirigeant de Fiat figurent en tête des débiteurs avec, respectivement, 24 et 22 millions de francs.

Troisième confirmation enfin : celle d'un magistrat de Milan. Pierangelo De Carli, né le 20 juin 1934 à Milan, mais aussi Enrico Frigerio, né le 21 février 1942 à Morbio Superiore (Suisse) et Maurizio Schiatti, né le 6 mai 1940 à Seregno (Italie), sont accusés, dans une ordonnance d'un juge d'instruction milanais en date du 28 février 1986, qui lance contre eux des mandats d'arrêt, de faire partie du clan de Giuseppe Bono. C'est-à-dire du *capo* de la famille de Bolognetta et grand artisan de la conquête de Milan par Cosa Nostra. Giuseppe et son frère Alfredo Bono dirigeaient un vaste réseau de trafic de drogue démantelé lors de ce que l'on a appelé « la nuit de la Saint-Valentin », le 15 février 1983. De Carli, Frigerio et Schiatti : c'était l'état-major du casino de Beaulieu lors de son rachat par la société suisse Tosigallia en 1981.

Le document du juge milanais indique que deux agents de la DEA ont réussi à entrer en contact avec Frigerio, actionnaire et président de la Finagest SA – impliquée dans le recyclage de l'argent sale de la Pizza Connection, entre New York et la Suisse –, sous prétexte d'opérations de recyclage et que celui-ci leur a confié qu'il avait été responsable, en 1980, du transport de plus de 40 millions de dollars US. Il énumérait les différentes activités immobilières dans lesquelles il avait investi : une marina à Humacao-Portorico, des immeubles à New York et à Monte-Carlo. Il indiquait, en outre, avoir été propriétaire d'une partie d'un casino à Beaulieu.

Quant à De Carli et Schiatti, dit Cici, ils sont présentés comme les émissaires de l'association criminelle de Giuseppe Bono. « Des enquêtes parallèles ont déjà démontré l'intérêt que les organisations mafieuses portent aux casinos, soit comme moyen de recycler l'argent sale, soit pour y développer des activités de prêts qui – étant donné les taux appliqués et le peu de risques présentés par les méthodes d'extorsion pour la récupération des crédits – constituent des sources intarissables. Les casinos situés à l'étranger présentent un intérêt bien supérieur, puisqu'ils offrent la possibilité d'encaisser directement en Italie des crédits de jeu, et de faire rentrer sur le territoire national des sommes provenant du trafic international des stupéfiants, activité à laquelle s'adonnait l'association criminelle de Bono, en opérant à travers un système de compensation », écrit, en 1986, le juge milanais.

Les « méthodes utilisées pour la récupération des crédits » sont commentées par divers témoins cités dans cette ordonnance : « Si l'on ajoute à tout cela que le "groupe" de contrôle du casino de Beaulieu était composé de personnages, dont Giuseppe Bono et Ugo Martella, qui étaient et qui sont toujours des personnages de pointe de la Mafia sicilienne, on peut conclure que les bruits qui couraient sur le casino de Beaulieu n'étaient pas de simples rumeurs ou impressions, mais qu'il existait bel et bien un climat de crainte, basé sur des éléments réels », commente le magistrat.

A la suite du tapage médiatique provoqué par la publication de la lettre des conseillers nationaux et les déclarations d'Italo et Nicoletta Casadei, le gouvernement princier demanda à la SBM de diligenter une enquête administrative. Le 22 avril 1994, un communiqué était publié faisant état d'un audit du cabinet Andersen qui concluait que « les irrégularités ou malversations alléguées par la correspondance dont la presse s'est fait l'écho ne sont pas avérées ». Le gouvernement princier enjoignait néanmoins la direction de la SBM à « renforcer sa vigilance et ses opérations de contrôle ». Le texte ignorait totalement le rapport du policier et les accusations d'Italo Casadei. Mais ce dernier connaîtra dans l'affaire au moins une satisfaction. Au mois de juin 1993 et dans le plus grand secret, alors que les responsables de la SBM démentaient qu'une enquête judiciaire ait été entreprise, le prince Rainier en personne chargea le directeur des services judiciaires de faire procéder à des vérifications sur les allégations de M. Casadei telles qu'elles avaient été exprimées dans la lettre que celui-ci lui avait adressée. Il ne faut pas oublier que, selon la Constitution de la principauté, c'est le souverain qui rend la justice : comme Saint Louis ! Certes, il délègue ce pouvoir régalien à une autorité judiciaire dont la structure est semblable à celle qui existe en France, mais rien ne l'empêche d'intervenir directement dans les grandes occasions. Il faut croire que cette affaire des (mauvais) comptes du casino en est une, car tout se passa dans la plus grande discrétion. Une poignée de personnes seulement avaient été mises dans la confidence. C'est le procureur général lui-même, M. Gaston Carrasco, qui entendra, pendant deux journées, celui dont la presse italienne a fait le héros solitaire d'une croisade contre les nouveaux barbares qui fomentent leurs mauvais coups dans les salons dorés du casino de Monte-Carlo.

L'enquête, menée dans le plus grand secret pendant près de deux ans, devait donner lieu à un rapport de plus de trois cents pages destiné au prince Rainier qui décidait, fin mai 1995, de mettre un peu d'ordre dans le palais construit par Garnier qui abrite les salles de jeu. Les trois principaux « agents prêteurs », Mme Maddalena Motto et MM. De Carli et Liverani, étaient appréhendés à Monaco et placés en détention. De même que Paul Dompé, le directeur général de la SMAR, qui était inculpé de « faux en écritures bancaires et commerciales et recel ». Les policiers avaient découvert qu'il était, avec sa concubine, actionnaire de la société civile immobilière Francœur dont le compte, au Crédit du Nord de Monaco, était régulièrement alimenté par des sommes variant entre 300 000 et 400 000 francs. Cette quadruple arrestation confirmait les informations selon lesquelles les « agents prêteurs » bénéficiaient, à Monaco, de la complicité de certains hauts responsables du casino.

S'il en était encore besoin on pourrait citer, à l'appui de ces assertions, un magistrat du parquet anti-mafia de Naples, M. Roberti, qui déclare : « La principauté de Monaco, le casino de Monte-Carlo en particulier, sont l'objet d'appétits très forts de la part des organisations criminelles italiennes, comme l'étaient les casinos que l'organisation de Tagliamento se proposait d'acheter. »

Il y a de quoi faire : la France compte cent quarante-quatre casinos. La plupart frisent l'anonymat. La SARL qui s'était portée acquéreuse de celui d'Aix-en-Provence, fermé en 1992 pour gestion frauduleuse, possédait déjà les établissements de Quiberon, Coutainville et La Roche-Posay, à travers plus de cinquante sociétés essentiellement vouées à l'hôtellerie et à la restauration. Au mois de juin 1993, le casino aixois était à nouveau fermé à la suite de nouvelles malversations. Il est vrai que le groupe qui l'avait racheté portait un nom qui aurait dû attirer la méfiance des autorités de tutelle : il s'appelait Casa Nostra.

Quand la Mafia bétonne…

La principauté de Monaco se trouve à nouveau en tête d'affiche quand on aborde le deuxième domaine, par ordre d'importance, du blanchiment de l'argent sale par la Mafia en France : l'immobilier. Les amateurs de football, ou de *calcio* pour faire plus italien, savent bien que c'est l'entraîneur de l'Inter de Milan des années 60, Helenio Herrera, qui inventa une tactique ultra-défensive dont le but était, surtout, de préserver un avantage acquis. Cette tactique reçut le nom de « béton ». La métaphore s'impose d'elle-même : comme Il Mago Helenio Herrera, la Mafia privilégie le béton. Dans tous les sens du terme : ses fonds illicites, elle les investit volontiers dans la pierre, car cela lui permet de les recycler tranquillement tout en défendant leur pouvoir d'achat.

Un autre procureur de Naples, M. Laudati, affirme : « Pasquale Galasso nous a parlé de prête-noms français, d'opérations bancaires effectuées avec la Caribank de Monte-Carlo. Il nous a parlé de tous les investissements immobiliers effectués à travers ce type d'opération financière. » Pasquale Galasso, né en 1955, est l'homme de confiance de Carmine Alfieri, *capo* de la plus importante famille de la Camorra, qui possède à Poggiomarino, à une vingtaine de kilomètres de Naples vers l'intérieur des terres, une magnifique propriété. Entourée de hauts murs et gardée par une vingtaine d'hommes en armes, elle n'est accessible, sécurité oblige, que par hélicoptère. Deux terrains de football, une piscine olympique et un circuit automobile ont été aménagés tandis que le bâtiment principal abrite de nombreuses œuvres d'art : « On se croirait au Louvre », nous a dit l'un des amis franco-italien d'Alfieri. Pasquale Galasso est un gentleman qui a étudié à Cambridge, mais aussi un redoutable *killer*, comme disent les... Italiens. Interpellé en Italie pour association de type mafieux, trafic illicite d'œuvres d'art et extorsion de fonds, il a décidé de collaborer avec la justice de son pays. Et que dit ce « *pentito* » de première importance ? En fait, il ne consent à se montrer bavard qu'avec ses interlocuteurs italiens auxquels il avoue sa responsabilité dans une cinquantaine de meurtres commis en Italie, notamment lors de la guerre entre le clan Alfieri et celui de Rafaele Cutolo. Mais, face à l'officier de police judiciaire français qui l'interroge plus précisément sur le recyclage de l'argent de la Camorra à Monaco et en France, notamment dans des opérations immobilières, il reste discret. Cela n'a rien d'étonnant. Ceux qui ont eu l'occasion de suivre les grandes affaires criminelles aux butins faramineux savent bien que l'élément qui reste hors d'atteinte, quand tous les autres sont dévoilés et les suspects arrêtés, c'est l'argent ! Et plus la somme est importante moins il est fréquent qu'elle soit retrouvée. Il en est de même dans les affaires de la Mafia. Les repentis sont prêts à tout dire, sauf où et comment a été « planqué » le trésor « familial ».

Donc Pasquale Galasso ne confie rien sur ce point au policier français, car il sait que celui-ci, contrairement aux magistrats italiens qui ne peuvent instrumenter que sur leur territoire, serait en mesure de faire tarir une source de revenus que l'on peut supposer d'autant plus abondante qu'il met plus de soins à la protéger. N'empêche que si un mafioso de sa trempe, dont le montant des biens confisqués s'élevait à 450 millions de francs, est venu s'installer à Monaco, ce n'est sans doute pas pour se consacrer au farniente. On a même quelques raisons de croire qu'il a profité des « spécificités » monégasques pour réaliser de bons investissements. Pour les évoquer et afin de ne pas tomber dans le piège de la rumeur non vérifiable, on s'en tiendra aux informations rassemblées par la PJ de Nice qui avait été saisie d'une requête émanant du tribunal de Palerme, en septembre 1992. Il apparaissait ainsi que Pasquale Galasso faisait fructifier ses intérêts et ceux de son clan à travers une SCP baptisée NICI, sise avenue des Citronniers à Monaco. Fondée par Antonio Gaudino, né lui aussi à Poggiomarino, elle comptait comme associé l'un des trois frères de Pasquale, Martino Galasso. La NICI était propriétaire de la villa « La

Rotonde », chemin de la Turbie à Beausoleil, en bordure de la principauté de Monaco. Or une perquisition effectuée en 1992, à la demande de la police de Salerne (Italie), par la PJ dans cette villa, a amené la découverte de deux documents intéressants. Un papier portant la mention manuscrite suivante : « Casaccia, bureau d'études "Les Acanthes", avenue des Citronniers à Monaco » et la photocopie d'un tableau d'amortissement relatif à un prêt immobilier de 1,35 million de francs de la Banque de Paris et des Pays-Bas de Monaco à la société NICI avec un remboursement trimestriel de 94 000 francs.

L'enquête de la PJ établit donc que la société monégasque NICI des frères Galasso possède une villa qui est aussi l'adresse de Giancarlo Casaccia, un opulent promoteur immobilier né le 22 juin 1939 à Turin, qui partage avec Giovanni Ghione, lui aussi Turinois mais résident privilégié monégasque, la direction d'un groupe de sociétés installées dans un immeuble de Beausoleil. Parmi ces sociétés, on retiendra celles concernant le golf de Pierrevert (60 hectares de terrains boisés dans les Alpes-de-Haute-Provence) comme cela est indiqué dans le rapport du député François d'Aubert sur l'implantation de la Mafia en France. L'homme d'affaires italien a repris en 1990 cette affaire mise en liquidation judiciaire et se proposait de mettre en œuvre un projet d'aménagement estimé à 12 millions de francs. Jusque-là rien que de très normal, sauf que les financiers n'offrent pas les garanties de transparence souhaitables si l'on veut écarter tout soupçon. Le capital de la Pierrevert Golf SA, chargée des travaux d'aménagement, est détenu à 10 % par une société panaméenne dirigée par Giovanni Ghione, 40 % par une société luxembourgeoise dirigée par Giancarlo Casaccia et 49,90 % par une autre société anonyme luxembourgeoise. C'est avec cette même société Pierrevert Golf SA que Casaccia a acquis, en 1990, sur la commune d'Èze, limitrophe de la principauté de Monaco, un terrain de 16 900 mètres carrés, pour la bagatelle de 30 millions de francs payés comptant à la SBM et au Cercle des étrangers de Monaco, deux sociétés dont on sait qu'elles sont majoritairement détenues par l'État monégasque.

Un rapport de police indique que Casaccia est à la tête d'un groupe international spécialisé dans les réalisations immobilières de prestige. Qu'il dirige avec Giovanni Ghione et Bruno Damonte une myriade de sociétés. Au centre du groupe se trouve une société anonyme monégasque. A la périphérie du groupe, on découvre un ensemble de douze sociétés domiciliées dans des paradis fiscaux et qui détiennent le capital des sociétés françaises. « Les activités du groupe sont considérables et les projets en cours, en 1992, aux abords de Monaco étaient grandioses », ajoute ce même document.

Plus précisément, ils concernent la commune limitrophe de Monaco, Beausoleil, dont le territoire domine celui de la principauté. Giancarlo Casaccia et ses amis Giovanni Damonte et Maria Giuseppina Ciffatte semblent avoir jeté leur dévolu sur tout ce qui est négociable comme terrains à Beausoleil. Ils ont créé, entre 1990 et 1993, douze sociétés vouées aux opérations immobilières toutes domiciliées à la même adresse. Parmi elles, la SCI Jasmins se propose de construire deux immeubles de 112 mètres de haut et trois de 30 mètres avec neuf niveaux de parking en sous-sol, dans une zone privilégiée, à la limite frontalière de Monaco : ce qui assure un confortable prix de vente au mètre carré par rapport à l'investissement consenti. Surtout quand on peut bénéficier de certains appuis dont nous aurons l'occasion de reparler.

Mais Giancarlo Casaccia est aussi présent à l'intérieur de la Principauté avec le Beverly Palace dont la SA SMETRA France assure la construction. Il s'agit d'une entreprise de travaux publics et de bâtiment contrôlée par la société SMETRA-INVEST ayant son siège à Curaçao, dont le PDG est un Romain, mais dont le dirigeant de fait, selon la PJ de Nice, serait l'un des trois frères Caltagirone, Gaetano, l'aîné, romain lui aussi. Un trio propriétaire de plusieurs villas de grand prestige – estimées de 90 à 100 millions de francs – sur la presqu'île du cap Ferrat, entre Nice et Monaco, par le biais de sociétés ayant leurs sièges aux Antilles néerlandaises, à Panama, au Luxembourg et dans le Delaware.

Mais peut-on affirmer pour autant que tous ces hommes, parce qu'ils sont italiens, que leur réputation est discutable, qu'ils disposent de fonds considérables gérés par des sociétés écrans et qu'ils investissent dans le béton en or de Monaco et de la Côte d'Azur, sont des hommes de la Mafia ? Faute de pouvoir fournir une réponse incontestable, on se contentera de citer, une fois encore, la PJ de Nice : « Un certain nombre de liens ont donc été repérés entre Galasso (membre de la Camorra), Gaudino, Ghione, Casaccia et Caltagirone. Les services compétents italiens n'ont cependant pas confirmé que les trois derniers avaient des relations avec des mafieux. » J'ajouterai, pour avoir rencontré Casaccia, que ses amis français appellent Jean-Charles, après sa mise en cause dans le rapport d'Aubert, qu'il montre à qui veut bien y prêter attention un certificat anti-mafia délivré par la préfecture de Savone (Italie). Dont acte.

La suspicion qui entoure un autre Italien, jouissant lui aussi de fonds considérables, mais d'origine indéterminée, est encore plus floue. On évitera donc de citer son nom bien qu'il apparaisse en bonne place dans de multiples rapports de la gendarmerie, de la PJ et des Renseignements généraux. C'est ainsi que l'on connaît la liste de ses réalisations sur deux communes limitrophes de la principauté de Monaco où il est lui-même domicilié avec son épouse. On dit de lui qu'il serait lié au groupe Casaccia. Ce qui est certain, en tout cas, c'est qu'il démontre un bel éclectisme dans les affaires et qu'il se soucie peu, apparemment, de leur rentabilité immédiate.

Son port d'attache – sans jeu de mots – est donc cette petite localité qui se confond avec Monaco au point qu'il n'y a aucune discontinuité apparente quand on passe de l'une à l'autre. C'est en avril 1992 que ce Milanais, alors âgé de 51 ans, a pris le contrôle d'un chantier naval par le biais de deux sociétés : une monégasque et une de Vaduz (Liechtenstein). La société monégasque étant elle-même détenue par deux SCI de Monaco et par la société de Vaduz. Un entrelacs peu fait pour favoriser la transparence, on en conviendra. Mais ce n'est pas tout. L'homme d'affaires est également gérant d'une SARL qui a acquis le fonds de commerce d'un hôtel-restaurant de Beausoleil ainsi que 95 % des parts d'une autre SARL qui exploite un restaurant du port de Cap-d'Ail. Côté immobilier, on retrouve notre homme gérant d'une SARL qui a construit une villa à Cap-d'Ail. Une société italienne de Milan au capital de 400 millions de lires détenu par sa famille et un industriel italien se partagent les parts de cette SARL. Il a également engagé, courant 1994, la construction d'un immeuble à la place d'une station-service rachetée à un pétrolier. Les services fiscaux qui se sont penchés sur ses comptes n'ont rien trouvé à redire. Tout est clair dans les comptabilités de ses diverses entreprises. Sauf que l'origine des 150 millions de francs qu'il a investis en moins de cinq ans demeure totalement inconnue.

Autre richissime Italien que le rapport d'Aubert cite nommément : le négociant en pétrole Mario Contini. Lui aussi domicilié à Monaco, lui aussi investisseur apparemment imprudent dans l'immobilier et le golf, il s'est signalé, de surcroît, dans la mouvance, suspecte par nature, des casinos de la Côte d'Azur : en l'occurrence, celui de Mandelieu-La Napoule. Il avait tenté, en 1990, d'en prendre le contrôle par le biais d'une société hollandaise, la Holland Intrust Corporation, dont la qualité première n'est pas la transparence. Il s'agit d'une holding que l'on peut qualifier de société écran servant à dissimuler les véritables dirigeants de ses filiales. En effet, les quatre personnes physiques qui sont à la tête de la Holland Intrust apparaissent aussi respectivement dans 164, 154, 127 et 95 autres sociétés, hollandaises également.

Du casino de Mandelieu-La Napoule au golf de Taulane, on ne change pas seulement et radicalement d'activité, on passe du littoral aux confins des départements des Alpes-Maritimes, du Var et des Alpes-de-Haute-Provence : de la mer à la montagne. Une montagne belle, mais austère, désertée même par les bergers qui n'arrivent plus à gagner leur vie avec leurs troupeaux de moutons. Difficilement accessible par une route qui est sinueuse, étroite et enneigée ou verglacée chaque hiver. De l'aéroport de Nice, par cette route que Napoléon emprunta pour son retour de l'île d'Elbe et à laquelle il a donné son nom, il faut compter une heure et demie en voiture l'été, et beaucoup plus dans des conditions climatiques difficiles, pour joindre le site de Taulane. Le golf et son château sont situés dans un cadre d'une sauvage beauté, mais ils ne sont facilement accessibles qu'en hélicoptère quand les intempéries et les frimas ne rendent pas la pratique de tout sport impossible. C'est pourtant dans ce coin perdu que Mario Contini et son ami Sergio Camoletto, un autre Italien de Monaco, ont créé un parcours de golf, un hôtel de luxe et un ensemble de villas autour du château transformé en club-house. La SA Golf de Taulane a investi 16 millions de francs dans cette opération dont la rentabilité, c'est bien le moins que l'on puisse dire, n'était pas évidente. Mario Contini en a assuré la direction en 1990 et 1991 avant de laisser la place à un financier italien, demeurant à San Remo, Michele Di Terlizzi. Quant à Sergio Camoletto, il dirige une société anonyme monégasque, la SEPIMO, dans laquelle on retrouve Mario Contini et dont Stefano Casiraghi, le défunt mari alors très versé dans les affaires de la princesse Caroline, fut l'un des administrateurs. C'est à Sergio Camoletto qu'est dévolue la gestion effective des deux sociétés anonymes et de la SARL de Taulane.

Le plus étrange, quand on se penche sur le capital de la principale d'entre elles, la SA Golf de Taulane, est de constater que son capital est détenu, majoritairement, par deux sociétés hollandaises : la Elverton Holdings BV et la Selsdon Park Holding BV. Celles-ci présentent deux particularités intéressantes. La première est que leur siège social, à Amsterdam, est situé dans le couloir d'un immeuble où sont domiciliées 166 autres sociétés. La seconde est qu'elles appartiennent à la holding Holland Intertrust, celle-là même dont l'évidente transparence l'avait empêchée de prendre le contrôle du casino de Mandelieu-La Napoule aménagé au sein de l'hôtel Loews.

L'intervention de personnages suspects, l'utilisation de sociétés fictives déjà apparues dans des opérations étranges, l'origine italo-monégasque des investissements ne peuvent que conduire l'observateur impartial à s'interroger sur l'origine réelle des fonds. Toujours dans la série « Des golfs pas très clairs », on peut ranger un troisième parcours : celui de Barbaroux dans le département du Var. Quoique dans ce cas la suspicion de blanchiment soit moins forte, l'intérêt financier de l'opération avec, là encore, golf, hôtel, immobilier, n'apparaît pas évident. Lancée en 1981 par deux Turinois de Monaco, Bruno Pozzi et Vani Mandelli, l'affaire va s'avérer rapidement catastrophique en dépit de l'intervention de banques monégasques. Mais le plus étonnant reste que le navire naufragé sera remis à flot par une intervention quasi miraculeuse : celle d'un important groupe financier de Milan.

En se penchant sur l'immobilier pour tenter de déceler les investissements de la Mafia en France, et singulièrement sur la Côte d'Azur où ce secteur paraît être le plus attrayant, les autorités judiciaires ne sont pas allées au plus facile. Rien que pour le département des Alpes-Maritimes, on dénombrait, en 1994, plus de dix mille sociétés civiles immobilières étrangères et, dans ce fatras cosmopolite, mille deux cents investisseurs, privés ou sociétés, d'origine italienne dont les fonds investis étaient supérieurs au million de francs.

Difficile de séparer le bon grain de l'ivraie. La pratique fréquente du recours aux sociétés écrans ne facilite pas la tâche des enquêteurs. L'existence d'une société au Liechtenstein ou dans tout autre paradis fiscal n'implique pas pour autant une origine mafieuse des fonds. Ainsi rencontre-t-on Giulio De Angelis, important entrepreneur, né le 19 octobre 1932 à Rome, dirigeant de la société De Angelis Costruzioni Edilizie, via Monti Parioli à Rome, dans deux opérations immobilières de grand prestige aux premières loges du « balcon de la Côte d'Azur », ce versant abrupt de la montagne couverte de pins parasols et de genêts qui domine la Méditerranée entre Monaco et Nice. Giulio De Angelis s'est fait connaître du grand public par deux drames qui l'ont cruellement frappé. Le premier a été son enlèvement, en 1988, par des bandits sardes sous la houlette de Matteo Boe, l'ancien « brigadiste » arrêté à Porto-Vecchio, comme on l'a vu dans un précédent chapitre. Lui et ses complices avaient envoyé à la famille De Angelis, un bout de l'une de ses oreilles pour la décider à payer la rançon qu'ils exigeaient, soit 3 milliards de lires. Le second a été le décès de son fils, Elio De Angelis, pilote de formule 1 promis à un brillant avenir, qui s'est tué au volant de sa Brabham, le 15 juin 1986, au cours d'essais privés sur le circuit du Castellet dans le Var.

Les gendarmes et les services des Renseignements généraux, qui se sont intéressés à lui à la demande des autorités italiennes, ont découvert dans l'activité de Giulio De Angelis en France les ingrédients qui rendent certaines opérations pareilles à la mer qui baigne les rivages où elles se déroulent : elles paraissent claires en surface, mais ceux qui plongent pour l'explorer sont rapidement privés de toute visibilité. Si bien qu'on ne peut jamais en voir le fond.

Giulio De Angelis, qui possède ses habitudes à Monaco, habite, depuis plusieurs années, une villa de plus de 400 mètres carrés au cap Ferrat, propriété de la société Ewe Holding Establishment dont le siège est au Liechtenstein. En 1989, il s'est lancé dans la construction de trois immeubles et de deux villas sur un terrain de 35 000 mètres carrés au lieu-dit La Serre de Croux à Èze-sur-Mer. Un nid d'aigle avec vue imprenable sur le cap Ferrat et la rade de Villefranche-sur-Mer qui s'étalent à ses pieds et, plus loin, le cap d'Antibes et le golfe de Saint-Tropez, vers l'ouest, et Monaco et la Riviera dei Fiori, à l'est. L'un des plus beaux panoramas du monde à n'en pas douter. Pour mener à bien cette opération immobilière évaluée à 100 millions de francs, une SARL a été constituée en septembre 1989 : L'Étoile d'Èze. Voilà pour la clarté. On entre dans une zone d'opacité lorsque l'on tente de savoir qui sont les associés de cette société. Car le premier et le plus important, puisqu'il détient 89 % des parts, est une société anonyme dénommée Siriade, sise dans un autre paradis fiscal, le Luxembourg pour ne pas le nommer. La société De Angelis Costruzioni Edilizie, déjà nommée, possède 10 %, et le 1 % restant appartient à un certain Gabriel Taffe, domicilié à Monaco, qui a été, du 14 juin au 31 juillet 1989, le PDG de la société fermière du casino de Beaulieu, un établissement dont on connaît la réputation à cette époque.

« Outre l'origine du capital qui finance cette opération immobilière, il faut également s'interroger sur la vente du terrain », indique un document administratif. Il s'agit d'une parcelle d'une vaste propriété qui s'étend, sur plusieurs hectares, entre le bord de mer et la Moyenne Corniche, la voie située à mi-colline sur la commune d'Èze. Elle est connue sous le nom de « Château Balsan » car elle comprend, effectivement, un vrai château restauré. Elle appartient, par le biais d'une société de Nassau, Bahamas – troisième paradis fiscal –, à Aladar de Balkany et à son fils, Robert Herbert Thomas Zellinger de Balkany, un financier parisien très connu, que l'on dit proche du RPR.

Mais si la police s'interroge sur la vente de cette parcelle par la famille Balkany, c'est qu'elle ne s'est pas faite directement au promoteur du projet immobilier. Elle a donné lieu à une sorte de préambule dont l'intérêt ne paraît pas évident. C'est une très modeste société d'Aix-en-Provence qui a acquis le terrain pour la somme de 5 millions de francs hors taxes, le 20 juin 1989, pour le revendre, neuf jours plus tard, à la SARL Étoile d'Èze 7 millions de francs. Qui a empoché les 2 millions de francs de différence ? La question mérite d'être posée, surtout si l'on sait que le premier acheteur, un Marseillais, a été condamné à trois reprises pour la manière dont il gérait son agence immobilière.

Pour situer la seconde opération, il faut se rapprocher un peu de Nice sans quitter ce promontoire idyllique qui donne l'impression d'avoir la Méditerranée à ses pieds. Il y a là, qui surplombe l'une des plus belles rades du monde, un terrain et une grande bâtisse rose appelée « Villa Schiffanoia » qui abrita, dans les années 50, une école de rééducation pour les malentendants dirigée par un homme d'une grande bonté, le docteur Perdoncini. Mais il ne s'agit plus de faire du social lorsque, au mois de mars 1990, terrain et villa sont acquis par la SARL Schiffanoia pour 20 millions de francs, auxquels viendront s'ajouter 6 millions de francs de travaux. On retrouve dans le financement les mêmes protagonistes, ou presque, que pour l'Étoile d'Èze. Apparaît encore une société du Luxembourg avec le même dirigeant italien et 90 % des parts, la société De Angelis de Rome, 9 %, et un Italien de Monaco, 1 %. Un autre document fait état « de liens étroits entre les familles De Angelis, Caltagirone et l'ex-président du Conseil italien, M. Giulio Andreotti. D'aucuns prétendent que cet illustre personnage ne serait pas étranger aux différents investissements évoqués ».

Quelques centaines de mètres en contrebas, une autre propriété de rêve, les pieds dans l'eau : la villa « Sol y Mar ». Son habituel occupant bénéficie d'une grande notoriété, version « *cronaca nera* » (chronique noire), puisqu'il s'agit de Licio Gelli, le vénérable maître de la loge P2. L'odeur de scandale qu'exhale cette dernière provient à la fois de Rome et de Londres : Rome avec le krach du Banco Ambrosiano, la banque du Vatican, et Londres où fut retrouvé pendu – tué par la Mafia selon toute vraisemblance – Roberto Calvi, président et administrateur délégué de la banque mise en liquidation administrative. Et voilà que la villa « Sol y Mar » fait l'objet, courant 1995, d'un âpre combat juridique devant la cour d'appel d'Aix-en-Provence opposant les commissaires liquidateurs du Banco Ambrosiano, représentés par leur avocat, Me Jean-Pierre Gastaud, du barreau de Nice, à Licio Gelli. Les premiers réclament que soit prononcée une hypothèque sur la villa, en garantie de la somme de 1 milliard de francs. Ils font valoir que Gelli se serait rendu coupable de détournements ayant précipité l'insolvabilité de la banque. Mais le problème posé aux magistrats français rejoint, par nature, l'habituelle opacité du financement de ces investissements fonciers et immobiliers. Ainsi la villa a été achetée par la société Sol y Mar comprenant deux actionnaires : Licio Gelli lui-même pour 1 % des parts et la société Santa Maria pour les autres 99 %. La difficulté est de savoir qui sont les actionnaires de Santa Maria, propriétaire presque exclusif de la villa. Licio Gelli détient 99 % des parts de Santa Maria, donc de Sol y Mar, arguent les demandeurs. Autrement dit Sol y Mar et lui, c'était du pareil au même : vous suivez ? Mais il restait à le prouver, et ce n'était pas facile car la société Santa Maria est de droit monégasque. Or, quand on interroge le répertoire spécial des sociétés civiles monégasques, il ne révèle rien de plus qu'un numéro d'immatriculation de la société, son nom et l'adresse de son siège… On appelle ce camouflage une société-écran. Cette opacité ne résista pas à l'habileté de Me Jean-Pierre Gastaud, qui obtint que l'hypothèque réclamée par les liquidateurs du Banco Ambrosiano fût accordée en première instance par le tribunal de grande instance de Nice. Une décision attaquée par Licio Gelli devant la cour d'appel d'Aix-en-Provence.

Le décor change pour le prochain épisode de ce feuilleton dont la plupart des « héros » sont des hommes d'affaires en odeur de Mafia qui s'agitent autour de prestigieuses opérations immobilières.

Quand, en 1947, le marquis Guido della Rosa, un Parmesan de noble extraction, découvre un minuscule archipel en brun, vert et bleu, il se demande s'il ne rêve pas. Cet amoureux de la mer n'a jamais rien vu de plus beau que le dénuement de cet amas de petites îles faites de roches de granit sombre qui émergent d'un tapis de maquis presque ras, au milieu de la Méditerranée, entre la Sardaigne et la Corse. Sa passion, c'est la plongée, et il n'est pas déçu. Sur terre et sous la mer, le paysage est intact : la main de l'homme n'y a jamais mis le pied, comme disait un humoriste. Il ne se doute pas, ce distingué plongeur, qu'il a ouvert la voie à des visiteurs qui afficheront d'autres motivations que lui à la fréquentation des îles Lavezzi, département de la Corse-du-Sud, commune de Bonifacio.

Il y aura, d'abord, l'arrivée de Castel, le roi des nuits parisiennes, et de sa cohorte de fêtards plus ou moins fortunés. Nous sommes dans les années 60 et 70, et l'île de Cavallo, la plus étendue de l'archipel avec ses 112 hectares, devient un repaire de milliardaires, de stars, de princes et de princesses. Caroline de Monaco est une habituée des lieux avec ses deux maris : Philippe Junot, le play-boy de la bande à Castel, puis Stefano Casiraghi, roturier dans la vie mais prince dans les affaires, ainsi que l'a qualifié un journaliste du magazine italien *Gente*. « Monsieur Caroline », comme l'appellent les mauvaises langues, ne restera pas à l'écart de l'aménagement de l'île. Un aménagement d'abord modeste avec quelques villas dissimulées entre les rochers, puis beaucoup plus important, mais aussi plus douteux quant à la provenance des fonds, lorsque les Italiens en deviendront les maîtres d'œuvre.

En 1967, Jean Castel, en businessman avisé, a acheté l'archipel, alors peu connu, concluant un accord aux termes duquel il cédait toutes les îles transformées en « réserve naturelle » contre le droit de construire sur celle de Cavallo. En 1973, il créa, en association avec le groupe Paribas, la société anonyme CODIL, dont la vocation est de réaliser et de promouvoir la construction d'un complexe touristique avec hôtels, commerces, night-clubs, immeubles et autres installations de loisirs ainsi qu'un port de plaisance. Mais la CODIL va connaître un destin pour le moins tumultueux à partir de 1980, lorsque le groupe Castel-Paribas, qui en est propriétaire, la cède à la société Haytor-RTM. Apparaissent alors les premiers capitaux étrangers d'origine incontrôlée et les premiers affairistes transalpins.

On ne les citera pas tous, car l'énumération se révélerait rapidement fastidieuse : entre 1980 et 1990, soit en une dizaine d'années, la CODIL a changé cinq fois de mains avec, à chaque changement d'actionnaires, un apport de capitaux provenant de l'étranger et un nouveau conseil d'administration. Ces remaniements étayeront deux sortes de soupçons : celui de malversations financières et celui de blanchiment, eu égard à la personnalité des dirigeants.

Dans un remarquable document intitulé « Coordination contre le crime organisé », du 25 février 1994, le procureur général de la cour d'appel de Bastia écrit notamment :

> D'un point de vue pénal, les abus de biens sociaux imputables aux dirigeants successifs de la société CODIL semblent réalisés par :
> – la constitution d'une créance fictive de 12 millions de francs sur la CODIL, ayant pour effet de faire supporter à la société elle-même le coût de la cession de ses propres actions ;
> – l'annulation d'un contrat conclu entre la CODIL et une société italienne, Impresa Santa Antonicola, et paiement d'une pénalité de 30 millions de francs qui semble abusive ;
> – le fait que le compte courant de la société TAGS, principal actionnaire de la CODIL, soit débiteur de 14 370 387 francs au 31 décembre 1992 ;
> – le fait que les comptes courants clients soient débiteurs pour une somme de 80 537 859 francs, ces clients étant curieusement des sociétés civiles immobilières ayant le même siège social et les mêmes associés, soit en l'espèce deux sociétés de droit suisse et une société de droit irlandais ;
> – des paiements en 1992 de commissions et d'honoraires paraissant fictifs d'un montant total de 17 796 313 francs.

« Au total, et selon une première estimation, les abus de biens sociaux porteraient sur une somme de 154 404 313 francs », conclut M. Christian Raysseguier.

Plus de 150 millions de francs, soit 15 milliards de centimes, dont la manipulation parut tellement suspecte qu'une information judiciaire a été ouverte au début de l'année 1994 et le dossier confié à un magistrat instructeur de Bastia. Un travail de longue haleine attendait ce juge chargé de démêler l'écheveau, extraordinairement enchevêtré, de sociétés s'imbriquant les unes aux autres et se livrant à des mouvements de fonds dont l'utilité était rien moins qu'apparente.

Les premiers résultats avaient été obtenus au terme d'une enquête préliminaire de la section économique et financière du SRPJ d'Ajaccio, décidée à la suite d'une opération héliportée menée par les séparatistes corses. Le 26 juillet 1992, un commando, cagoulé et armé de pistolets-mitrailleurs, sautait d'un hélicoptère et détruisait à l'explosif plusieurs maisons du « Village des pêcheurs » construit par la CODIL. Quelques jours plus tard, l'attaque était revendiquée par l'organisation clandestine Resistenza. Celle-ci justifiait son action par sa lutte contre la spéculation immobilière et, dans ce cas précis, contre les intérêts de la Mafia sicilienne. Les investigations menées par M. Le Loire, alors juge d'instruction à Paris, à propos de cet attentat, devaient réunir certaines informations qui allaient dans le même sens que l'affirmation, proclamée haut et fort, de ses auteurs. Les deux sources confortaient aussi, il convient de le dire, d'autres renseignements plus anciens émanant des autorités italiennes. En juin 1989, soit trois ans avant le « Apocalypse now » de Cavallo, celles-ci avaient dénoncé « une implantation mafieuse, avec recyclage de fonds provenant de divers trafics illicites (armes, drogue) sur l'île de Cavallo, mettant en cause le nommé Lauricella Lillo ». Lequel était soupçonné d'être en contact avec la branche mafieuse, dite clan des Catanais, dirigée par Nitto Santapaola, et aurait remplacé au poste de « trésorier » de cette organisation le nommé Pippo Calo après son arrestation et son incarcération en 1985.

On touche là au sommet de Cosa Nostra et au clan des Corleonesi de Toto Riina, chef tout-puissant de la Coupole. Dans le classement cher à mes confrères d'*Il Mondo*, déjà cité, Santapaola occupe une enviable quatrième place avec un patrimoine estimé à 900 milliards de lires et une armée de deux cents hommes. Juste derrière Riina, dit Il Corto, en raison de sa petite taille, et devant l'inévitable Michele Zaza. Quant à Pippo Calo, il est classé vingtième, ce qui n'est pas rien. Donc, ce Lillo Lauricella, né le 25 août 1945 à Palerme, toujours selon la police italienne, aurait été mis à la tête de nombreuses sociétés, dont la CODIL, pour gérer l'argent du clan des Catanais. La Guardia di Finanza citait plusieurs Italiens poursuivis pour « association de malfaiteurs » et qui avaient siégé dans les mêmes conseils d'administration que Lauricella. Lequel rejetait ces soupçons en se disant prêt à fournir un certificat anti-mafia...

Mais il devait, fin 1989, quitter son poste de président de la CODIL pour des raisons demeurées obscures si l'on ne retenait pas celle avancée par la même source : à savoir qu'il avait été écarté par ses mandants siciliens qui lui reprochaient sa mauvaise gestion et son manque d'habileté dans les négociations avec le FLNC, dont il faut savoir s'attirer les bonnes grâces dans cette région.

Un retour en arrière est indispensable pour découvrir l'étonnante galerie de portraits des dirigeants successifs de cette société qui a été portée sur les fonts baptismaux par le roi des nuits parisiennes.

En 1984, on vit apparaître à la présidence de la CODIL Stefano Casiraghi qui démissionna en 1987. La société était alors dirigée par un Turinois, Alberto Caprotti, qui tiendra plus longtemps puisqu'il restera administrateur et directeur général de 1984 à fin 1989. Comme par hasard, on revient à Monaco dans le sillage du directeur de la CODIL. Alberto Caprotti est, en effet, cogérant de la SCI Interiles, qui sera majoritaire au sein de la CODIL entre 1988 et 1989. Or quelle est l'adresse sociale de la SCI Interiles ? Vous ne le croirez pas : avenue des Citronniers à Monaco. Le même immeuble que celui qui abrite le BET (Bureau d'études techniques) de Casaccia et Ghione et la SCP NICI, des frères Galasso, camorristes de renom (dont l'aîné, Pasquale, a choisi de se repentir).

En novembre 1989, la CODIL se dote d'un nouveau président en remplacement de Lauricella, qui conserve son poste de directeur général. Il s'agit de Francesco Sommaruga, conseiller juridique à Rome et homme de confiance de Francesco Finocchiaro, entrepreneur immobilier à Catane, détenteur de quelque trois cents sociétés sises en Sicile et à Rome, actionnaire majoritaire de la société anonyme de droit luxembourgeois qui a racheté la CODIL. Pas pour longtemps, puisque, en juin 1990, c'est une société de Vaduz, au Liechtenstein, qui prend le contrôle de l'aménagement de l'île de Cavallo. Alfredo Armando Oranges, un Italien né à Panama et demeurant à Miami, est le nouveau PDG, mais Lauricella, décidément incontournable, figure encore au conseil d'administration en compagnie de trois autres Italiens.

Lugano, Monaco, Luxembourg, Vaduz : la valse des sociétés qui se sont approprié la CODIL, entre 1980 et 1994, fait le tour des paradis fiscaux dont on sait qu'ils sont bien utiles pour masquer les circuits de recyclage de l'argent sale.

C'est en tout cas ce qui apparaît dans le rapport du procureur général Christian Raysseguier qui écrit, au chapitre « Les implications mafieuses », à propos de la CODIL et de ses propriétaires successifs :

> Des renseignements communiqués par TRACFIN (Service du traitement du renseignement et action contre les circuits financiers clandestins) au parquet d'Ajaccio, le 22 juillet 1993, il ressort :
> – à propos du nommé Lauricella Lillo Rosario qu'il est en relation avec le nommé Joseph Calo, dit Pippo, chef du clan mafieux Porta Nova, connu comme « caissier » de la Mafia. Au travers de nombreuses sociétés ayant toutes leur siège à Rome, il est soupçonné d'effectuer des opérations illicites tendant au réinvestissement de « l'argent sale ». En effet, au cours des années 1985 et 1986, à la suite d'enquêtes effectuées en Italie à l'encontre de sociétés suspectées de recycler des fonds provenant de trafics illicites, il est apparu que Lauricella était coïntéressé dans certaines sociétés avec les nommés Mancini Luciano, Moscati Sandro et Ciccia Sebastiano.
> Le premier nommé a des antécédents judiciaires pour association de malfaiteurs, vols et recels. En 1985, il est arrêté en même temps que Pippo Calo. Le second a des antécédents judiciaires pour associations de malfaiteurs, vols, faux, trafic de stupéfiants. Il est connu comme étant le représentant de Pippo Calo à Rome. Le troisième, enfin, a des antécédents pour association de malfaiteurs et escroqueries. Il est inscrit au fichier central criminel du fait de ses relations avec le même Calo.
> Dans le dossier communiqué, figurent les fiches de renseigne-

ments relatives à toutes les sociétés dans lesquelles ces personnes apparaissent à un titre quelconque. Parmi celles-ci figure la SA Keral, dans laquelle Lauricella serait associé au nommé Moscati Sandro, société qui apparaît dans les comptes de la SCI Interiles en 1988 et dans ceux de la CODIL en 1989.

– à propos de Perna Gianfranco, actuellement administrateur de la CODIL, qu'il est associé à 50 % avec le nommé Moscato Sandro dans la société Italian Broker Corporation ayant son siège social à Rome, via Fonte Del Fauno 22.

– à propos de Bertucci Vincenzo, qu'il est intéressé dans diverses sociétés dont Eucalyptus et Essen qui sont toutes deux mentionnées comme inactives, alors qu'elles tiennent un rôle important dans l'activité de la CODIL. Cette personne aurait des liens étroits avec le nommé Spadaro Rosario et des intérêts importants en Turquie, Amérique centrale et Espagne.

– à propos de Tortella Ugo actuellement administrateur de la CODIL, qu'il a été dénoncé en 1986 par la police fiscale de Gênes pour infraction à la législation monétaire. Il est le conseiller de la société Juliana Airport Consorzio Saint Marteen, dans laquelle on retrouve le nommé Spadaro Rosario.

– à propos de Sommaruga Francesco qu'il a été associé dans la société immobilière San Nicola, dont l'actionnaire majoritaire se trouve être le nommé Atzori Angelo ayant fait l'objet d'une enquête de la magistrature italienne du fait qu'il était considéré comme l'un des chefs de la loge maçonnique P2. Il serait également coïntéressé dans une société ENDOPHARM qui, en 1980, avait été signalée par les services de police allemands au sujet d'opérations monétaires douteuses.

– à propos de Vilardi Walter qu'il aurait fait partie d'une société RAYTON FISSORE de Cuneo dont les actions auraient été rachetées en 1990 par la société DOMINION TRUST CORPORATION de Rome (bureaux à Palerme, Turin, Milan, Vicente, Biella), société objet d'une enquête de police fiscale de Rome pour recyclage de fonds illicites.

– à propos de Finocchiaro Francesco qu'il fait partie des « Chevaliers du Travail de Catane » au même titre que Graci Gaetano, lequel est apparemment intéressé avec les nommés Gasparo Rosario et Bertucci Vincenzo dans la réalisation des ports et aéroports de l'île de Saint-Martin (Antilles). En 1982, conjointement avec trente-huit autres entrepreneurs, il a été dénoncé

> avec huit autres personnes pour association de malfaiteurs par la police fiscale de Catane (Sicile). En 1990, il a été soupçonné de participer à un trafic d'armes destiné à la Mafia sicilienne. Enfin, en 1991, il a été signalé à la police fiscale de Rome suite à des enquêtes sur l'utilisation de capitaux de provenance suspecte.
> Selon les informations fournies ultérieurement par TRACFIN il apparaît :
> – que le nommé Oranges Alfredo Armando, actuel PDG de la CODIL, était domicilié Alemada 23, Panama, et 8222 SW 81 *ter* Miami, USA.
> – que des fréquents déplacements avaient été effectués à Miami par Lauricella Lillo, Tortella Ugo et Fabio.

Puis, un peu plus loin :

> De cette même note et ses annexes, il ressort que le nommé Filippeddu André-Noël a bénéficié de deux chèques de 1 million de francs chacun, tirés sur le compte de la SARL STAC sous la signature de Lauricella, les 29 mars et 23 mai 1992 et d'un virement de 2 millions de francs en provenance de la société SIMONSTOXN TRADING, le 12 mars 1992. Les comptes de la STAC sont alimentés par des transferts d'Italie (EUCALYPTUS) et de Suisse (société LES TROIS ENFANTS INC. dirigée par le nommé Colombo Diégo).

André-Noël Filippeddu, surnommé Monsieur Noël, 37 ans, restaurateur à Bonifacio, rendu célèbre par l'affaire OM-Valenciennes et que l'on a vu faire une apparition dans le feuilleton Casadei-casino de Monte-Carlo, devait être appréhendé, courant mai 1995, à sa descente d'avion sur l'aéroport d'Ajaccio. Il faisait l'objet d'une plainte pour fraude fiscale : il avait oublié de déclarer les sommes versées par les bâtisseurs de Cavallo.

Voilà pour l'essentiel de ce que révèle ce document – daté du 25 février 1994, rappelons-le – sur l'histoire récente de l'archipel des Lavezzi, dont les roches sombres brillent sous un éternel soleil. Une histoire qui commence en 1947 avec l'intrusion d'un marquis de Parme, passionné de plongée sous-marine, et dont personne ne sait comment elle finira.

Avant de quitter l'île de Beauté, on prendra garde de ne pas oublier quelques opérations qui ont attiré l'attention des services de police et de la justice du fait qu'elles semblent échapper à tout critère de rentabilité. Ce qui est le premier symptôme du blanchiment de l'argent sale. A l'inverse des entrepreneurs qui gèrent des fonds « propres », les représentants des associations criminelles n'ont pas comme premier souci de faire fructifier rapidement leur capital mais celui d'en dissimuler l'origine. C'est bien le cas des 23 millions de francs qu'a coûtés le rachat d'un hôtel quatre étoiles proche d'Ajaccio par un ancien enseignant sans fortune personnelle. Ou encore de l'acquisition, par une société civile immobilière, d'un terrain de 4 hectares, près de Bonifacio, payé dix fois plus cher que son évaluation par les Domaines. Ou bien, pour clore le chapitre corse, de l'acquisition pour 10 millions de francs d'un hôtel de Propriano : l'établissement avait été payé moitié moins, quatre ans auparavant, par l'un des chefs de la bande dite du Valinco.

Retour en métropole pour retrouver l'un des plus importants personnages du crime organisé, toutes obédiences confondues. On l'a vu assister au sommet du Negresco, à Nice, en 1981 en compagnie de son ami Paolo De Stefano, de Michele Zaza et Lorenzo Nuvoletta, de Gaetano Fidanzati, d'un représentant de la famille Gambino de New York et d'un éminent membre de la bande de la Brise de mer de Bastia ; respectivement, hauts responsables de la 'Ndranghetta, de la Camorra, de Cosa Nostra et du grand banditisme. Puis son passage a été signalé à la villa « Tacita Giorgina » d'Antibes, où Paolo De Stefano, le premier d'une longue liste de mafiosi réfugiés en France, fut arrêté le 10 novembre 1982. Giuseppe le Repenti parle abondamment de cet homme au cours de ses révélations sur l'implantation de la Mafia calabraise en France. Ce mafioso joue un rôle primordial : il s'agit de Domenico Libri. Il aura été le premier à faire franchir une nouvelle étape au processus de conquête de la Mafia hors d'Italie. Du statut initial de

« terre de refuge », la France était passée à celui de « théâtre des opérations » : voilà que Libri en faisait une « terre de conquête ».

Son installation à Marseille peut être située au début de l'année 1990, peu après son évasion de la prison-hôpital de Busto Arzizo. Lorsqu'il fut appréhendé, le 16 septembre 1992 à l'aéroport de Marseille-Marignane alors qu'il projetait de se rendre en Roumanie, Domenico Libri était considéré comme l'un des acteurs « décisionnaires » de la guerre des mafias en Calabre. On peut lire, dans un document de plusieurs centaines de pages du parquet général de Reggio di Calabria, que Libri est considéré, selon les déclarations croisées de deux repentis appartenant aux clans ennemis, comme « un représentant important du groupe De Stefano-Tegano-Libri, groupe en lutte, durant les années 1985 à 1991, contre le groupe composé des familles Imerti-Serraino-Condello ». Ce que l'on a appelé « la guerre des Mafias ». Le juge Domenico Ielassi qui signe ce document, daté du 3 avril 1993, précise : « L'accusation que l'on examine est, sans doute, la plus pertinente des faits criminels des dernières années qui ont instauré un climat de terreur, de guérilla urbaine qui a fait, en six ans environ, pas moins de six cents morts assassinés, appartenant à des groupes de mafia opposés, et dont le but était l'élimination physique de l'ennemi pour obtenir le contrôle du territoire et le majeur profit économique des adjudications et de toutes les affaires en cours ou programmées. »

Mais, comme toutes les guerres, celle-ci avait abouti à un armistice. L'un des « collaborateurs de justice » raconte, par le menu, les négociations qui avaient précédé cette « paix des braves » intervenue en septembre 1991 sur la base d'un partage équitable du territoire. « Dans la ville de Reggio, les accords incluaient aussi la division à 50 % des bénéfices, fruits des extorsions et de tous les trafics illicites accomplis », indique le repenti qui ajoute : « Je dois préciser qu'avant la définition des accords dont j'ai déjà parlé une autre tentative de rapprochement avait eu lieu, mais celle-là n'aboutit pas à une vraie paix parce que le groupe de De Stefano voulait les cadavres des assassins de Paolo De Stefano. Successivement, les De Stefano aussi ont cédé car ils se sont rendu compte que leur condition était inacceptable, vu, encore plus, que la proposition de faire la paix était partie de Domenico Libri. »

On aura l'occasion de revenir sur ce document-vérité sur la 'Ndranghetta car il explique comment les marchés de travaux publics étaient répartis par un « comité d'affaires » associant élus, fonctionnaires, entrepreneurs et mafiosi. C'est donc un « *capo* mafioso » à la triple personnalité – criminel endurci, négociateur pragmatique et homme d'affaires avisé – que les policiers français ont intercepté. Pour ce que l'on sait, le boss de la Mafia calabraise n'a montré, lors de son séjour en France, que son troisième visage. En moins de deux ans, il a été mêlé, peu ou prou, à la gestion de huit sociétés liées à la construction ou à l'acquisition d'immeubles et hôtels. Deux d'entre elles étant destinées à des terrains en Bretagne pour la réalisation de golfs et de lotissements. Mais à la manière calabraise : à la tête de toutes ces sociétés, on retrouve des membres proches de sa famille ou de celle de sa concubine, Aurore Polimeni, originaire, elle aussi, de Reggio Calabria.

C'est cette dernière qui est la gérante de la SCI Dolce Vita créée pour l'achat d'un appartement à Nice : 450 000 francs financés par un prêt de 360 000 francs et un apport de 90 000 francs de son frère Antonino, dont l'épouse, Marie-Christine, est associée pour moitié dans la société. La compagne de Libri gère également une bijouterie d'Aubagne (Bouches-du-Rhône) à l'enseigne du Diamant bleu : une SARL à laquelle est associée Leandra, le plus jeune des quatre enfants de Libri. Le commerce n'est pas florissant, et Aurore doit combler le déficit par des apports personnels. L'examen de son compte fait apparaître qu'il a été crédité, de 1988 à 1991, de 760 000 francs dont les trois quarts en espèces.

La SARL Somaco, créée le 6 août 1992 à Marseille, est la propriété unique de Francesco, fils de Domenico Caracciolo, dont Libri a emprunté l'identité pour se dissimuler lors de son arrivée en France. Il s'agit, de toute évidence, d'un prête-nom car il réside en permanence en Italie et ne connaît pas un mot de français. De fait, c'est Libri lui-même qui rencontre un marchand de biens de Six-Fours (Var) pour l'entretenir de deux projets : la construction d'un hôtel-restaurant à Ollioules et celle d'un immeuble au Brusc dont le devis s'élève à 22 millions de francs. Aux différents interlocuteurs rencontrés par la suite, il donnera l'impression d'un entrepreneur parfaitement au fait des détails techniques.

Mais c'est en Bretagne que Libri, sur les indications du frère de son amie, Antonino Polimeni, né le 18 octobre 1942 à Reggio Calabria, et l'épouse de celui-ci, Marie-Christine, de Mantes-la-Jolie (Yvelines), avait l'intention de réaliser ses plus gros investissements. Son fils Antonio, né en 1960, est associé aux époux Polimeni dans la SCI Saint-Alour (du nom du lieu-dit, sis sur la commune de Plobannalec) qui achète un terrain partagé en trente-cinq lots. Coût de l'opération : 2,42 millions de francs dont la moitié est apportée par le jeune Libri en numéraire provenant du change de lires en francs français. De lotisseur, la famille devient constructeur par le biais de deux SCI gérées par Marie-Christine Polimeni et sa fille Graziella. Il s'agit de réaliser un immeuble de 12 millions de francs et une villa de 400 000 francs. Une troisième SCI a été créée pour la construction de pavillons, mais l'opération a avorté.

Après les côtes varoise et bretonne, la région parisienne. On retrouve les époux Polimeni, leur fille et son mari, dans une opération immobilière concernant la construction de quatorze pavillons à Ris-Orangis (Essonne) financée par deux prêts totalisant 4, 5 millions de francs de la Banque française de l'Orient et des apports personnels d'un montant de 1,5 million de francs. Voilà, on arrive au terme du survol du patrimoine de Domenico Libri et consorts. On s'empressera de préciser qu'il s'agit d'affaires dont il n'y aurait rien à redire si l'un des chefs, et des plus redoutables, de la Mafia calabraise n'y était pas mêlé. Aux policiers du SRPJ de Marseille qui l'ont interrogé sur sa participation à ces différentes sociétés et à leur financement, Libri a rétorqué que les sommes dont il avait disposé en France provenaient des bénéfices réalisés par l'entreprise du bâtiment administrée par ses fils en Calabre et qu'il ne possédait aucun intérêt direct ou indirect dans des affaires en France. Quant aux membres de sa famille ou à ses proches, tous libres et majeurs, il n'était pas comptable de leurs deniers. Mais il ne réussit pas à convaincre ceux qui l'on interrogé à ce sujet et on peut lire sous la plume d'un magistrat : « Les sommes considérables qu'il a investies en France ne peuvent provenir, comme il le soutient, de la fortune de sa concubine. »

En fait, les autorités françaises, et notamment les Renseignements généraux qui le surveillaient depuis plusieurs mois, auraient bien voulu prolonger cette surveillance pour en savoir davantage, mais la justice italienne fit pression sur la France pour que Libri soit arrêté et extradé aussi rapidement que possible. On sait que Giuseppe le Repenti a révélé que c'est son deuxième fils, Antonio, dit Toto, né en 1960, qui dirige la Cosca calabraise en France fondée par feu Paolo De Stefano et son père, depuis l'arrestation de celui-ci.

Mais il n'y a pas que les Italiens d'Italie à s'intéresser au béton français pour blanchir l'argent sale. D'autres viennent parfois de plus loin. De Montréal, par exemple, comme si les mafieux de la Belle Province, aussi, étaient sensibles au cousinage qui lie le Québec à la France. Si les opérations immobilières de Libri sur le sol français ont été révélées, celles de Vito Rizzuto, soupçonné d'être le chef de la Mafia italienne au Canada par la gendarmerie royale canadienne, sont décrites, ici, pour la première fois.

C'est une longue histoire qui commence en 1990 avec des gendarmes déguisés en agents de change. Ils peuvent opérer en toute quiétude car ils ne risquent guère d'être licenciés – le Centre international monétaire de Montréal (CIMM) où ils exercent leurs talents est une officine qui a été créée et qui est gérée par leur employeur : la gendarmerie royale canadienne. Voilà qui devrait faire des envieux du côté de la police française, tous services confondus, qui en est encore aux « filoches » (filatures) et aux « sous-marins » pour surveiller les individus suspects. Les gendarmes canadiens n'eurent, eux, qu'à attendre le client derrière le guichet de leur bureau de change et compter la monnaie. Ce ne fut pas une sinécure : en quatre ans, ils ont dû changer pour 113 millions de dollars canadiens d'argent présumé sale dont 45 millions pour les seuls complices d'un nommé Jorge Luis Cantieri, le principal blanchisseur de l'argent de la drogue de l'organisation de Vito Rizzuto. Les sommes étaient en petites coupures et, malgré leur importance, les clients du CIMM n'avaient jamais recours aux services de sécurité. Ce qui montre qu'ils savaient très bien se défendre eux-mêmes ou qu'ils n'avaient pas à craindre d'être attaqués. La deuxième particularité est qu'ils ne demandaient pas non plus de reçus : la seule chose dont ils se souciaient vraiment étant de ne pas laisser de trace de leurs transactions. La troisième, enfin, est qu'ils exigeaient que les chèques qui leur étaient remis en échange d'espèces ne devaient comporter ni de date, ni le nom du bénéficiaire. Autant d'avantages aussitôt accordés pour permettre au CIMM de s'assurer cette clientèle. Les enquêteurs ont pu suivre des chèques de plusieurs millions de dollars qui parvenaient, en bout de parcours, sur des comptes de deux banques de Panama connues pour servir de lessiveuses aux narcodollars des cartels colombiens.

José Luis Cantieri apparaît donc comme le personnage central de cette affaire. Il dispose d'un compte en Suisse et c'est lui qui mène les tractations pour investir en France. Des écoutes téléphoniques ont permis d'établir qu'il était en relations avec un certain Sammy Belisha, commerçant à Montréal, qui servit d'intermédiaire pour l'achat d'un immeuble et d'un magasin, rue Jean-Jaurès, à Cannes. La transaction a été officialisée chez un notaire de cette même artère, au début du mois de mai 1994, par le truchement d'une société au nom transparent : la Belcan, une SARL enregistrée au registre du commerce de Cannes, le 9 mai 1994, avec comme objet déclaré une activité de marchand de biens. Les deux hommes sont associés à parts égales dans la Belcan qui a pour gérant désigné l'épouse, de nationalité française, de Sammy Belisha. Cette société a ouvert un compte à la Caixa Bank de la rue d'Antibes, l'artère commerçante chic de la ville, sur lequel un virement de 1,5 million de francs a été fait à partir d'une banque de Lausanne. Soit plus de la moitié de l'investissement, estimé à 2,4 millions de francs.

Mais on aurait tort de croire que seuls les rivages ensoleillés de la Méditerranée intéressent les investisseurs des sociétés criminelles italiennes. Les brumes du Nord ont aussi leurs attraits dès qu'il s'agit de recycler l'argent de tous les trafics. Le journal *France-Soir*, dans son édition du 1er février 1993, consacrait une pleine page à une enquête intitulée « Le tour de France de la "pieuvre" ». Mon excellent confrère, Andrew Wareing, le correspondant du quotidien à Lille, écrivait notamment à propos de la présence de la Mafia : « Dans l'immobilier, d'abord, où par l'intermédiaire d'investisseurs belges, eux-mêmes s'appuyant sur des dépôts financiers (dans des banques luxembourgeoises), les mafieux réussissent à blanchir de l'argent italien ayant déjà transité par des organismes financiers hongrois ou bulgares. Ainsi, on parle de 200 à 300 millions investis uniquement sur la communauté urbaine de Lille. »

Puis, plus loin : « Dans le bâtiment, le préjudice causé par la Mafia peut se chiffrer de 100 à 200 millions de francs avec 40 000 à 50 000 emplois perdus pour l'industrie française. La Mafia contrôle des dizaines d'entreprises du BTP ou de location de personnel dans le Sud de la Belgique. Ces sociétés soumissionnent pour les grands contrats de travaux publics à des tarifs défiant toute concurrence. »

Voilà qui confirme la confidence d'un parrain du milieu niçois qui m'avait déclaré, comme si cela allait de soi : « Il y a longtemps que pour nous l'Europe n'a plus de frontières. » Ou cette déclaration de Luciano Violante, un magistrat italien devenu député européen : « Les frontières insurmontables pour les magistrats et les policiers sont des passoires pour les organisations criminelles. »

Faux en tout genre

Si, en rentiers prudents, les financiers de la Mafia choisissent volontiers la pierre pour leurs investissements, ils ne négligent pas pour autant d'autres placements moins « pères de famille ». La navigation maritime par exemple. A Naples, toute une flottille de bateaux assure la liaison entre le continent et les îles du golfe, dont les fameuses Capri et Ischia. Cette belle entreprise réalise un chiffre d'affaires de 200 millions de francs, emploie deux cents personnes et compte une cinquantaine de navires. Elle s'appelle l'Alilauro et les autorités italiennes la soupçonnent d'entretenir des liens étroits avec la Camorra, omniprésente, on le sait, au pied du Vésuve mais aussi en mer où se déroule, depuis des lustres, un florissant trafic de « blondes ».

Ce préambule n'est pas inutile avant de passer de la baie de Naples à la baie des Anges et de l'Alilauro à une autre société de navigation : la société des bateaux Gallus. Ce nom – Gallus – a le don de faire naître un sourire amusé sur les lèvres des « vrais » Niçois. Promenades en mer pour touristes rougis au soleil, soirées dansantes sous les étoiles pour troisième âge en goguette : le *Gallus* est aux croisières du *France* ce qu'un train de banlieue est à l'*Orient-Express*. Pas de quoi prendre au sérieux ces deux mini-paquebots qui font partie du paysage comme les palmiers de la Promenade des Anglais ou les galets de la plage. Et pourtant, et c'est là que cela devient intéressant, cette société, plus poussive encore que ses bateaux, a été achetée, en 1992, par une filiale de la napolitaine Alilauro en association avec une société russo-suisse : un cocktail assez insolite, on en conviendra. Sauf si l'on considère que, depuis l'éclatement de l'ancienne URSS et la déliquescence du pouvoir russe sur fond de crise économique gravissime, les principaux flots de roubles et de dollars sont canalisés par des associations criminelles aussitôt baptisées mafias.

« J'ai vu arriver dans mon bureau trois messieurs en pardessus, tous Napolitains et fumeurs de cigares, qui m'ont déclaré leur intention de reprendre la société des bateaux Gallus et de la développer. Ils ont aussitôt versé un chèque de 4 millions de francs d'un compte d'une banque de Monaco pour apurer le passif. Ils parlaient en millions de dollars en évoquant le développement de la société avec la mise en service de bateaux sur coussins d'air entre Monaco, Nice, Cannes, Saint-Tropez et la Corse. Ils se sont livrés à des essais pendant un an mais ceux-ci n'ont pas été concluants. La Méditerranée est beaucoup moins docile qu'elle n'y paraît », raconte un responsable du tribunal de commerce de Nice. Ce changement de propriétaire n'a pas été fait pour améliorer la réputation, côté police et justice, des dirigeants de Gallus. L'ancien patron, un Marseillais, était connu pour fréquenter des individus fichés au grand banditisme. Les nouveaux forment un conseil d'administration curieusement hétéroclite, puisqu'on y trouve une Russe de Moscou, un Cubain de Maisons-Alfort, une Corse de Roquebrune-Cap-Martin et un Italien de Forio d'Ischia. Mais ce conseil d'administration très cosmopolite n'a pas réussi à redresser le bilan largement déficitaire de Gallus, toujours menacé de naufrage. A moins que l'intérêt de la société se trouve ailleurs que dans une navigation sans tangage ni roulis. Peut-être dans un trafic de bateaux qui dissimulerait des transferts de fonds bien commodes pour blanchir de l'argent sale. En effet, les services de gendarmerie ont pu constater une surprenante variation du stock des navires. Plusieurs d'entre eux avaient été achetés en 1991 en Russie, puis revendus à la Russie mais seraient toujours à Naples. D'autres auraient été achetés par une filiale italienne d'Alilauro basée à Naples et battraient pavillon russe.

Les îles de Lérins, en face de la Croisette, n'ont pas la réputation dorée de Capri et Ischia mais elles sont néanmoins très fréquentées. Saint-Honorat et Sainte-Marguerite, qui abritent l'une un couvent de moines bouilleurs de cru et l'autre le château du légendaire Masque de Fer, sont interdites à la construction mais elles accueillent, tout au long de l'année, des millions de visiteurs venus passer une journée à l'ombre de leurs pins parasols ou sur les rochers pour une partie de pêche à la ligne plus prometteuse que sur le littoral. Cet attrait, qui ne se dément pas, est soutenu par un service de transport de voyageurs, entre le port de Cannes et les îles de Lérins, longtemps monopolisé par une société appartenant à deux vieilles familles cannoises. Mais en 1986 un concurrent vint amarrer deux bateaux en face de ceux qui assuraient, de toute éternité, le « service des îles ». Le 16 juillet 1989, deux charges d'explosifs endommageaient sérieusement les nouveaux venus. Ce fait divers attira l'attention sur leur propriétaire, originaire de Haute-Corse. Il s'avérait que sa vie professionnelle n'avait jamais été un long fleuve tranquille. Acquéreur d'un cinéma spécialisé dans les films pornographiques, il l'avait transformé en un piano-bar qui fut détruit par un incendie. Il s'était tourné vers un commerce de garage et celui-ci avait été la cible d'un attentat et de plusieurs vols. En 1985, il créa une première entreprise de visite de fonds marins qu'il transféra à Cannes un an plus tard. Nous sommes donc en 1986 et voilà notre armateur, ancien garagiste, impliqué dans une procédure pour abus de confiance et escroquerie qui a pour toile de fond l'assassinat, en Italie, d'un certain Mario Ligarotti, avec lequel il était associé dans deux sociétés civiles immobilières sises à Marseille.

Un de ses deux bateaux, estimé à 5 millions de francs, quitte alors discrètement le port de Cannes pour échapper à une saisie et on le retrouve en Sardaigne où il a été vendu dans des conditions demeurées mystérieuses. Car les affaires ne vont pas fort. Victime des vents contraires, on retrouve notre homme, déjà soupçonné par les services de gendarmerie de « participation à des activités financières occultes », impliqué dans une mirifique et ténébreuse affaire de blanchiment instruite, pour la partie « française », par un juge de Draguignan à la demande d'un magistrat de Genève.

Il est, en effet, au centre d'une tentative d'escroquerie mettant en cause la Compagnie internationale financière (CIFAG) domiciliée à Vaduz et dont l'un des administrateurs n'est autre que le prince Constantin du Liechtenstein. Deux de ses dirigeants avaient voulu se faire payer cinq billets à ordre d'une valeur de 50 millions de dollars tirés par une société américaine fantôme domiciliée dans l'État du Delaware, un paradis fiscal – pour ceux qui l'ignoreraient encore. Les deux hommes, dont un Français déjà condamné, déclaraient que ces billets avaient été remis à la CIFAG par un promoteur immobilier de Sainte-Maxime (Var) qui agissait pour le compte d'un ancien cadre de la Société Générale, lui-même délégué à cette manœuvre frauduleuse par le patron de la flottille des îles de Lérins, ex-garagiste, ex-animateur de piano-bar en Corse. Les deux compères seront d'ailleurs mis en examen et placés sous mandat de dépôt, pour faux, usage de faux et tentative d'escroquerie, par le magistrat dracenois saisi par son confrère de Genève, en avril 1994. L'explication donnée sur l'origine des billets à ordre fit apparaître trois Italiens. Deux se présentaient comme courtiers en navires de plaisance et le troisième en tant que représentant de la société américaine fantôme émettrice des billets. Des transactions auraient été entreprises pour l'acquisition des deux bateaux amarrés au port de Cannes. Deux billets à ordre furent donc établis sur cette vente, mais également cinq autres relatifs à la construction d'un port de plaisance à Trieste (Italie). Et cela sur les indications de l'Italien soi-disant collaborateur de la pseudo-société américaine avec la signature de ses pseudo-dirigeants et portant un numéro de compte imaginaire de la Dutch Bank. Mais il restait à accomplir le dernier acte : les négociations pour en encaisser le montant qui devait être viré sur le compte d'un Italien dans une banque de Lugano, tandis qu'un autre Italien, un financier romain, apparaissait dans une seconde transaction liée à celle-ci. Ces deux-là, ainsi que leurs compatriotes au contact du « capitaine » cannois, étaient décrits par les autorités italiennes comme des personnes liées au crime organisé. C'est ainsi que naquit le soupçon de blanchiment de l'argent de la drogue derrière cette tentative d'escroquerie. Une opération assez tortueuse puisqu'elle avait nécessité l'intervention de plusieurs intermédiaires pour que cinq billets à ordre, d'une valeur de 50 millions de dollars, parviennent entre les mains des dirigeants de la CIFAG, puis à la Lloyds Bank de Genève où l'escroquerie fut découverte et les deux responsables de la CIFAG appréhendés, incarcérés et remis en liberté, leur intention frauduleuse n'ayant pas été démontrée. Les deux autres faux billets à ordre, concernant la vente des navires cannois, furent détruits lorsque la supercherie fut mise au jour.

A peu près à la même époque – le printemps 1994 – une autre affaire de faux mettant (encore) en cause des Italiens a été découverte à Aix-en-Provence. Un peu par hasard d'ailleurs. C'est en enquêtant sur un trafic de faux tableaux situé à Poitiers que les policiers interpellent dans la ville de Cézanne Franco Aglieri et Robert Bargigli. Mais lors de la fouille de leur domicile les enquêteurs découvrent sept faux livrets de Caisse d'épargne renfermant un petit trésor : 22 milliards de lires, soit environ 80 millions de francs ! Les deux hommes s'apprêtaient à négocier ces (fausses) valeurs. Pour comprendre le mécanisme de cette arnaque à l'italienne, il faut savoir qu'en Italie certains livrets d'épargne produisent des intérêts très intéressants à condition que l'argent reste bloqué pendant plusieurs années. Mais certains épargnants, soumis à un besoin impérieux de liquidités, vendent leurs carnets avant l'échéance normale en sacrifiant, bien entendu, une partie des intérêts. C'est ce système de vente anticipée entre particuliers qui avait donné naissance à une vaste escroquerie internationale à partir de la Caisse d'épargne de Benevento, près de Naples, dont le directeur était complice des escrocs. On imagine volontiers qu'ils pourraient appartenir à la Camorra.

Des livrets étaient donc faussement crédités de sommes mirobolantes et vendus, en France et ailleurs, par une équipe de démarcheurs dont faisaient partie les deux Italiens appréhendés à Aix-en-Provence, mais aussi un Canadien et deux Français qui voyageaient entre Naples, Marseille et Genève en avion privé. L'astuce consistait à s'assurer de la complicité du directeur de la Caisse d'épargne : lorsqu'un éventuel acheteur s'informait sur l'authenticité du contenu du carnet qu'on lui proposait, cet homme au-dessus de tout soupçon faisait tout ce qu'il fallait pour le rassurer.

Le Père Noël est une ordure ! C'est en tout cas la réflexion qu'ont pu se faire les centaines de « victimes » des contrôles effectués par la douane, à la fin du mois de novembre 1994, au poste frontière franco-italien de Menton. Baptisée opération Père Noël, cette intervention est venue troubler un rituel bien établi et qui, jusque-là, s'était toujours déroulé sans fausse note particulière. Tous les habitants de la Côte d'Azur et même parfois au-delà le savent : il y a de bonnes affaires à réaliser, le vendredi, jour de marché à Vintimille et San Remo, les deux villes côtières à portée de voiture de la frontière.

L'or est à moitié prix, la maroquinerie de même, les bouteilles d'apéritif, de pastis ou de whisky sont, pour la même marque, aux deux tiers de leur valeur en France, sans parler du gorgonzola, du jambon de Parme et autres spécialités du pays mais aussi des champignons – cèpes et sanguins – que les marchands cèdent à un prix beaucoup plus avantageux que sur les marchés de Provence alors qu'ils viennent les cueillir, par camions entiers, sur les pentes boisées de l'arrière-pays niçois ou varois. Mais, pour beaucoup d'habitués, le but le plus attractif de cette courte intrusion transalpine est une spécialité exclusive des marchés de Vintimille et de San Remo : les faux plus vrais que les vrais et, surtout, beaucoup moins chers. Les faux-vrais sacs Vuitton, Hermès et Chanel, les fausses-vraies montres Cartier, Rollex et Breitling, sans parler des faux-vrais polos Lacoste et autres tennis Reebok ou Nike, sont proposés à la vente le plus librement du monde. Avec la dégringolade de la lire par rapport au franc, le cortège des Pères Noël désireux de remplir leur hotte à bon compte de l'autre côté de la frontière avait considérablement grossi à l'approche des fêtes de fin d'année. D'où la décision de « casser » ce trafic avec la mise en place de contrôles pour le moins inhabituels. Dans la seule journée du vendredi 25 novembre 1994, trois cent cinquante objets contrefaits furent saisis sur un millier de personnes contrôlées. Ce qui représente une perte sèche d'environ 1 million de francs de chiffre d'affaires pour les commerces de la Côte d'Azur. Ceux en tout cas qui vendent les grandes marques contrefaites et qui souffrent de cette concurrence à la fois très proche et totalement déloyale. Tandis que les trafiquants du vendredi se trouvaient tout penauds et surpris qu'on les prive de cadeaux achetés au grand jour, les dirigeants de l'Union des fabricants, partie prenante dans cette opération, ne cachaient pas leur satisfaction : « Le marché du faux pèse 500 milliards de francs dans le monde et coûte trente mille emplois chaque année à la France, car sept marques sur dix contrefaites sont françaises. Le butin des seuls contrefacteurs italiens est estimé à 35 milliards de francs par an. »

L'opération Père Noël avait ravi les uns et navré les autres, mais tous, ou presque tous, ignoraient que le faux est une véritable industrie souterraine en Italie et que cette industrie est aux mains de la Camorra. C'est, en effet, la Mafia napolitaine qui fait fabriquer sacs, montres, polos et chaussures des marques les plus prestigieuses dans des ateliers clandestins de Naples et de sa région. Dans un rapport de cent soixante pages, qui est un véritable historique de la Camorra, établi en grande partie grâce aux confessions de « collaborateurs de justice » tels que Pasquale Galasso, que l'on a vu apparaître à Monaco, la Commission anti-mafia de Rome écrit, le 21 décembre 1993 : « La violence est un moyen d'expression que la Camorra utilise de moins en moins au profit de la création de canaux économiques illégaux qui donnent du travail à des milliers de chômeurs. Avec le marché des stupéfiants et l'industrie du faux, faux Cartier, faux Vuitton, la Camorra impose un rapport de dépendance économique aux exclus de la société. Cela lui permet de disposer d'un inépuisable réservoir de recrutement de nouveaux cadres. » Mais la Mafia napolitaine ne se contente pas de faire fabriquer cette fausse marchandise de luxe. C'est elle, aussi, qui assure sa commercialisation dans le monde entier et, notamment, sur les marchés en plein air de Vintimille et de San Remo.

On se souvient que les camorristes, amis de Michele Zaza, interpellés à Marseille dans le cadre d'une vaste enquête menée par le juge Jean-François Sampiéri, avaient tous affirmé vivre de la vente « à la sauvette » de faux en tout genre. Certes, il s'agissait pour eux de repousser l'accusation, autrement plus grave, de trafic de stupéfiants, mais ce n'est pas par hasard qu'ils avaient choisi de se retrancher derrière ce « métier » : leur alibi était tout à fait vraisemblable.

Il n'y a qu'à se référer à un document émanant du substitut du procureur de la République de San Remo, Marcello Basilico, pour s'en persuader. Il relate l'intervention de la police italienne dans deux immeubles abritant la boutique Vanni Line de la via Cavour à Vintimille et dans un autre magasin, situé via Saccheri à San Remo. La première était gérée par le fils de Giovanni Rosolia et la seconde par le demi-frère de Giovanni Tagliamento, qui sont désignés comme les principaux acteurs de la vente de faux qui s'effectuait à travers ces deux commerces. On ne présente plus au lecteur le beau Gianni qui est le lieutenant de Zaza et qui a été l'instigateur de la tentative de reprise du casino de Menton. « Dans l'ensemble, écrit le magistrat italien, pendant les saisies effectuées dans ce dernier local, on découvrait une quantité considérable de matériel, par centaines d'articles. En outre, on trouvait deux comptes courants ouverts par un résident de Naples qui servaient à l'argent provenant de l'activité de la maison Vanni Line. Les contrôles sur ces comptes courants mettaient en évidence un considérable chiffre d'affaires. »

Puis ceci, encore : « L'activité illégale dans les locaux susmentionnés était une couverture pour les trafics ultérieurs illégaux et un moyen stable ou occasionnel pour investir de nouveaux capitaux illicites. En effet, on doit considérer que le marché d'articles ayant une marque contrefaite de Vintimille est renommé comme le plus florissant d'Europe. »

Ce même magistrat, dans un second rapport, indique que « les mouvements d'argent de la société Vanni Line gérée tant par Tagliamento que par Rosolia montrent d'une façon indubitable le considérable chiffre d'affaires illicite que les deux hommes réalisaient ». La perquisition avait permis, par exemple, de saisir 2 049 marques de fabrique de la maison Chanel en logotype métallique contrefaites.

Fausses croisières, faux billets à ordre, faux bons d'épargne, faux objets de luxe mais aussi vrais casinos, vrais paradis de béton, vrais golfs et autres réalisations de prestige plus ou moins rentables : le crime organisé, qui a ses conseillers privés, n'hésite plus à diversifier ses investissements. Avec, en toute chose, une constante : l'utilisation de la corruption pour faire avancer ses projets. Les mafieux se servent d'autant plus facilement de ce moyen de parvenir à leurs fins qu'il existe déjà dans de nombreux secteurs.

Le juge-commissaire « adouci »

Lors d'une visite dans la région de Naples, en novembre 1990, le pape Jean-Paul II a évoqué, dans un discours qui s'adressait aux administrateurs publics, une mise en garde des évêques italiens. A propos de ce document, Sa Sainteté déclara : « Il reconnaît dans certains facteurs particuliers la cause de la fracture entre morale et société. Il souligne, notamment, le poids excessif de la médiation politique, qui finit souvent par déformer la structure de base de la vie associée. Dans ce contexte, les droits deviennent faveurs et les attentes socialement légitimées, comme aussi les mérites effectivement acquis, finissent par compter moins que les appartenances de groupe. »

Appartenances de groupe, médiation politique, vie associée déformée et les droits qui deviennent des faveurs. Si l'on traduit le langage diplomatique des prélats en termes plus abrupts, il devient évident que leur analyse correspond parfaitement aux turpitudes qui ont été décrites tout au long des précédents chapitres. Les appartenances de groupe ? Qu'ils s'appellent partis politiques, sociétés secrètes ou groupements d'intérêts communs, on a vu le bénéfice que certains tiraient de leur adhésion à ces clans en tout genre, bénéfice qui n'avait plus rien à voir avec les mérites effectivement acquis. Médiation politique ? La décisive intervention des élus et responsables de formations politiques pour l'attribution des marchés et autres avantages a été suffisamment démontrée. Vie associée déformée ? Il suffit de remplacer « associée » par « associative » et « déformée » par « pervertie » pour, là encore, ne trouver aucune différence. Quant aux droits qui deviennent des faveurs, il n'est même plus utile d'interpréter : la formule s'applique directement aux diverses formes de corruption que l'on connaît. On ajoutera, seulement, que le Saint Père faisait allusion aux conditions qui ont permis, en Campanie, à la Camorra de prendre racine en même temps qu'elle aggravait ces « facteurs particuliers qui sont la cause de la fracture entre morale et société ».

Cette fracture dans laquelle, comme la vague dans la faille du barrage, la corruption s'engouffre en même temps qu'elle l'élargit. La corruption industrielle de certains qui génère la corruption artisanale des autres. Dans les exemples qui vont suivre, il s'agira de cas de corruption caractérisée d'autant plus répréhensibles que leurs auteurs sont tous tenus à une honnêteté exemplaire par leur uniforme, leurs fonctions et, parfois, le serment, qui devraient en faire des citoyens au-dessus de tout soupçon.

Il en va ainsi des douaniers. La scène se déroule par un dimanche pluvieux du printemps 1992 sur une aire de stationnement de l'autoroute, sur la commune de La Turbie, entre Menton et Nice. Une Mercedes immatriculée en Italie est contrôlée par trois douaniers. L'automobiliste raconte : « J'ai ouvert le coffre de ma voiture. Il contenait quelques bouteilles de vin et des pulls que j'apportais à des amis marseillais. Les douaniers m'ont fait comprendre que c'était interdit et qu'il fallait que je fasse demi-tour. J'ai demandé si je pouvais payer la taxe tout de suite. Ils m'ont dit que, le dimanche, c'était tarif double. Je leur ai donné deux billets de 100 dollars. Il y en avait un troisième dans mon portefeuille : un douanier s'en est emparé. Puis ils m'ont fait signe que je pouvais poursuivre ma route en me disant : "On ne s'est jamais vus !" » Les trois gabelous, renvoyés en novembre 1994 devant le tribunal correctionnel de Nice, parlèrent de machination. Montée par qui ? Mais par des collègues, eux, véritablement corrompus. D'ailleurs, les trois hommes pouvaient présenter un tableau de chasse exemplaire alors que d'autres ne se signalaient que par une réputation de ripoux bien établie. C'est leur propre chef qui est venu le dire à la barre des témoins, expliquant au tribunal que l'hypothèse d'une machination n'était pas irréaliste. « J'avais des soupçons sur l'unité fixe et j'ai essayé pendant deux ans de traquer ces bandits. Par contre, j'avais placé des hommes de confiance dans l'unité mobile », déclara cet inspecteur en désignant les trois prévenus. Il y avait bien quelque chose de pourri au royaume de la douane de Menton, mais on s'était trompé de cible. L'argument n'eut pas l'heur de convaincre le tribunal qui condamna les trois douaniers à un an de prison ferme avec mandat de dépôt décerné à l'audience. Sans doute, au moment de prononcer leur jugement, les magistrats savaient-ils qu'ils auraient à connaître, quelques semaines plus tard, d'autres cas de corruption touchant ce même poste frontière franco-italien. Et, notamment, un quatuor qui avait inventé une formule pour inciter les voyageurs à payer leur dîme : « Donne-moi pour le café ! » L'un s'adressait plus volontiers aux Marocains, un autre aux Asiatiques, un troisième aux Africains, mais tous exerçaient le même chantage minable. C'était le bakchich ou la fouille longue et périlleuse assortie de la menace du demi-tour obligatoire vers l'Italie. Alors, tous payaient. De petites sommes, certes, mais multipliées, ce qui finissait par en faire de grosses. N'avait-on pas saisi chez l'un d'eux 450 000 francs en petites coupures provenant de divers pays, tandis qu'un autre affichait 200 000 francs par an de revenus supplémentaires. Le « petit noir » leur avait fait voir la vie en rose jusqu'à ce que tombe la sentence du tribunal correctionnel : trois ans de prison ferme.

On ne quitte pas les douaniers de Menton-Vintimille tout en revenant à Michele Zaza, à la Camorra et au trafic de cigarettes. Le *capo* de la Nouvelle Famille a été condamné par le tribunal correctionnel de Marseille en 1991 pour avoir organisé un trafic portant sur neuf tonnes de « blondes » d'une valeur de 79 millions de francs. Les containers partaient de Belgique et de Suisse à destination de l'Espagne et de l'Italie, *via* Marseille. Rien n'aurait été possible sans la complicité d'un douanier dont la mission consistait, justement, à vérifier que les documents des camions franchissant le poste frontière étaient bien en conformité avec la marchandise transportée. Or les cigarettes étaient rangées dans des cartons qui auraient dû contenir des chiffons et des chaussures. Deux situations pouvaient se présenter. Soit le fonctionnaire corrompu n'était pas de service et, dans ce cas, il se rendait sur une aire de stationnement pour apposer les plombs de rigueur, viser les documents et escorter le camion pour s'assurer que le passage de la frontière s'effectuait sans problème. Soit ce même douanier était de service et, alors, c'est lui-même qui contrôlait le camion. Il avait été contacté par un ami qui continuait à servir d'intermédiaire entre les trafiquants et le douanier ripou. C'est lui qui venait l'avertir lorsqu'un camion rempli de cigarettes était annoncé en provenance du port de Marseille où un transitaire en douane était à la solde de Zaza et de ses hommes. Il apparaît que chaque passage de camion était payé 50 000 francs au douanier et l'on peut évaluer à 500 000 francs le prix total de cette corruption.

Au juge Sampiéri qui l'interrogeait sur l'assistance, à la fois précieuse et quasi permanente, qu'il apportait à Dante Sacca, le représentant de Zaza, dans ce trafic, le douanier avait fait cette réponse : « Lorsqu'on est pris dans un engrenage comme ça, vous n'allez peut-être pas me croire, c'est pas évident de s'en sortir. C'est toute une armée qui était contre moi ! »

On touche là au cœur du système mafieux qui s'assure de complicités en maniant avec maestria la carotte et le bâton. Il achète, puis il menace, pour s'aliéner définitivement celui qui a été acheté. La corruption est un moyen d'action « naturel » pour la Mafia qui en use à volonté. Ainsi dans les aventures, en France, Belgique, Pays-Bas et Suisse, de Michele Zaza et de sa bande de camorristes trouve-t-on plusieurs cas de corruption.

On peut citer celui du sous-brigadier R. qui fait une apparition dans le scénario de la tentative de rachat du casino de Menton par la Camorra, *via* la Sofextour. Policier de garde au chevet de Michele Zaza, alors détenu à la prison-hôpital Sainte-Marguerite à Marseille, il est surpris en train de téléphoner à l'épouse de Giovanni Melani, le gérant de la boutique Italy Cuir, le lieu de rencontre privilégié des Napolitains à Marseille, et vieil ami de Don Beppino, le beau-père de Zaza. Interpellé, il tente de minimiser l'aide qu'il a pu apporter au prisonnier et à ses amis. A peine reconnaît-il avoir facilité un échange de courrier : un message remis à Zaza de la part de Mme Melani et deux lettres de Zaza adressées à son fils Ciro et à son épouse Anne-Marie. Il admet aussi avoir permis à Zaza et à son ami Gianni – c'est-à-dire Tagliamento, son lieutenant – de s'adresser des signes à travers la cloison de verre de la chambre. A l'entendre, il a commis ces écarts dans l'espoir d'un futur emploi que lui auraient procuré les amis du détenu. Le surveillant réfute toute autre compromission et notamment celle concernant la disparition du dossier médical du chef camorriste. Ce vol vient s'ajouter à la constatation d'un médecin qui a établi que l'épouse de Zaza lui fournissait, au cours des parloirs, des produits qui entraînaient une montée du taux de sucre dans le sang. De telle sorte que le parquet de Marseille avait acquis la conviction de l'existence d'une stratégie pour tenter de faire obtenir une libération pour raisons médicales du détenu le plus coûteux de France. Cette stratégie a permis à Zaza de fuir l'Italie et la justice de son pays. Bref, le policier R. n'a pas été le seul à s'être compromis pour lui. D'ailleurs, le jour même de son incarcération, le 19 avril 1991, tous les fonctionnaires en poste auprès de Zaza étaient mutés !

Mais il n'y a pas eu que la police pour être montrée du doigt dans cette affaire : les déclarations des uns et des autres ont mis également en cause un juge-commissaire et le liquidateur nommés par le tribunal de commerce de Nice dans le dossier de reprise du casino de Menton. De fait, la chronologie des événements montre que ces deux mandataires de justice ont eu une attitude pour le moins équivoque : s'ils avaient voulu favoriser la Sofextour au détriment du groupe Barrière-Accor dans la reprise de l'établissement, dont la société exploitante avait été mise en liquidation judiciaire, ils n'auraient pas agi autrement. Dans une longue confession faite à la justice italienne, Giuseppe Arlotti, le gendre d'un ancien notaire monégasque et ami de Gianni Tagliamento, tous impliqués dans l'affaire, a déclaré : « J'ai remis 200 000 francs à Corte pour qu'ils servent pour le juge du tribunal de commerce, en sa qualité de juge délégué à la faillite, afin qu'il favorise l'adjudication du casino à la Sofextour. Je suis certain que ces 200 000 francs ont été remis à X. par Corte par l'intermédiaire d'un certain Orsoni, car, le jour précédant la remise de la somme, X. avait participé avec moi, Orsoni, Corte, Tagliamento, ce dernier l'ayant contacté par l'intermédiaire d'un de ses amis qui tient des

Nights à Nice, à un repas au cours duquel on avait uniquement abordé la question de l'adjudication du casino à la Sofextour. Le jour suivant, Corte me dit qu'il fallait ces 200 000 francs pour "l'adoucir" et je pense qu'il les a effectivement reçus, car, le lendemain de ma remise de la somme à Corte, X. participait à une réunion au Lacet Saint-Léon où étaient présents, en plus de lui et de moi, Tassi, Corte, Tagliamento, Orsoni, Verbyst et Tramini. Là, il nous assura qu'il nous ferait adjuger le casino et alla jusqu'à nous rédiger la demande au tribunal de commerce, déclarant qu'il l'aurait appuyée, se basant sur le fait que nous assurions la réembauche des cadres. Il a ajouté par ailleurs qu'il "adoucirait" lui-même le "liquidateur" Y. Corte m'a rapporté par la suite avoir remis lui-même, en plusieurs fois, à Y., la valeur globale de 300 000 ou 400 000 francs et que celui-ci s'était effectivement employé en faveur de la Sofextour. En particulier, à l'occasion de la demande de participation aux enchères qui avait été présentée au "liquidateur" hors délai, et qui fut récupérée par celui-ci, restituée à Corte afin qu'il la fasse retaper avec une date qui la fasse apparaître dans les temps. Ceci parce qu'elle avait d'abord été présentée sans tenir compte que le délai incluait les jours fériés. La demande fut retapée, sur ordre de Corte, par ma secrétaire. »

De son côté, Sergio Corte, un croupier du casino de San Remo lié à Tagliamento, a confirmé le paiement des « gratifications » évoquées par Arlotti. De même qu'Alain Verbyst, un ancien avocat devenu gérant d'une pizzeria de Menton, déclara au juge Sampiéri : « Je sais que Gianni de San Remo avait également remis de l'argent au juge-commissaire de Nice et cela pour l'appel d'offre du casino de Menton. Je ne sais pas quelle somme lui a été remise. »

Ces accusations ont d'ailleurs été reprises, en résumé, par le procureur de la République de Marseille, Mme Solange Moracchini, dans une synthèse datée du 7 juillet 1993, sur la procédure suivie à l'encontre des protagonistes, français et italiens, appréhendés et mis en examen dans cette affaire. Le magistrat écrit notamment : « Il résulte des investigations effectuées que l'achat du casino de Menton par l'intermédiaire de la Sofextour s'inscrivait dans le cadre d'une stratégie opérée par des Italiens, lesquels ont eu recours à des prête-noms français pour la constitution de la société. En outre, la corruption a été parfaitement intégrée dans la démarche commerciale. »

Finalement, la Sofextour fut écartée au profit de sa rivale pour la bonne raison que c'est celle-ci qui obtint l'autorisation d'exploiter le casino de la part de la commission des jeux. Quant au juge-commissaire, il demeura hors d'atteinte de toute implication judiciaire : le seul prix qu'il eut à payer fut celui de sa démission.

Un moindre mal dont se serait bien contenté l'un de ses – éminents – collègues de ce même tribunal de commerce de Nice : Claude Bouttau, 60 ans, président de la chambre des faillites, mis en examen pour « corruption passive » et placé sous contrôle judiciaire moyennant une caution de 200 000 francs, en novembre 1994. Il est vrai que, en l'occurrence, il n'était plus question de laver son linge sale en famille puisque l'affaire était instruite par un magistrat de Versailles. Celle-ci avait débuté au mois d'avril précédant par l'incarcération, pour « abus de biens sociaux », de deux hommes d'affaires déjà impliqués dans d'autres malversations. Il leur était reproché d'avoir détourné 13 millions de francs de l'actif d'une société dont le siège social était à Nice, mais les ateliers de fabrication (de moteurs d'appareils ménagers) dans une zone industrielle des Yvelines. C'était une plainte des employés au parquet de Versailles qui avait conduit le substitut Joël Sollié et le juge Catherine-France Rechter à s'intéresser à la manière dont les deux affairistes avaient réussi à reprendre la société Sintech Industrie mise en liquidation judiciaire. La question que se posaient les magistrats et les inspecteurs de la PJ de Versailles était la suivante : comment les deux hommes, aux antécédents judiciaires connus des juges consulaires, avaient-ils pu faire accepter un plan de reprise reposant sur des bases financières pour le moins aléatoires ? La réponse avancée était claire : en « achetant » la bienveillance du président Bouttau.

Les deux compères donnaient même un chiffre précis : 300 000 francs en deux enveloppes de 230 000 et 70 000 francs remises à deux semaines d'intervalle sur les parkings de l'aéroport et du palais de justice de Nice. Ils ajoutaient que c'était Claude

Bouttau lui-même qui leur aurait proposé cet arrangement : la cession de Sintech Industrie mais aussi celle de deux sociétés sœurs, BMAI et RONIC, contre ce copieux pot-de-vin. Ce que réfutait le juge consulaire en dépit du fait que des versements en espèces, d'un montant de 120 000 francs, avaient été effectués sur ses comptes bancaires et qu'il entretenait avec l'un de ses accusateurs des relations peu compatibles avec la neutralité qui sied aux fonctions confiées par ses pairs.

Les deux magistrats de Versailles, accompagnés d'un greffier et de trois inspecteurs de la PJ, débarquèrent, sans crier gare, début décembre 1994, dans les locaux du tribunal de commerce de Nice. De toute évidence, magistrats et enquêteurs versaillais ne faisaient aucune confiance à leurs collègues locaux : ils avaient donc préféré faire le travail eux-mêmes. Sans vouloir jeter l'opprobre sur tout un corps constitué, il fallait bien reconnaître qu'il rechignait à se séparer de ses organes contaminés. Il y avait bien longtemps que la rumeur courait en ville sur les « arrangements » ayant cours dans le champ d'activités des tribunaux de commerce de la région.

Bizarrement, les plaintes n'aboutissaient jamais, ce qui créait un malaise chez les victimes persuadées d'être doublement flouées. D'ailleurs, le procureur général de la cour d'appel d'Aix-en-Provence n'y a-t-il pas fait une allusion lui-même, lors de son allocution de l'audience solennelle de rentrée, le 3 janvier 1995 ? Il a souligné que 75 % des plaintes des justiciables étaient classées sans suite, ce qui ne manquait pas d'amoindrir leur confiance en la justice de leur pays. Il a rappelé fort opportunément que la justice ne devait pas seulement être crainte, mais aussi respectée.

Le message des magistrats de Versailles était clair : puisque vous n'êtes pas capables de faire le ménage chez vous, nous le faisons à votre place. Il fut entendu. A Grasse, où la rumeur bruissait encore plus fort qu'à Nice, on apprenait, en cette fin d'année 1994, que le flamboyant Cornélius Bednawski, syndic de faillite de son état, était mis en examen et écroué, puis remis en liberté. La responsable d'une agence bancaire de Cagnes-sur-Mer, près de Grasse, était également mise en examen pour complicité. Elle avait facilité la malversation reprochée au mandataire-liquidateur judiciaire de faire transiter, sur un compte personnel, les sommes mises sous séquestre à son cabinet, dans le but évident de les faire fructifier à son seul avantage. Il s'agissait de l'une des nombreuses anomalies alimentant le discrédit, et depuis fort longtemps déjà, de ce mandataire de justice. Déjà, en février 1990, la police s'interrogeait sur « des rumeurs persistantes dans les milieux commerciaux, industriels et du barreau de Grasse, [qui] mettent en doute l'intégrité et l'honnêteté de Me Bednawski dans le cadre de ses activités de syndic. A ces rumeurs s'ajoutent des plaintes déposées au parquet de Grasse ». La note citait cinq entreprises mises en liquidation judiciaire dans des conditions contestées par leurs dirigeants. Puis son rédacteur ajoutait : « Depuis son installation en 1985 dans l'ex-étude de Me Gazan, Me Bednawski semble mener un train de vie peu en rapport avec les ressources normales qu'il peut retirer de sa charge. C'est ainsi qu'il a récemment acheté une propriété sise avenue Maréchal-Juin à Mougins pour une valeur de 5 millions de francs dans laquelle il a effectué de très importants travaux (en cours) pour une valeur similaire. Il a acquis dans le même temps un véhicule Mercedes de haut de gamme. » Plus loin, toujours dans cette même note, on peut lire que le syndic « semble bénéficier dans ses activités qualifiées par ses détracteurs de frauduleuses du soutien actif et peut-être intéressé » d'un personnage clé du tribunal de commerce de Cannes – que nous ne nommerons pas car il n'avait fait l'objet d'aucune poursuite, début 1995, au moment de la rédaction de cet ouvrage.

« Ces divers éléments et l'origine des rumeurs (chefs d'entreprise, avocats, personnalités locales bien connues du service pour leur sérieux et leur honnêteté) laissent penser que d'importantes irrégularités sont commises dans le cadre des affaires traitées par le T.C. de Cannes dont deux juges ont démissionné en 1989 pour “raisons personnelles” », est-il encore indiqué avant cette conclusion, qui laisse rêveur sur l'égalité des citoyens devant les investigations de la police : « L'importance des personnes en cause et les relations dont elles disposent dans de nombreux milieux a limité nos recherches et vérifications. Seule une enquête diligentée par un service spécialisé pourrait établir la réalité de ces faits et les responsabilités éventuelles des personnes mises en cause par cette rumeur. »

C'était donc en février 1990. Trois mois plus tard, la police remettait Bednawski sur le gril en soulignant son « comportement surprenant » dans la vente d'un hôtel de Mandelieu et de ses 12 715 mètres carrés de terrain constructible. « Cette affaire accrédite la réputation très controversée du tribunal de commerce de Cannes dont on continue à dire "qu'il rend des services et non pas la justice" », concluait cette deuxième note. La troisième, datée d'octobre 1994, débutait ainsi : « La rumeur mettant en cause la probité de M. Cornélius Bednawski, mandataire liquidateur aux tribunaux de commerce de Cannes et Grasse, réapparaît et s'amplifie dans certains milieux d'affaires. En fait, elle lui reproche toujours de percevoir d'importants "dessous-de-table" à l'occasion de la vente d'actifs des sociétés dont il a en charge les dossiers de liquidation. » Deux affaires étaient citées à l'appui de cette rumeur : le droit au bail de la première vendu 40 000 francs à un acquéreur qui l'aurait rétrocédé, le mois suivant, pour 1 million de francs, et le même scénario pour la seconde, avec une plus-value presque immédiate de 950 000 francs. Mais, ajoutait la note, « pour l'heure, non seulement aucun élément matériel n'a pu être mis en évidence contre le sieur Bednawski, mais l'intéressé aurait fait l'objet, ces dernières années, d'un contrôle des services de l'inspection du ministère de la Justice qui s'est révélé négatif ». Deux mois plus tard, le vent avait tourné et Me Cornélius Bednawski faisait connaissance avec la cellule d'une prison. Une semaine auparavant, un tract anonyme avait circulé faisant état, une fois encore, de la suspicion entourant depuis plusieurs années la probité professionnelle du syndic. Le plus fréquent reproche concernant les cessions de droits au bail de sociétés faillies, cédées au plus bas prix par le liquidateur à des repreneurs qui les revendaient ensuite en encaissant un substantiel bénéfice. Les pilleurs d'épaves, quand ils n'étaient pas eux-mêmes les naufrageurs, avaient été dénoncés à plusieurs reprises par leurs victimes mais ces plaintes avaient été classées sans suite, si l'on excepte la suite dans les idées.

La chute du syndic remplit de joie beaucoup de chefs d'entreprise qui se considéraient comme ses victimes et, plus particulièrement, l'une d'entre elles connue sous son nom d'artiste de série télévisée hollywoodienne, façon Dynasty : Roselyne Bourgain se faisait appeler Barbara of Cannes. Ce pseudonyme cadrait mieux avec son personnage de « poète de l'habitat », « bâtisseur de rêves » ou encore d'« impératrice décoratrice ». Autant de qualificatifs qui jalonnaient sa carrière d'architecte d'intérieur vouée à la décoration des palais des émirs du Golfe persique. Avec un chiffre d'affaires annuel de 17 millions de francs, la Dame au chapeau blanc, un autre surnom, semblait vouée à une réussite éternelle lorsqu'un premier avatar brisa son élan. L'aménagement du palais présidentiel de Mauritanie, qui devait lui rapporter 40 millions de francs et fournir un an de travail à l'usine de fabrication de meubles qu'elle venait de créer près de Nice, lui échappa. Ses associés la trahissaient. Elle dut déposer le bilan de ses trois sociétés. Mais c'est une lutteuse et elle releva le défi que lui proposait le tribunal de commerce de Cannes en avril 1987. Elle régla ses dettes et redressait la tête lorsqu'un deuxième coup dur la fit à nouveau vaciller : en juillet 1990, le tribunal de commerce de Grasse prononçait un autre redressement judiciaire à son encontre assorti d'une confusion de patrimoine. Mais elle constata que deux documents concernant cette décision ne portaient pas le même nom d'administrateur judiciaire. De plus, une erreur d'informatique lui avait fait perdre 1 million de francs tout en accélérant sa chute par défaut d'actif. Elle déposa donc une double plainte pour faux en écriture et escroquerie qui fut classée. Or voilà qu'un an plus tard la mise en examen de Cornélius Bednawski était pour elle un motif de satisfaction : c'est lui qui était visé par ses plaintes.

Pour ce syndic de faillite, le mandat de dépôt n'était qu'un moindre mal par rapport au sort qu'avait connu celui auquel il avait succédé, une dizaine d'années auparavant, en lieu et place : la villa « Serenella », située 80 chemin de Campane, sur la colline ultrarésidentielle de Mougins, à mi-chemin entre Cannes et Grasse. Son prédécesseur, Jean-Marie Gazan, 39 ans, était tombé dans un guet-apens habituellement réservé aux truands. Il revenait de Cannes en moto lorsque, parvenu devant le portail de la villa, il avait été abattu de cinq balles de 11,43 tirées à la tête et dans le cou. Une exécution impitoyable. La signature de professionnels réalisant un contrat. Ils étaient deux, portant des casques blancs, qui disparurent sur une moto sans être inquiétés. La police fouilla les nombreux et importants dossiers de faillites traités par le plus important syndic de la région. L'un d'eux retint longuement leur attention. Il s'agissait de la liquidation judiciaire d'une importante entreprise de BTP spécialisée dans l'installation des lignes téléphoniques et des câbles d'EDF, mais qui possédait, dans ses actifs, un terrain d'une valeur de plusieurs millions de francs situé sur la commune de Biot, non loin du musée Fernand-Léger, sur la colline, aux portes d'Antibes. Un endroit très prisé. Jean-Marie Gazan, un costaud à grosses moustaches, avait été pris à partie dans cette affaire : il affirmait avoir été le seul élément de résistance au projet d'acquisition de ces terrains. D'autres lui reprochaient une attitude partiale et pas tout à fait désintéressée. D'ailleurs, peu après son assassinat, la police avait reçu une copie de l'article que *France-Soir* lui avait consacré, accompagné de commentaires anonymes du genre : « Il a acheté son étude avec l'argent des faillis. » Le 25 février 1985, un correspondant, anonyme également, l'avait menacé et injurié au téléphone : « On va te faire sauter ! » Deux mois plus tard, son étude « sautait » effectivement : une charge d'explosifs placée dans les sous-sols de la villa de Mougins détruisait de nombreux dossiers. Six mois encore et c'était l'exécution du « contrat » qui ne lui avait laissé aucune chance de survie. Un dossier concernant un night-club du port de Saint-Laurent-du-Var, près de Nice, fut également évoqué à propos de la mort de Jean-Marie Gazan qui avait la réputation d'être dur en affaires. Un euphémisme sans doute, car on ne se fait pas tuer de cette façon pour une peccadille. Mais on en resta aux hypothèses.

Lorsque son successeur fut incarcéré en raison de ses pratiques peu orthodoxes, les tueurs aux casques blancs du 15 octobre 1985 n'avaient toujours pas été identifiés. Ni d'ailleurs leur commanditaire. Pas plus que n'était connu le mobile de cet assassinat, sinon qu'il était apparu, pour la première fois, que les affaires et le banditisme se mêlaient dangereusement. Depuis, Me Bednawski et son confrère niçois, Me Jean-Louis Ezavin, lui aussi très critiqué et avec lequel il partageait un goût peu discret pour un standing de vie ostentatoire, ont été « avertis » à plusieurs reprises. L'étude du dernier, à Nice, a été endommagée par un attentat à l'explosif, le 31 mai 1990. Et tous les deux, à peu de temps d'intervalle, ont reçu un colis postal contenant un cercueil en bois entouré de crêpe noir avec leurs initiales. Bonjour l'ambiance !

CINQUIÈME PARTIE

Les liaisons dangereuses

Rien ne va plus !

Casinos, immobilier, golfs, travaux publics, compagnies maritimes, faux en tout genre, sans compter d'innombrables bars, hôtels et pizzerias : les sociétés criminelles italiennes investissent tous azimuts sur le territoire français. On les a même soupçonnées de s'intéresser aux cliniques privées de Marseille. Courant 1992, en effet, un groupe italien avait fait une offre de plus de 110 millions de francs pour les cliniques Val Ombreux, Monticelli et Pasteur. Mais la justice était intervenue dans le dossier et cela avait provoqué le retrait des acheteurs italiens vraisemblablement peu désireux que des magistrats français mettent le nez dans leurs affaires. Il est vrai qu'il s'agissait d'un secteur très sensible dans la capitale phocéenne. Ce que l'on a appelé « la guerre des cliniques de Marseille » – et dont l'épilogue judiciaire s'est déroulé en décembre 1994 devant la cour d'assises des Bouches-du-Rhône –, a fait deux morts : un directeur de clinique récalcitrant et un maire d'arrondissement.

Des morts il y en a eu d'autres, tous liés à la rencontre, de plus en plus fréquente, de trois mondes qui se sont longtemps ignorés : ceux des affaires, de la politique et du banditisme. Mais cette collusion tripartite, dont on a commencé à connaître les effets funèbres dans les années 90, n'a pas été spontanée, bien au contraire. Elle a été l'aboutissement – on n'osera pas dire l'apothéose – d'une évolution des mœurs dont on peut fixer les grandes étapes. Il y eut d'abord les relations historiques des maires des grandes villes du Sud de la France avec les « parrains » des bandes dominantes. L'exemple le plus connu étant celui de Gaston Defferre et des frères Guérini à Marseille. Il s'agissait, en quelque sorte, d'un échange de services ponctuels. Le maire fermait les yeux sur un tripot clandestin ou intervenait pour l'obtention d'une autorisation d'ouverture d'un bar de nuit et les truands assuraient le service d'ordre lors des réunions électorales. Mais, et c'était fondamental, chacun restait à sa place. Puis, insensiblement, ces mêmes maires se sont laissé gagner par des besoins d'argent de plus en plus importants. On a vu alors des hommes d'affaires véreux se mêler à une corruption que l'on qualifiera de « traditionnelle » et qui liait les élus et les entrepreneurs locaux. Les dessous-de-table ont enflé, les pots-de-vin se sont multipliés. En un mot : la corruption est passée du stade artisanal au stade industriel. Sous l'impulsion de ces affairistes avides d'argent facile, des « systèmes » se sont mis en place, des « pactes » ont été élaborés et le pillage est devenu systématique, ordonné, planifié. Élus et affairistes ont ouvert la porte du coffre-fort de la corruption aux gangsters qui, à leur tour, ont voulu leur part du gâteau. Un gâteau devenu singulièrement plus appétissant sous l'effet de la décentralisation qui a donné aux maires et présidents de conseils généraux des pouvoirs accrus en même temps qu'elle mettait à leur disposition des budgets énormes jadis gérés par l'administration centrale.

Lorsque Jacques Médecin décida, pour respecter la nouvelle et très mesurée limitation des mandats électoraux, d'abandonner celui de député pour demeurer maire de Nice et président du conseil général, il fit placarder sur tous les murs de la ville de magnifiques affiches avec sa photo et cette belle profession de foi qui allait droit au cœur de ses administrés : « Je choisis Nice. » Ses adversaires politiques ajoutèrent à la bombe : « Ça rapporte plus. » Ils ne croyaient pas si bien dire.

Nice, les Alpes-Maritimes et Jacques Médecin sont un exemple édifiant de cette transformation parvenue au seuil de la dernière phase : l'entrée en jeu, comme partenaires et associés des politiques et des hommes d'affaires, des chefs du crime organisé. Quand on évoque les rapports entre Mafia et politique, le premier lieu de rencontre qui vient à l'esprit est celui des casinos. L'exploitation des établissements de jeu est soumise à une décision administrative qui dépend, pour l'essentiel, du ministère de l'Intérieur et à un cahier des charges édicté par la commune sur laquelle le casino est installé. Ces deux autorisations sont donc, par nature, d'ordre politique. Et pour peu que la Mafia soit présente dans le casino, il devient évident que les deux « entités » ne peuvent plus complètement s'ignorer.

L'histoire, très mouvementée, du Ruhl de Nice est à ce titre exemplaire. Sur le fait, longtemps controversé, de savoir si l'établissement aux « tapis verts qui étaient bleus » et aux premières plaques à 500 000 francs était un repaire de mafieux, il n'y a plus à s'interroger. Il y eut, dès la constitution de la société propriétaire du Ruhl en 1974, 49 % de parts appartenant à des Italiens dont Jean-Dominique Fratoni, son PDG, ne voulut jamais fournir l'identité. Ces Italiens, comme Cesare Valsania et Arrigo Lugli, figuraient au premier conseil d'administration. Silhouette massive et moustache en brosse, ancien officier de l'aviation italienne, Cesare Valsania, qui se déplaçait dans une Mercedes blindée immatriculée à Naples, était l'homme des capitaux italiens, et Lugli, son bras droit. Sans vouloir revenir en détail sur les enquêtes du fisc et de la douane, qui devaient contraindre Fratoni à un long exil, on rappellera qu'elles firent la démonstration que le Ruhl avait servi à blanchir des sommes considérables sous le couvert de prêts à des joueurs italiens. Valsania et Fratoni furent d'ailleurs condamnés, par défaut, pour ces infractions douanières et fiscales par le tribunal de Nice.

Valsania et Lugli devaient être appréhendés à Rome, en novembre 1983, à la demande du juge Giorgio Santacroce pour une affaire de trafic de devises portant sur plusieurs milliards de lires entre l'Italie, alors soumise au contrôle des changes, la France et la Suisse. Une activité traditionnellement réservée aux sociétés criminelles italiennes. Les deux compères et leur associé et ami Jean-Dominique Fratoni figuraient sur un télégramme de la Guardia di Finanza adressé à la PJ de Nice qui disait que « selon toute vraisemblance » les trois hommes étaient « les représentants des Banquiers romains, branche de la Mafia, au casino Ruhl de Nice ». Enfin, on apprit quelques années plus tard, lorsqu'il fut interpellé en Suisse, que Fratoni dirigeait à Lugano un bureau de change clandestin avec des Italiens eux aussi catalogués comme mafieux.

Bref, la réalité des liens qui ont existé entre le Ruhl et le crime organisé a été largement démontrée : c'est le premier point.

Le deuxième concerne les accointances entre le pouvoir politique et le Ruhl. Elles sont également démontrables sur au moins deux plans. Le plan local, avec l'amitié très complice qui a longtemps réuni Fratoni et Médecin dans la défense des mêmes intérêts. Et le plan national, si l'on observe les fluctuations des autorisations d'ouverture accordées ou retirées à Fratoni pour le Ruhl.

Que Jacques Médecin, ministre, député et maire de Nice, ait toujours favorisé les entreprises du Napoléon des tapis verts est une évidence démontrée dès que celui-ci réalise sa première acquisition niçoise : un petit casino voué à la boule et aux retraités pour lequel il obtient une diminution drastique du prélèvement de la ville de Nice. Ce dernier ne manquera jamais une occasion de voler au secours de son ami Dominique dès que celui-ci sera en difficulté. Nous autres journalistes l'entendrons même, avec un certain effarement, s'insurger contre les mandats d'arrêt lancés par un juge d'instruction niçois, en mars 1980, contre Fratoni en fuite. Une intervention intempestive car injustifiée et faite au mépris du respect de la séparation des pouvoirs qui est, pour un parlementaire, la moindre des choses. Il n'y a guère que dans l'un de ses livres écrits en Uruguay, avant son retour forcé en France, que Jacques Médecin, pour la première fois et Fratoni étant décédé, se laissa aller à le critiquer publiquement. Il lui reprochait, après quelques remarques qui n'étaient pas du meilleur goût sur une « mutilation » subie lors d'une intervention chirurgicale, d'avoir versé des millions de francs au Parti socialiste lorsque le Ruhl avait changé de propriétaire. Certains mauvais esprits firent remarquer qu'il s'agissait, peut-être, d'un désenchantement né du fait que Fratoni avait vendu le Ruhl sans penser à son ami. D'autres évoquèrent un conflit qui aurait surgi à Punta del Este où Médecin serait intervenu en faveur de Fratoni sans que celui-ci lui montre la moindre reconnaissance. Ils finirent donc par se fâcher, mais ce fut sur le tard et à l'issue d'un long partenariat qui avait connu son apogée lorsque les deux hommes étaient encore aux affaires : l'un en tant que « patron » de la ville de Nice, l'autre en dirigeant du Ruhl noyauté par la Mafia.

Sur le plan national, il suffit de se reporter au calendrier pour faire la démonstration de l'influence du pouvoir politique sur ce même casino mafieux. Il faut se rappeler tout d'abord que Jean-Dominique Fratoni était corse, ancien résistant et gaulliste de la première heure. Et que son ennemi juré et déclaré a toujours été Lucien Barrière dont les liens avec le giscardien d'Ornano étaient très étroits.

Or que peut-on remarquer dans la succession des périodes d'ouverture et de fermeture du Ruhl sur une quinzaine d'années ? Qu'elles suivent les changements à la tête du gouvernement. Le Ruhl ouvre en fanfare en 1975, mais doit fermer ses portes, pour la première fois, en novembre 1979 : Christian Bonnet (Républicains indépendants) est ministre de l'Intérieur d'un gouvernement Barre dont Jacques Médecin a été exclu en avril 1978. Il rouvre en mai 1980, mais sans Fratoni, et ferme à nouveau en janvier 1982 : la gauche a pris le pouvoir et ne supporte pas que le Ruhl soit dirigé par des hommes de paille de Fratoni. Il ne pourra rouvrir qu'en avril 1987 : Jacques Chirac est Premier ministre et Charles Pasqua ministre de l'Intérieur. Ce sera, enfin, la véritable passation des pouvoirs pour Jean-Dominique Fratoni : en mai 1990, le Ruhl est vendu à une association Accor-Barrière-Sol Karzner. Fin du feuilleton.

Retour sur la Sofextour et son association d'hommes de paille, de camorristes et de truands corses, dans la tentative (manquée) du rachat du casino de Menton, en avril 1991. Parmi les personnes interpellées et mises en examen par le juge Jean-François Sampiéri, on trouve un ancien avocat recyclé dans la gérance d'une pizzeria dans la cité des citrons. Alain Verbyst écrit au magistrat marseillais, le 12 novembre 1993, pour être entendu « rapidement au sujet des différents éléments relatifs aux animateurs réels de la Sofextour ». Six jours plus tard, il déclare au juge : « J'ai souhaité être entendu par vous afin de rétablir la vérité et me prémunir contre toute atteinte à mon intégrité physique. » Il dénonce un climat de menaces qui l'entourerait en précisant qu'il « ne peut venir que de gens liés au domaine des jeux et plus précisément de l'entourage de Georges Tranchant ».

Alain Verbyst met en cause le député RPR qui a défrayé la chronique nationale lors de ses démêlés commerciaux avec Bernard Tapie, qu'il avait contraint à démissionner de son poste de ministre du gouvernement Bérégovoy avant de trouver un arrangement financier qui mit fin aux poursuites engagées contre lui. Il affirme avoir participé aux négociations sur la tentative de reprise du casino de Menton pour le compte de la société Techni Import, spécialisée dans le placement de machines à sous, appartenant à Georges Tranchant. Il précise avoir établi lui-même le contact avec le directeur de Techni Import qui, selon lui, ne prenait aucune décision sans en référer à Georges Tranchant. « Les gens de Techni Import savaient très bien avec qui se traitait l'affaire des machines à sous, soit le groupe italo-corse, soit le groupe Barrière », déclare Alain Verbyst qui abreuve le magistrat de détails sur la villa du député à Montmorency pour accréditer l'idée qu'il le connaissait bien.

Il sera entendu, successivement, les 18 et 22 novembre 1993, les 7 et 9 décembre 1993 et le 20 janvier 1994, dans le bureau de M. Sampiéri auquel il fournira un mémoire de vingt feuillets dactylographiés et divers documents relatifs au monde des jeux, aux machines à sous et à la corruption de fonctionnaires des jeux qu'il prétend dénoncer. Ses différentes déclarations, notées sur procès-verbaux, sont trop longues pour être rapportées *in extenso*. Mais il existe un document officiel qui en fait une fidèle synthèse. On peut y lire, en guise de préambule : « Une grande confusion doit être notée dans ses allégations, confusion que ne parvient pas pour autant à dissiper l'examen des pièces remises, non pas lors des auditions mais avant chaque interrogatoire postérieur et ayant pour but d'expliciter les déclarations faites. » C'est dire que les « révélations » de Verbyst sont prises avec circonspection par le parquet et le magistrat lui-même. Mais ce document, néanmoins, met en évidence « les deux axes centraux » des allégations de l'ancien avocat qui a troqué sa robe pour un tablier de pizzaiolo.

« Précisant les conditions financières du placement des machines à sous, Alain Verbyst se montrait confus, évoquant, tour à tour, l'existence de factures proforma, de contrats de location, de cautions. Il insistait sur le fait qu'existerait en Suisse une société holding qui aurait pour objet la réception de fonds versés par le casino. Le même mécanisme aurait été utilisé dans l'exploitation d'autres casinos, Georges Tranchant ayant constitué un monopole de fait dans l'importation et la vente de machines à sous au travers de différentes sociétés dans lesquelles il était intéressé par personnes interposées. »

Il reprend ensuite les déclarations de Verbyst à propos de cinq membres de la police des jeux, dont il a cité les noms, qui auraient fourni des rapports administratifs de la commission des courses et jeux et des autorisations de complaisance (dont il a fourni au juge plusieurs exemplaires). Le rapport relève ensuite, de manière plus détaillée, les accusations de corruption visant ces policiers : la remise de 170 000 francs à l'un avec le nom de la banque par l'intermédiaire de laquelle aurait été fait ce paiement, la participation à une SCI pour un autre. Avec ce commentaire : « On ne saurait ne pas rappeler ici que, lors de l'exécution des commissions rogatoires en Italie, certains des personnages entendus avaient fait état de ce que de l'argent aurait été versé au ministère de l'Intérieur. »

Le document s'achève par la recommandation de requérir « la poursuite de l'information pour les seuls faits commis dans le cadre de la Sofextour et relatifs aux contacts entretenus avec le représentant de la société Techni Import. La transmission au parquet des procès-verbaux et documents annexes en vue d'exploitation distincte. Les faits de corruption me paraissent également devoir être appréhendés dans leur globalité et doivent à mon sens ne pas s'intégrer dans la saisine marseillaise ».

Autrement dit, on envoyait le ballon dans un autre camp. Le rapport, daté du 4 février 1994, était encore, un an plus tard, resté lettre morte. Il est difficile, en l'absence de vérifications sérieuses, de savoir si les « allégations » de l'ancien avocat étaient avérées ou fantaisistes. Et, par conséquent, de démêler le faux du vrai dans ses affirmations, on l'a dit, un peu confuses. Ce qui transparaît, en tout cas, dans le dossier de la Sofextour, à travers les mises en cause successives d'un juge au tribunal de commerce et d'un liquidateur, d'un dirigeant d'une société spécialisée dans les machines à sous (dont on rappellera qu'elles constituent la meilleure vache à lait des casinos français), d'un parlementaire, d'un maire et de fonctionnaires de police, c'est que le monde des jeux est particulièrement propice à ces « liaisons dangereuses » d'où vient le nouveau « mal français ». Et que personne ne semble vraiment désireux de mener certaines enquêtes à leur terme.

Il est vrai que les liens d'affaires croisés entre promoteurs privés français et italiens, responsables politiques, représentants des collectivités locales ou d'organismes publics, *via* les paradis fiscaux, et qui exhalent une forte odeur de corruption quand ce n'est pas de système mafieux, sont souvent difficiles à démêler.

Ce que l'on appellera « l'affaire Barbéro », qui au début de l'année 1995 demeurait encore confidentielle, est à ce sujet plein de promesses. Éric Barbéro, né le 8 novembre 1945 à Beausoleil (Alpes-Maritimes), domicilié à Monaco, restera sans doute dans les annales de la vague purificatrice qui a déferlé sur la France dans les années 90, et sur laquelle ont surfé, avec talent et obstination, plusieurs magistrats anticorruption. Contre vents et marées, il faut bien le dire : même quand ces courants contraires trouvaient leur source au sein du pouvoir en place. C'est bien le cas du juge Éric Halphen de Créteil et de la tentative de déstabilisation dont il a été l'objet. Or le nom d'Éric Barbéro est apparu au début de l'instruction menée par ce magistrat sur les mauvais comptes des HLM de Paris. On ne s'attardera pas, ici, sur les résultats de ses investigations, largement commentées par les médias, qui ont abouti, entre autres spectaculaires conséquences, à la mise en examen et à la démission du ministre Michel Roussin. Mais pourquoi Barbéro ? Parce qu'une série de factures suspectes est apparue dans la comptabilité des HLM de Paris qui portent l'intitulé de la GEI – Générale d'études et d'investissements –, une société sise à Monaco dirigée par Éric Barbéro, un ancien contrôleur des impôts recyclé dans l'immobilier.

Appréhendé à Monaco, courant décembre 1994, il a été mis en examen pour « faux en écritures » et écroué dans la prison creusée dans le célèbre Rocher et dont les cellules s'ouvrent, si l'on peut dire, sur la mer, juste en dessous du Musée océanographique cher au commandant Cousteau. Éric Barbéro pourra toujours se vanter d'avoir été le héros d'une grande première : l'arrestation d'un résident de la Principauté à la suite d'un contrôle des services fiscaux de Monaco. Il est accusé d'avoir falsifié la comptabilité de la GEI, dissoute en 1991, pour détourner 13 millions de francs. On sait que la loi monégasque autorise les dirigeants des entreprises sises à Monaco à prélever une grande partie de leurs bénéfices au profit de leurs administrateurs. En l'occurrence, lesdits administrateurs ont nié avoir reçu ces 13 millions de francs qui leur étaient destinés. La mise en cause de Barbéro et de son associé, dans ces circonstances tellement contraires aux habitudes locales, rend perplexes les initiés. Il n'y avait que deux explications plausibles à cette brutale rigueur. La première est que le gouvernement princier, sur ordre du Palais, a voulu faire un exemple pour mettre en garde tous ceux qui abusent du système des jetons-administrateurs pour alimenter leur caisse noire. La seconde, plus subtile, laisse entendre que l'incarcération de Barbéro à Monaco permet de le tenir discrètement « au chaud », c'est-à-dire à l'écart du scandale politico-médiatique provoqué par le dossier instruit par le juge Halphen, en attendant de voir comme il va évoluer.

Quoi qu'il en soit, une double question demeurait sans réponse officielle, trois mois après sa mise en examen : quelle a été la véritable destination des 13 millions de francs disparus et comment Barbéro a-t-il été amené à fournir des fausses factures aux HLM de Paris, et peut-être, *in fine*, pour ce que l'on peut craindre, au bénéfice du RPR ? A défaut de preuve et même d'indice sûr, un début de piste peut être trouvé du côté de la ville natale de Barbéro où celui-ci avait ouvert, fin 1986, une agence immobilière et où il menait une fructueuse activité de promoteur, grâce à sa compétence, certes, mais aussi avec la bénédiction du maire de Beausoleil, Gérard Spinelli, soutenu par le RPR, et ingénieur des HLM des Alpes-Maritimes, en disponibilité pour cause de carrière politique.

Il convient, d'emblée, de planter le décor. Beausoleil avec ses 270 hectares forme l'une des plus petites communes françaises. Mais pas la moins convoitée : avec ses treize mille habitants, elle est aussi la plus « habitée ». Il suffit de traverser l'une de ses rues pour franchir l'invisible frontière entre Monaco et la France. Il existe même des immeubles qui ont une entrée dans chaque pays. Cette promiscuité fait que Beausoleil récolte une partie du prestige dont jouit son voisin princier. De telle sorte que son petit territoire fait l'objet d'appétits qui n'ont pas pu se satisfaire complètement en Principauté. Un peu comme si les promoteurs, après avoir dégusté la crème monégasque, s'étaient précipités sur le reste du gâteau : le biscuit beausoleillois, moins goûteux mais plus consistant. On dit que le béton est en or à Monaco : à Beausoleil, il est en argent. Longtemps présidée par les communistes, la municipalité céda, en 1989, à la séduction de la quarantaine conquérante du très habile Gérard Spinelli.

Au tout-social des austères André Vanco et Roger Bennati succéda le tout-libéral du flamboyant Gérard Spinelli. Mais ce changement de cap n'alla pas sans provoquer quelques remous et des défections au sein de l'équipage. C'était, tout d'abord, le fonctionnement de la Société anonyme d'économie mixte de Beausoleil (SAEMB) qui présenta quelques ratés. Son comptable fut mis en examen, le 28 juillet 1993, pour avoir détourné 1,3 million de francs. Mais ses révélations entraînèrent ensuite la mise en examen du directeur général et du président, un adjoint au maire, pour « abus de biens sociaux ». Ils avaient couvert des dépenses abusives, dont une participation financière irrégulière au comité de soutien de Spinelli qui était à son tour incriminé de la même façon, en septembre 1994, en tant qu'ancien président de la SAEMB.

On retiendra, presque à titre anecdotique, deux autres affaires intéressant le maire de Beausoleil. Il dut subir, en novembre 1993, une première mise en examen pour « faux et usage de faux » à propos d'une délibération du conseil municipal qui avait été quelque peu déformée pour tenter de faire porter à ses prédécesseurs communistes la responsabilité d'un défrichement hâtif sur un terrain communal. Rien de très grave assurément. Il en allait de même du « Watergate de Beausoleil ». C'est ainsi que la presse locale avait baptisé la découverte de micros émetteurs dans les bureaux du deuxième adjoint, du secrétaire général et du responsable financier. Un artisan de la commune, qui réparait un poste radio, avait capté, par hasard, des conversations qui se tenaient à l'intérieur de la mairie. On ne sut jamais qui avait installé ces « oreilles » indiscrètes et au profit de qui : la zizanie, qui avait même gagné les rangs de la majorité municipale, autorisait toutes les suppositions.

En fait, le plus inquiétant, pour l'orthodoxie de la gestion d'une commune, était ailleurs et ramenait à Barbéro mais aussi à Giancarlo Casaccia, le promoteur italien « épinglé » par le rapport d'Aubert à propos du golf de Pierrevert dans les Alpes-de-Haute-Provence, d'un vaste projet immobilier dans la ville d'Orange (Vaucluse) et des liens – supposés – de l'un de ses associés, Giovanni Ghione, avec les frères Galasso, camorristes grand teint.

En ce qui concerne Barbéro, l'objet du scandale était une opération immobilière qui ressemblait fort à un tour de passe-passe entre celui-ci et la commune. L'histoire est assez compliquée, mais on peut tenter de la résumer de la manière suivante. Il était une fois une dame, Mme Marie-Josée Lempereur, qui décide de vendre une petite maison et un terrain de 2 610 mètres carrés, boulevard Guynemer à Beausoleil, en surplomb de la principauté de Monaco. Elle passe un accord avec la société immobilière suisse Jacquet Magnin. Il prévoit que la vendeuse sera payée d'une dation dans le futur immeuble à construire sur le terrain et que, dans cette attente, elle sera relogée à Monaco. L'acte d'acquisition est signé le 30 novembre 1991. Comme il est de règle en la matière, le maire de Beausoleil reçoit, de la part de l'acheteur, une déclaration d'aliéner en date du 23 juillet 1992 : retenez bien les dates car elles donnent tout son sel à cette affaire.

Le 21 septembre 1992, soit deux mois après avoir été informé du projet de Jacquet Magnin, le maire manifeste officiellement son intention de faire jouer la préemption au bénéfice de la commune au prix fixé par les Domaines, soit 5 millions de francs. La SARL suisse, qui est en grande difficulté financière, accepte. Le 29 mars 1993, le conseil municipal de Beausoleil prend une délibération dans ce sens « aux fins – je cite – de mise en œuvre d'une politique locale de l'habitat ». La manœuvre pourrait passer pour habile s'il s'agissait, pour la commune, de constituer une réserve foncière dans un but d'intérêt général. Mais il en va différemment. Le terrain et sa bâtisse sont revendus à la SCI 35 d'Éric Barbéro, promoteur privé, qui édifie sur les 2 610 mètres carrés ajoutés à une parcelle, achetée par ailleurs, un ensemble de trois immeubles de cent trente logements et 7 203 mètres carrés. A 20 000 francs le mètre carré, cela constitue un joli pactole.

Mme Marie-Josée Lempereur et son mari, M. Jean Saez, un fonctionnaire à la retraite, qui se trouvent spoliés, crient à l'entente illicite, documents à l'appui : « Le 1er février 1993, soit six mois avant que le conseil municipal de Beausoleil autorise le maire à acquérir le terrain que nous avions vendu à la société Jacquet Magnin, M. Spinelli avait délivré à M. Barbéro une attestation l'autorisant à déposer une demande de permis de démolir et de construire. Cette anticipation montre à l'évidence qu'ils avaient passé un accord occulte et que le droit de préemption, qui n'a jamais été exécuté officiellement, n'a servi qu'à faire pression sur la société suisse pour la contraindre à se défaire de son bien au bénéfice, finalement, de M. Barbéro. » Un témoignage qui ne laissa pas indifférent le juge Éric Halphen qui devait entendre longuement, le 25 janvier 1995 dans son cabinet de Créteil, M. Jean Saez. Visiblement le pas de deux Spinelli-Barbéro intéressait le magistrat occupé à démonter les mécanismes du financement occulte du RPR, *via* les HLM de la région parisienne.

Les deux époux font également remarquer que la délibération du conseil municipal du 29 mars 1993, autorisant le maire à faire jouer son droit de préemption, ne prévoit pas que cette acquisition est faite en vue de la revente à un promoteur privé et qu'elle ne précise pas que le terrain est bâti depuis moins de dix ans. Car, dans ce cas, la préemption ne peut pas jouer. Le tribunal administratif de Nice devait être amené à se prononcer sur la régularité de l'opération en attendant qu'une plainte au pénal soit diligentée par les époux Saez qui ont tout perdu dans l'affaire.

Que le maire de Beausoleil jongle avec le droit de préemption, c'est un reproche que lui ont fait, à plusieurs reprises, ses adversaires ainsi que plusieurs particuliers qui ont été contraints de se défaire de leurs terrains et immeubles au prix des Domaines alors qu'ils voyaient des intérêts privés réaliser de juteuses affaires à leurs dépens. Le reproche revient comme un leitmotiv dès qu'il s'agit d'évoquer la douzaine de sociétés, toutes sises dans un même immeuble du boulevard du Général-Leclerc à Beausoleil, créées par Casaccia père et fils, Damonte et autre Cifatte, depuis l'avènement de Gérard Spinelli à la mairie de la commune siamoise de Monte-Carlo. Il leur est aisé de faire remarquer, dossiers à l'appui, que le scénario s'est répété plusieurs fois à l'identique : la commune faisait jouer son droit de préemption, achetait et vendait à la SAEMB qui obtenait un permis de construire et revendait le tout à un promoteur. La société d'économie mixte créée en 1988 par la municipalité communiste dans le but de « réaliser des opérations immobilières à usage d'habitations » se voyait attribuer un rôle de marchand de biens. On citera, à titre d'exemple, le cas d'un terrain de un hectare acheté à un horticulteur. La municipalité communiste avait engagé la négociation avec son propriétaire dans le but d'édifier des logements sociaux. L'équipe de Spinelli concrétisa l'acquisition au prix prévu, soit 800 000 francs et a vendu le terrain à la SAEMB pour 12 500 000 francs. Laquelle se fit attribuer un permis de construire de cent quarante-trois logements et revendit permis et terrain à la SCI Beauséjour pour 20 millions de francs. Il n'était plus question de HLM, mais d'appartements de grand standing.

On retiendra pour la bonne bouche l'opération par laquelle le scandale est arrivé. Pour en apprécier toute la saveur, un transport sur les lieux est nécessaire. Jadis, lorsque Monaco n'était encore qu'un « rocher sur lequel rien ne peut être semé, ni cueilli » et Beausoleil un village peuplé d'ouvriers et de petits employés, un petit train à crémaillère grimpait à l'assaut de la colline pour permettre aux Monégasques et Beausoleillois, alors intimement liés dans une commune modestie, de rejoindre La Turbie, célèbre par son trophée d'Auguste et ses pentes boisées. Le petit train tomba en désuétude avec le triomphe de l'automobile, mais l'emplacement de sa gare demeurait intact. Et tout à fait privilégié puisque situé à deux pas du fameux « camembert » qu'entourent le casino et l'hôtel de Paris : l'endroit le plus prestigieux de la Principauté. C'est bien simple : de la Crémaillère, on découvre la façade du casino de tellement près qu'on peut lire l'heure sur l'horloge qui orne son fronton.

Un tel emplacement ne pouvait laisser indifférent l'entreprenant Giancarlo Casaccia qui se rendit acquéreur de 5 000 mètres carrés auprès d'un propriétaire privé. Mais ce n'était pas suffisant pour accueillir son pharaonesque projet : l'édification de deux tours de 112 mètres de haut, trois immeubles plus modestes et neuf niveaux de parking. Soit, au total, 5 hectares de plancher dont 3,5 hectares de logements. Qu'à cela ne tienne : la municipalité va lui donner un coup de pouce. Elle modifie le plan d'occupation des sols en conséquence, acquiert la parcelle manquante de 2 000 mètres carrés et la vend au promoteur pour 28 millions de francs payables en quatre ans avec 4 % d'intérêts. Plus trente places de parking. Dans une lettre adressée le 31 août 1993 au préfet des Alpes-Maritimes, sept conseillers municipaux d'opposition font valoir que la cession de la parcelle municipale peut permettre au promoteur de réaliser une plus-value d'une trentaine de millions de francs. Mais leur requête en annulation est rejetée par le tribunal administratif de Nice et par la cour d'appel de Lyon : les décisions du maire de Beausoleil concernant « La Crémaillère » sont jugées correctes.

Élu conseiller général en 1989, Gérard Spinelli est battu en mars 1994 : les opérations immobilières réalisées par Giancarlo Casaccia et ses associés italiens ont, sans aucun doute, effrayé bon nombre d'électeurs qui lui étaient favorables. Un effroi attisé par la publication du rapport de la commission d'enquête parlementaire sur les tentatives de pénétration de la Mafia en France. On rappellera qu'il y est indiqué que la société monégasque chère à Gaudino et Galasso, membres avoués de la Camorra, était domiciliée au siège de celle d'un associé et ami de Casaccia. Ce dernier a protesté avec force contre ce soupçon d'odeur de mafia en faisant valoir que son associé avait simplement servi de boîte postale aux camorristes et en présentant, pour eux deux, des casiers judiciaires vierges et des certificats anti-mafia. N'empêche que l'origine des liquidités impressionnantes dont il semble disposer n'a jamais été établie clairement. Sauf qu'elles transitaient par des sociétés basées au Luxembourg, ce qui n'était pas fait pour éclairer les sceptiques.

La rumeur enfle à Beausoleil et à Monaco et rend, en ce début d'année 1995, la position des uns et des autres de plus en plus inconfortable. Bruno Damonte, l'un des principaux personnages du consortium Casaccia, a été interpellé le 3 mars 1994 à Milan dans le cadre de l'opération *Mani pulite* pour avoir versé 50 millions de lires de « pot-de-vin » au directeur d'un organisme d'État de travaux publics. Deux séries d'incidents viennent alourdir une atmosphère déjà pesante. Jacques Kraemer, un tapissier-décorateur, conseiller municipal de Beausoleil, dépose une première plainte pour la mise à sac de son chalet situé au-dessus de Vintimille (Italie). Des inconnus ont planté des couteaux dans les cloisons et porté des inscriptions, en français et en italien, où il est question de mafia. Puis il dépose une seconde plainte pour une agression, en juin 1994, à l'intérieur de ce même chalet de la part de trois hommes armés de couteaux. Élu sur la liste de Spinelli, il a rejoint l'opposition et fondé le Comité de défense de l'habitat et de l'environnement de Beausoleil. Cela a fait de lui l'un des plus actifs à critiquer la gestion de Gérard Spinelli. Déçu par la politique, Jacques Kraemer dénonce une évolution du rôle des maires, « transformés par la décentralisation en agents immobiliers ».

Mais il n'est pas le seul à se plaindre d'avoir été victime de menaces et d'intimidation. Le comte Giancarlo Bonifazi di Statte, domicilié à Monaco, lie une série d'incidents qu'il a eu à subir à son refus de vendre son magnifique domaine de sept hectares acheté pour 4,5 millions de francs à un industriel français en 1985. La gardienne du domaine, situé sur les hauteurs de Beausoleil, a été molestée et deux de ses chevaux tués par des inconnus. Le richissime comte italien, diplômé de l'université californienne de Berkeley et qui a fait fortune à Wall Street, roulant en Rolls et en Excalibur, fait de la résistance. Il s'oppose à toute tentative de spéculation foncière sur ce havre de verdure qu'il préfère voir vouer aux plantes rares plutôt qu'au béton. Ce qui n'est pas du goût de ceux qui ont choisi l'immobilier pour blanchir leur argent sale et qui ne lésinent pas sur la manière de parvenir à leurs fins.

Associations de malfaiteurs

Pour lutter contre le crime organisé, le législateur italien, après bien des atermoiements, s'est doté d'une arme redoutable : l'article 416 *bis* du Code pénal. Il a introduit dans la loi la notion d'association de type mafieux. « L'association est de type mafieux lorsque ceux qui en font partie se prévalent de la force d'intimidation du lien associatif et de la condition d'assujettissement et du respect de la loi du silence qui en découle pour commettre des infractions, pour acquérir directement ou indirectement la gestion ou en tout cas le contrôle d'activités économiques, de concessions, d'autorisations, de contrats d'entreprise et de services publics, ou pour réaliser des profits ou des bénéfices injustes pour eux-mêmes ou pour autrui », dit cet article, dont le dernier alinéa pèse d'un poids considérable dans la lutte contre la Mafia. Il ajoute que la confiscation des biens issus de l'appartenance à une association de type mafieux est obligatoire en cas de condamnation.

Force d'intimidation, lien associatif, loi du silence, contrôle d'activités économiques, profits injustes (que l'on peut traduire par pots-de-vin) : si l'on reprend, un à un, les éléments constitutifs du délit d'association de type mafieux, on s'aperçoit que plusieurs affaires, déjà évoquées, pourraient tomber sous le coup de l'article 416 *bis*. Le lien associatif est évident dès lors qu'il s'agit d'un groupe de personnes qui agissent en cercle fermé dans la poursuite d'intérêts communs. L'intimidation apparaît à travers la succession des menaces, des attentats à l'explosif et, bien sûr, des assassinats. La loi du silence va de soi, si l'on peut dire : elle n'est transgressée, souvent partiellement, que lorsque les personnes interrogées y sont contraintes. Le contrôle d'activités économiques est évident dans le domaine de la construction et des travaux publics. Quant aux profits injustes, ils sont la définition même de la corruption, dont les exemples sont tellement nombreux qu'ils défient toute énumération qui se voudrait exhaustive.

La Corse, où banditisme, politique et terrorisme sont souvent liés, constitue un cas particulier. Il y a dans l'île de Beauté, longtemps maintenue dans un état de sous-développement qui explique beaucoup de choses, un réflexe ancestral de solidarité contre l'autorité centrale qui a toujours constitué un terrain idéal pour les systèmes mafieux. Le recrutement des « soldats » ne pose pas de problèmes parmi une jeunesse désœuvrée. L'utilisation de la violence, la possession d'armes à feu appartiennent aussi à une tradition solidement enracinée dans les mœurs. Les « clans » qui ont longtemps dépassé les clivages des partis politiques n'étaient-ils pas, d'une certaine manière, des sortes de mafias ? On a beaucoup parlé de « dérive mafieuse » à propos de la transformation de ce clientélisme hiérarchisé en associations de malfaiteurs. Résultat : le nombre de morts et de blessés est devenu de plus en plus inquiétant d'année en année sans que l'on puisse distinguer les victimes de la vendetta de celles des luttes fratricides entre autonomistes déchirés, ou encore des règlements de comptes du grand banditisme ou des homicides de droit commun. Mais l'escalade de la violence ne semble pas avoir de fin. Quarante meurtres ou assassinats ont été perpétrés en Corse en 1994 et on ne compte plus les attentats à l'explosif. Ce chiffre, rapporté au nombre d'habitants, représenterait deux mille homicides volontaires par an dans l'agglomération parisienne. Leurs auteurs resteront, pour la plupart, hors d'atteinte de la justice. Dans le cas contraire, ils ont encore toutes les chances d'échapper à une condamnation : trois accusés sur quatre dans des affaires liées au crime organisé sont acquittés par les jurys populaires de Corse-du-Sud et de Haute-Corse. Là aussi, on peut parler de pressions, d'intimidation ou, tout simplement, de réflexe mafieux.

A propos de crime organisé, voici ce qu'écrit le procureur général Christian Raysseguier en évoquant les membres de la bande de la Brise de mer (Haute-Corse) et de celle du Valinco (Corse-du-

Sud), les deux organisations criminelles les plus redoutables : « Souvent soupçonnés, parfois dénoncés anonymement, parfaitement conseillés par leurs avocats et s'étant parfaitement "rodés" au fil de leurs démêlés avec la police et la justice, sachant que personne ne se hasardera à témoigner contre eux, ils bénéficient d'une quasi-invulnérabilité et sont très conscients de cet état de fait. Profitant d'un climat de crainte et de peur généré par près de vingt années de violence politique, on les retrouve comme agents électoraux collectant les votes par procuration ou participant aux campagnes d'affichage. Souvent choisis par des hommes politiques connus comme gardes du corps ou membres du service d'ordre, ces hommes se sont tissé un réseau de relations non négligeables qui n'hésitent pas à se mobiliser au moindre appel et à crier à la "machination", voire au "complot". Cette dérive est particulièrement préoccupante car, à terme, ce réseau de relations parfois étroit entre délinquance et politique serait susceptible de générer un processus mafieux irréversible au sein même des assemblées territoriales. »

On ajoutera que le grand banditisme corse a su, depuis le début des années 80, recycler habilement les milliards de centimes provenant de ses activités délictueuses, et particulièrement de hold-up retentissants. Le commissaire Dornier, de la PJ de Bastia, avait établi, dès cette époque, que les membres de la Brise de mer transféraient leur argent dans des banques suisses. Celles-ci, ensuite, leur accordaient, par le biais de SCI ou autres SARL, des prêts tout à fait officiels qui leur permettaient de réaliser des opérations immobilières ou commerciales parfaitement « propres ». Ce recyclage avait le double avantage de faire fructifier leur trésor de guerre tout en leur apportant une carte de visite d'hommes d'affaires respectables. Alors, quand M. le procureur général dit : « serait susceptible de générer un processus mafieux irréversible au sein même des assemblées territoriales », il n'utilise le conditionnel que pour se conformer à la prudence qui sied à un haut magistrat.

Il est évident que si l'article 416 *bis* du Code pénal italien existait dans la loi française, il trouverait dans la région corse un large champ d'application. Mais on aurait tort de se retrancher derrière les particularismes insulaires pour faire de l'île de Beauté une exception. Si l'on revient sur la situation dans le Var, telle qu'elle a été décrite dans le chapitre précédent, on s'aperçoit que dans cette partie de la France aussi le processus mafieux, s'il n'est pas achevé, apparaît irréversible. Que voit-on du côté de la rade ? Un chef de gang (Jean-Louis Fargette) dépasser le rôle de truand en intervenant dans le jeu politique, dont il s'est fait l'un des acteurs déterminants. Il entretient des liens très étroits avec les principaux élus, ceux qui détiennent un pouvoir de décision sur la répartition des marchés publics, au point qu'ils sont devenus ses obligés. Le résultat de cette liaison, toujours dangereuse, est que les fruits de la corruption sont partagés entre les deux partenaires. Avec, pour ceux qui font obstacle à cette association de malfaiteurs, soit en s'y opposant, soit en voulant la récupérer à leur compte, l'emploi de l'intimidation sous la forme d'un attentat ou d'un assassinat.

Ce qui est particulièrement impressionnant avec Jean-Louis Fargette, le voyou qui rêvait de devenir un homme d'affaires, c'est qu'il était parvenu, lorsqu'il a été tué, au seuil du dernier stade de son irrésistible ascension. Celui où devait se réaliser son grand projet industriel de port cimentier dont son ami Daniel Savastano a fait longuement état dans une audition à la PJ de Marseille. Il ne faut pas oublier que, lorsqu'il s'était réfugié en Italie pour fuir la justice française, Fargette avait été recommandé par son aîné Tany Zampa, le parrain marseillais, à ses amis mafiosi installés à Rome. Ce premier contact n'est certainement pas resté sans suite, et on peut affirmer que Fargette a entretenu, avec le crime organisé italien, des relations suivies pendant ses dix années d'exil. Qu'il a pris des leçons auprès d'eux et qu'il avait commencé à les mettre en pratique dans le Var. C'est François d'Aubert qui fait remarquer, dans son livre *Main basse sur l'Europe* [1], que parmi les produits qui entrent en fraude dans la communauté européenne, on trouve du ciment. « D'origine yougoslave dans le passé, écrit le député-écrivain, mais surtout roumain, bulgare et turc, ce ciment qui ne répond pas aux normes européennes est importé par l'intermédiaire

1. Éditions Plon, 1995.

des grands cimentiers grecs qui le diffusent ensuite sur toute l'Union européenne. Pour la distribution sur le terrain en Italie du Sud, le relais a été pris durant les années quatre-vingt par la Camorra napolitaine. Dans le Sud de la France, le projet de port cimentier de Brégaillon patronné voici deux ans par le “parrain” de Toulon, Jean-Louis Fargette, correspondait à un schéma de ce genre. » Maintenant que l'on connaît l'ancienneté et la profondeur de l'implantation de la Camorra en Provence-Côte d'Azur, à travers Michele Zaza et ses affidés, on peut croire qu'il y avait, dans les intentions de Fargette, autre chose qu'une simple volonté d'imitation de la Camorra : sans doute une collaboration plus étroite que ce que l'on a pu imaginer.

Il en est de même avec les fameux « comités d'affaires » que François d'Aubert, mais aussi d'autres spécialistes, comme le juge Sampiéri, ont également dénoncés. Il s'agit de petits groupes d'hommes associant politiques, entrepreneurs et représentants des truands qui décident, dans le plus grand secret, de l'attribution des marchés publics et de la répartition des bénéfices. Ces « comités d'affaires » sont une invention des organisations criminelles italiennes et notamment de la ‘Ndranghetta, dont on a démontré la solidité de son implantation en France. Or un document confidentiel d'une centaine de pages du parquet de Reggio di Calabria nous apprend, dans le détail, comment fonctionnent en Calabre ces comités clandestins. Nous l'avons déjà évoqué à propos de Domenico Libri, l'un des chefs de la Mafia calabraise, arrêté le 16 septembre 1992 à Marseille, dont on a vu qu'il avait commencé à recréer un empire économique sur le territoire français.

« C'est un système pervers de rapports transversaux entre des groupes de pouvoir – bien identifiés – appartenant au secteur des entrepreneurs, de la politique et de la Mafia. Groupes autonomes, mais soumis au compromis dans le but d'obtenir des gains presque toujours illicites dans un territoire contrôlé par les Ndrine (groupes de mafia) de Reggio Calabria et de sa province », écrit le procureur général Domenico Ielassi. Puis il explique le fonctionnement concret de ce système : « Le pouvoir politique récupère les financements publics et les canalise par le biais des entrepreneurs nationaux vers les entreprises de Reggio, contrôlées par la Mafia, et reçoit en échange des votes et des "pots-de-vin", tandis que le petit entrepreneur local sert de trait d'union entre le pouvoir politique et la Mafia : entre le sous-bois criminel et le "comité d'affaires" où il devient le porte-parole des intérêts mafieux. » Un repenti, appelé Delta, décrit plus précisément le mécanisme de cette machine à répartir les fonds publics : « Les travaux en adjudication étaient concédés à la ou aux entreprises nationales. Celles-ci sous-traitaient avec les entreprises locales désignées par un "comité d'affaires". Tout reposait sur un système de quotes-parts : celles encaissées par les entreprises nationales qui en reversaient une partie aux décideurs – les responsables politiques – et celles payées au "comité d'affaires" par les entreprises locales auxquelles étaient attribués les travaux. »

On remarquera que les rôles étaient bien distribués. Celui des entreprises nationales consistait à récupérer les adjudications et les fonds attribués par l'État. Les entreprises locales réalisaient les travaux et réglaient ce que le repenti appelle, pudiquement, « les problèmes de territoire ». C'est-à-dire les rapports avec la Mafia, véritable seigneur des lieux. L'ancien maire de Reggio, Agostino Licandro, renchérit : « Je ne me suis jamais occupé de faire un choix, car choisir une entreprise c'était aussi choisir un *"cosche"* [groupe de mafia] et j'aurais eu de gros problèmes avec ces gens-là. Lorsqu'un entrepreneur disait : "Je peux faire ce travail là-bas, c'est qu'il avait l'autorisation du groupe mafieux régnant sur le territoire concerné par ce chantier." » Un autre témoin ajoute, à cette description des us et coutumes calabraises, les tarifs en vigueur : « L'entreprise nationale encaisse l'avance prévue par la loi lors d'une adjudication, soit 20 %, dont elle reverse la moitié aux hommes politiques qui lui ont fait obtenir le marché. Les 80 % qui restent vont aux entreprises locales qui effectuent les travaux. Ce sont elles qui sont en rapport direct avec le crime organisé. Elles conservent 75 à 76 % du marché et abandonnent 4 à 5 % au groupe de mafia concerné. »

Le « comité d'affaires » est le pilier central de cette organisation. Il s'agit donc d'un petit groupe d'hommes politiques locaux liés à la Mafia qui canalise et gère les fonds publics des adjudications.

Il est le trait d'union entre les entreprises nationales preneuses d'ordres et les entreprises locales qui les exécutent. C'est ce petit groupe d'hommes qui décide, souverainement et sans appel, de la répartition des travaux, donc des fonds publics, sur le plan régional. Selon un témoin, le « comité d'affaires » de la Calabre était composé, de la fin des années 80 au début des années 90, d'un représentant du Parti socialiste, d'un parlementaire de la Démocratie chrétienne et de deux frères entrepreneurs dont l'un fut maire de Catane. Le rapport du procureur général de Reggio cite en exemple l'intervention souveraine du « comité d'affaires » dans la réalisation pour le compte d'Italposte de cent habitations pour un montant de 15 milliards de lires. L'adjudication fut attribuée à une entreprise de Pise qui fut contrainte de sous-traiter directement avec une entreprise de Catanzaro, bien que celle-ci ne fût pas enregistrée au tableau national des constructeurs agréés pour ce niveau de financement. « Passer par le "comité d'affaires", explique le magistrat, c'était éviter ce que les gens du Nord, en Italie, appellent le "risque Calabre". C'est-à-dire se payer la protection d'un groupe sans s'assurer, pour autant, une totale tranquillité pour la bonne marche des travaux. »

Le paradoxe de cette situation est que l'ordre mafieux, bien que détestable à tous les égards, demeure préférable au désordre chaotique qui le remplace parfois. Il présente au moins l'avantage de fixer les règles du jeu qui s'imposent à tous et de les faire respecter. La *pax mafiosa* vaut mieux que la guerre. On a bien vu ce qu'était réellement le « risque Calabre », comme on dirait d'une catastrophe naturelle, lorsque la guerre éclata au sommet de la 'Ndrangheta après l'assassinat de Paolo De Stefano (le « *capo dei capi* », que l'on a rencontré à plusieurs reprises, au début de ce récit, notamment dans la villa « L'Harmonica muet » à Antibes). Le « comité d'affaires » cessa d'exister puisqu'il n'y avait plus d'union. A la paix civile succéda une série de règlements de comptes et l'anarchie la plus totale dans la répartition des fonds publics. C'était, d'un groupe mafieux à l'autre, la loi du plus fort qui s'imposait par les armes. Le procureur général de Reggio cite une anecdote qui ferait sourire dans un autre contexte : le lieu de la construction d'une école pour élèves carabiniers avait été changé pour satisfaire un groupe mafieux, alors très puissant, qui la voulait sur son territoire ! Comme quoi l'attrait de l'argent est plus fort que la peur des gendarmes ! Globalement, pendant toute la durée de cette guerre, les détournements au profit de la 'Ndranghetta n'ont pas diminué : l'extorsion de fonds a simplement remplacé la dîme consensuelle. Les entrepreneurs ne savaient plus à quels mafiosi se vouer. Deux responsables d'une entreprise de Pise ont confié qu'ils avaient payé deux fois pour pouvoir réaliser la couverture d'un vallon près de la capitale calabraise. Deux cents millions de lires, en deux versements effectués auprès d'un commerçant proche d'un musée. Puis cent millions de lires supplémentaires, sous la menace d'un attentat, à un groupe rival. Avec le « comité d'affaires », cette entreprise n'aurait payé qu'une fois. A condition, bien sûr, que le marché lui soit attribué. Mais il lui aurait fallu pour cela avoir le feu vert de la Mafia, de l'incontournable Mafia.

En France, en 1995, plusieurs affaires ont émergé à la surface d'un océan de magouilles dont on ne connaît vraiment ni l'étendue ni la profondeur, lesquelles promettent d'être vertigineuses si elles devaient être véritablement sondées. Elles montrent que toutes les conditions sont réunies pour produire, dans les prochaines années, une situation « à l'italienne », comme on le disait des cruelles comédies de Ettore Scola ou Dino Risi. Ce n'est pas se montrer gratuitement alarmiste, ou vouloir entonner le facile refrain du sensationnalisme, que d'affirmer que la dérive mafieuse n'est pas une spécialité corse comme le *bruccio* ou le *figatelli*. Pour ce qui concerne le Var, la démonstration a été faite que c'est déjà une réalité. Mais des voix autorisées se sont élevées pour dénoncer, publiquement, une corruption organisée de type mafieux dans d'autres départements français. A Grenoble, autre région fortement colonisée par les Italiens, où l'on évoque un « système Carignon » comme on a parlé d'un « système Médecin ».

« L'implantation d'organisations mafieuses au sens large dépasse maintenant le stade classique des infractions à la législation sur les stupéfiants. Tous les domaines économiques sont touchés », a déclaré le procureur général Claude Salavagione à l'audience solennelle de rentrée de la cour d'appel d'Aix-en-Provence, le 3 janvier 1994. Cinq mois plus tard, ce fut au tour du président de la chambre régionale des comptes Provence-Côte d'Azur de tirer la sonnette d'alarme. Alain Sérieyx, lors de la présentation du bilan d'activités de l'année écoulée, dénonça l'existence de systèmes et de réseaux de détournements de fonds publics.

Il révéla que le dispositif mis en place par cet organisme de contrôle des collectivités locales avait décelé « des indices multiples qui manifestent l'existence de processus suspects et de deux réseaux de corruption organisés. Ces réseaux exercent une pression énorme sur les élus et les fonctionnaires, dont les décisions peuvent leur permettre, le cas échéant, de réaliser de considérables plus-values. Au bout du compte, le contribuable et l'usager paieront lourdement des prestations surfacturées lorsqu'elles ne sont pas fictives ». Puis le président Sérieyx fit état des « graves menaces directes, des pressions et des violences extrêmes » dont avaient été victimes les magistrats de la chambre dans une très importante affaire de fausses factures touchant une collectivité des Bouches-du-Rhône. Ceux qui assistaient à cette audience solennelle ne prêtèrent pas une attention suffisante à la déclaration de l'un de ces magistrats qui s'était inquiété de « la dérive d'une région fragile face au phénomène de corruption et sensible à l'organisation criminelle internationale ». Le président Sérieyx renouvela ses mises en garde un an plus tard : « Nous ne céderons ni aux menaces, ni aux pressions », déclara-t-il, en regrettant que, faute de moyens, la chambre ne puisse contrôler que 900 des 3 600 comptes soumis à examen. « Sur ces 900 contrôles, ajouta-t-il, 90 seulement pouvaient être effectués de manière approfondie. »

Le moment est venu de s'arrêter un instant et de réfléchir, comme le ferait un joueur de tennis qui, assis sur sa chaise, essuie la sueur de son front et repasse dans sa tête les coups gagnants de son adversaire pour tenter de remporter le prochain jeu. Les SCI (Sociétés criminelles italiennes) sont solidement implantées dans plusieurs régions où elles bénéficient de la présence, déjà ancienne, de familles originaires de leur pays. La Camorra napolitaine et la 'Ndranghetta calabraise, notamment, ont franchi, du refuge aux investissements en passant par la réalisation de trafics en tout genre à partir du sol français, toutes les phases qui précèdent l'ultime assaut : celui de la conquête du pouvoir économique. La corruption, qui est restée longtemps le fait d'individus isolés, suit une inquiétante évolution : elle s'est, si l'on peut dire, collectivisée. On a démontré l'existence de réseaux et de pactes de corruption. Ce n'est plus un abcès, c'est une gangrène. Elle réunit des politiques, des fonctionnaires et des industriels. Pour parvenir à une situation comparable à celle qui existe en Italie, il suffirait que ces deux mondes, celui du crime organisé et celui de la corruption, se rejoignent et s'associent.

Or, et c'est un visage de la société française qui a toujours été masqué, des premiers indices de rapprochement peuvent être décelés. Des liens existent entre le monde du crime et celui de la corruption. Mais peut-on parler d'un nouveau type d'associations de malfaiteurs, qui se rapprocherait plus de la définition qu'en donne l'article 416 *bis* du Code pénal italien que de celle, réservée aux seuls voyous, inscrite dans la loi française ? Avec toute la mesure qui doit présider à ce type d'analyse, je répondrai qu'il existe, en 1995, en France, des signes qui peuvent faire craindre que ce processus soit déjà engagé.

Cadavres exquis

« Dans le Var, entre élus, on se dispute, mais on ne se tue pas ! » avait clamé Maurice Arreckx devant une foule de journalistes qui se pressaient dans une salle de l'hôtel du département à Toulon. C'était un mois à peine après l'assassinat de Yann Piat, et le sénateur et président du conseil général du Var rendait compte, publiquement, de l'audition qu'il venait de subir de la part des policiers qui enquêtaient sur la mort du député. Il n'était pas encore question, officiellement, de corruption : Maurice Arreckx avait dû s'expliquer sur le fait que son nom figurait, avec quatre autres, dans une lettre confiée par Yann Piat à un notaire, en janvier 1992, soit deux ans avant sa mort. Elle désignait cinq personnes « au cas où il lui arriverait malheur ». Outre Maurice Arreckx, elle citait Jean-François Barrau, ancien conseiller général socialiste, gérant d'une société de transports à Hyères dont les locaux avaient été plastiqués, Bernard Tapie et deux malfrats : le caïd toulonnais Jean-Louis Fargette et son ami marseillais Daniel Savastano. On s'empressera d'ajouter qu'aucun de ces cinq personnages ne fut directement impliqué lorsque furent arrêtés les « pitchoun killers », meurtriers présumés de Yann Piat. Mais, à y regarder de plus près, il y avait là un échantillonnage d'hommes politiques, d'affairistes et de gangsters dont la réunion illustrait l'évolution des alliances dans la région. Ses élus, comme l'affirmait celui qui se déclarait lui-même « le parrain politique » du département, se « disputaient mais ne se tuaient pas » : ils laissaient cette besogne à d'autres avec lesquels ils étaient « en affaires ».

Car ce qui a changé dans les mœurs locales, c'est justement cela : les clivages historiques entre politique, affairisme et banditisme n'existent plus. Ou, en tout cas, ils s'amenuisent jusqu'à disparaître de plus en plus fréquemment. Naguère, à l'époque des Gaston Defferre et des Jean Médecin, patrons tout-puissants de leurs villes, les trois professions se fréquentaient parfois mais ne se mélangeaient jamais. Plus précisément, hommes politiques et gangsters, d'un côté, et hommes politiques et hommes d'affaires, de l'autre, échangeaient des services à l'occasion, mais les uns et les autres restaient à leurs places. Chacun jouait son propre rôle en se gardant bien d'empiéter sur celui du voisin. Mais voilà qu'est venu le temps des « pactes de corruption » et des « contrats ». Celui du mélange des genres qui est propre, vous diront les magistrats et policiers des pools anti-mafia italiens, aux régions où la « pieuvre » déploie ses tentacules et impose sa stratégie. Celui où les représentants du peuple, les chefs d'entreprise, les magistrats, les journalistes, les avocats et autres citoyens au-dessus de tout soupçon, se font « descendre » comme des truands. Et lorsqu'on cherche à connaître les mobiles de ces « exécutions », on n'en trouve que de deux sortes. Soit les victimes se sont opposées au nouveau système et deviennent dangereuses pour sa pérennité. Soit, plus fréquemment, elles payent leur trahison des règles du jeu. Mais, dans presque tous les cas, elles ont eu le tort d'entretenir de dangereuses liaisons. Alors Arreckx ne mentait pas lorsqu'il disait que, dans le Var, les élus se disputaient mais ne se tuaient pas : d'autres, que ces élus et leurs compères affairistes fréquentent assidûment, le font à leur place. Et l'on voit se multiplier ce que Francesco Rosi, le grand cinéaste italien qui a le mieux compris et mis en scène les mœurs de la Mafia, a appelé, empruntant la formule à l'écriture automatique des surréalistes, les « cadavres exquis ».

Dans cette série noire sur fond d'azur, Yann Piat occupe une place à part : elle a été le premier député à tomber sous les balles de tueurs à moto – selon une technique inaugurée à Nice, en 1965, lorsque le chef des pieds-noirs fut abattu par ses adversaires niçois au cours d'une « guerre des gangs » qui fit une vingtaine de morts, de part et d'autre, avant que les autochtones ne restent maîtres chez eux.

Il était 20 heures environ et la Clio de Yann Piat, conduite par son chauffeur, se faufilait sur la route en lacets mal éclairée du mont des Oiseaux – une colline située à l'ouest de Hyères, où les pins parasols baignent de leur ombre les villas disséminées, qui domine la plage de l'Almanarre, paradis des véliplanchistes, et d'où l'on découvre un panorama de rêve avec la presqu'île de Giens et, au loin, Port-Cros, Porquerolles et le Levant. Mais, en cette soirée de février 1994, les voitures sont rares sur cette route que ne fréquentent que les résidents. Personne n'assistera au guet-apens. Une moto rejoint la Clio qui a ralenti dans un virage en épingle à cheveux. Plusieurs coups de feu claquent. Yann Piat est tuée et son chauffeur grièvement blessé. C'est lui, seul témoin du drame, qui décrira deux tueurs juchés sur une moto.

L'assassinat de cette femme, mère de deux enfants, membre du Parlement, suscite une profonde émotion dans tout le pays : il ne doit pas rester impuni. Cent cinquante policiers sont mobilisés pour l'enquête qui ne peut être menée que tambour battant. Il faut des résultats, et vite ! L'opinion est servie : quatre jours à peine après les faits, deux hommes sont arrêtés, mis en examen pour homicide volontaire avec préméditation et écroués. Un témoin affirme les avoir croisés en moto non loin de l'endroit où Yann Piat a été tuée et à la même heure. Ça tombe bien : il les reconnaît sur une photo d'un meeting du député du Var où ils sont venus jouer les perturbateurs pour le compte de son adversaire. Mais les deux accusés présentent des alibis difficilement contestables, même pour des individus qui ne sont pas des enfants de chœur. Ils sont donc remis en liberté. Second coup de chance : à peine le deuxième vient-il de franchir les portes de la prison vers la sortie que d'autres suspects les franchissent aussi mais en sens inverse. Cette fois, les éléments recueillis par les enquêteurs sont plus sérieux. Il le faut car la révélation de leur identité provoque une énorme surprise : les présumés assassins et leurs complices sont âgés de 19 à 24 ans. Des « minots » ou des « pitchouns », comme on dit à Toulon, du côté du port et du « petit Chicago », mais des tueurs : un confrère inspiré les baptise aussitôt « pitchoun killers ».

Il y a le pilote et son passager, les deux guetteurs qui surveillaient le départ de la voiture de Yann Piat de sa permanence électorale et ceux qui ont incendié la moto des tueurs lorsqu'ils l'ont abandonnée. Une bande de jeunes gens désœuvrés, de condition sociale très modeste, décidés à s'affirmer dans le banditisme et ne reculant devant rien pour cela. Ils sont également soupçonnés d'avoir tué un truand notoire et tenté d'en tuer un autre, d'être responsables d'une prise d'otage, d'un incendie et d'un homicide involontaire : au cours d'une course en voiture, ils ont renversé un piéton, un militaire qui regagnait sa caserne à Hyères. Les policiers l'ont appris lors d'une écoute téléphonique. L'un des participants à cette équipée sauvage regrettait la perte... d'un tatouage qui s'était décollé lors de la collision. Les enquêteurs, incrédules, ont été mis sur leur piste par une gamine de 17 ans. Appréhendée pour l'utilisation d'une carte bleue volée, elle a confié aux policiers qui l'interrogeaient la participation de ses copains à l'assassinat de Yann Piat. Pendant plusieurs semaines, les enquêteurs, déguisés en touristes en promenade sur le port de Hyères, ne les lâchent pas des yeux. C'est ainsi qu'ils découvrent que leur quartier général est le Macama, un bar-restaurant tenu par un ancien rugbyman, Gérard Finale, âgé de 45 ans, qui apparaît comme leur gourou, version secte du crime en tout genre. Ils lui servent de garde rapprochée à chacun de ses déplacements et notamment la nuit, à la fermeture du Macama, quand il ramène la recette à son domicile.

Incarcéré lui aussi, Gérard Finale reconnaît être intervenu pour forger des alibis aux « minots », mais pas plus. Le personnage de chef d'orchestre, voire de commanditaire, qu'on veut lui faire jouer, il le réfute catégoriquement. Son nom a été prononcé par la petite amie de l'un des jeunes gens mis en examen et par celui qui a avoué avoir piloté la moto avant de se rétracter et ne reconnaître que le vol. Mais Finale désigne un autre commanditaire qui proteste de son innocence avant même son éventuelle implication judiciaire : Joseph Sercia, conseiller général du Var. Tout cela paraît bien flou et, un an après l'assassinat de Yann Piat, on ne sait toujours pas, avec certitude, pourquoi elle a été tuée et qui a armé le bras des « pitchoun killers ». Ce qui est certain, c'est qu'ils sont terrorisés au fond de leurs cellules. Chaque fois qu'on leur fait quitter la prison pour les présenter au juge, il faut les protéger par une escorte en armes et les vêtir de gilets pare-balles. Ils répètent que les menaces de mort franchissent tous les murs. Et qu'il faut les prendre au sérieux : la copine de l'un d'eux n'a-t-elle pas été enlevée et frappée par des inconnus ? De toute évidence, on veut les faire taire. Mais qui ? Les amis de Gérard Finale ou ceux de Joseph Sercia qu'ils mettent en cause ? L'hypothèse ne peut pas être écartée, mais elle n'est pas vraiment convaincante, car justement elle enfonce davantage ceux que cette intimidation doit protéger. Il y en a une deuxième plus logique : le ou les véritables commanditaires de l'assassinat de Yann Piat ont réussi à rester dans l'ombre d'où ils terrorisent ses exécutants pour les dissuader de mettre la police sur leur piste.

Une troisième hypothèse est également avancée : et si les « pitchouns » avaient agi de leur propre initiative, dans le seul but de venger la mort de Jean-Louis Fargette dont Yann Piat, dans leur esprit, aurait été responsable ? Ce qui est certain, c'est que le caïd, abattu le 18 mars 1993 devant son domicile de Vallecrosia, près de la frontière franco-italienne, était pour eux une véritable idole : presque l'objet d'un culte. Ils avaient affiché son portrait dans leur chambre comme d'autres jeunes de leur âge avaient vénéré les posters de James Dean ou de Che Guevara. Sans doute rêvaient-ils de suivre le parcours de celui que ses amis appelaient Le Grand : parti du même échelon qu'eux, le plus bas de l'échelle sociale, il était parvenu au sommet, ou presque. Riche, adulé, puissant, il régnait à la fois sur le royaume de truanderie et sur celui des affaires et de la politique. Il était l'exemple même de ce mélange des genres, de type mafieux, propre à multiplier les « cadavres exquis ». En cela, au moins, Jean-Louis Fargette a été un précurseur. Toute sa carrière en témoigne.

Son mètre quatre-vingts et son allure athlétique lui avaient valu ce surnom du Grand, donné par ses amis qui étaient aussi des admirateurs. Il le préférait à celui de Savonnette, dont il disait : « Ce sont les condés qui m'appellent comme ça parce que je leur ai toujours filé entre les doigts. » Et, de fait, il avait réussi à établir son empire sans que son casier judiciaire soit gravement entaché. Car l'homme, à défaut d'être instruit, était intelligent. Né en 1948 à La Valette, près de Toulon, dans une famille de sept enfants, il avait acquis une réputation de « dur » dès l'âge de 14 ans. Livré à lui-même – son père, un militaire, était mort en 1958 dans la catastrophe du barrage de Malpasset à Fréjus –, Jean-Louis Fargette fut un gangster très précoce. Il n'avait pas 18 ans lorsqu'il réussit l'examen de passage très périlleux que lui avait proposé le « milieu » toulonnais de l'époque : aller chercher un « traître » réfugié en Italie et le ramener dans le Var dans le coffre de sa voiture. Mais, au-delà de cet exploit, c'est l'estime et l'amitié, jamais démenties depuis, que lui manifesta Louis Reynier, dit le Seigneur des Sablettes, du nom d'une plage des environs de Toulon où il possédait un restaurant, qui aidèrent son ascension. Loulou, parrain incontesté auquel il avait été présenté par Dédé la Boulange – ça ne s'invente pas –, lui laissa volontiers son trône lorsqu'il décida de se mettre en retrait : lui aussi avait été surnommé Le Grand.

Pour mériter ce rôle et le surnom qui lui était attaché, Fargette était passé par l'école la plus réputée de l'époque, l'université de la voyoucratie dans la fin des années 60 : le bar des Trois Canards, rue de La Rochefoucauld à Paris, où il avait appris son « métier » aux côtés de René Ricord (Toulonnais lui aussi, qui devait s'illustrer dans la French Connection) et d'autres grandes figures de la pègre comme les frères Giudicelli, François Agostini, Raoul Teisseire, etc. A l'âge de 20 ans, il inspirait déjà le respect, même auprès des vieux routiers qui vivaient de la prostitution, à laquelle Fargette ne toucha jamais, non plus qu'à la drogue : « Pour ne pas faire de la peine à ma mère », aurait-il déclaré. Volontiers charmeur, mais aussi capable de la plus extrême violence, il se signala pour la première fois à l'opinion publique en blessant d'un coup de feu un homme qui avait eu l'imprudence de venir le racketter dans un bar, sa première affaire, qu'il venait d'acheter à Toulon. C'était en 1971, il n'avait que 23 ans et il n'eut plus besoin de manifester, aussi intempestivement, son autorité pour asseoir sa suprématie. Quatre ans plus tard, la presse faisait ses gros titres d'une affaire qui prêtait plus à rire qu'à pleurer : celle du prix « Bride abattue ». Le Grand obtint un non-lieu. Pourtant, c'était bien lui qui avait été l'instigateur de la plus vaste escroquerie qu'ait connue le monde du turf. Les favoris avaient été « retenus » pour faire gagner des « tocards » qui avaient rapporté gros aux parieurs initiés. Fargette se faisait un plaisir de mimer le vainqueur qui ouvrait de grands yeux en criant : « C'est moi qui gagne et je monte un bourricot ! » Volontiers généreux et plein d'humour, il avait envoyé à son avocat, pour s'excuser de l'avoir fait revenir des sports d'hiver, une lithographie de Dali représentant un cheval au galop.

Mais l'homme avait soif de respectabilité. Il aimait par-dessus tout – costume trois-pièces et attaché-case – jouer à l'homme d'affaires. C'est ainsi qu'il avait voulu, en association avec Simon Waintrop, le manager de Mike Brandt, acheter le paquebot *France*. Les deux amis réunirent 130 millions de francs pour faire de ce bateau un casino flottant destiné à être ancré devant Beyrouth, qui était encore la ville-phare de tout le Moyen-Orient. Le projet échoua, et Fargette se tourna vers une réalisation moins mirobolante : la vente de spiritueux en gros par une société baptisée Les Caves varoises. La légende dit qu'il s'agissait surtout d'approvisionner les bars, restaurants et établissements de nuit qu'il commençait à collectionner dans la région. Toutefois, sa principale source de revenus était ailleurs : « Jean-Louis avait compris que pour faire de l'argent il valait mieux entrer dans la politique que se livrer à des hold-up : ça rapportait plus et c'était moins dangereux », raconte un de ses amis. Mais entrer en politique, pour un voyou, ce n'est pas se présenter aux élections : c'est tirer un profit direct du pouvoir de décision dévolu aux élus du peuple. Et notamment dans le domaine du bâtiment et des travaux publics dont l'importance allait grandissante dans le Var, un département encore peu urbanisé par rapport à son voisin des Alpes-Maritimes. Il ne fait pas de doute qu'il a été à la base de la création des « comités d'affaires » semblables à ceux que la 'Ndranghetta a initiés en Calabre. Nous aurons l'occasion d'en reparler.

Mais pour en arriver là, il lui fallait un mentor : ce fut Maurice Arreckx. L'ancien mercier devenu maire de Toulon, puis président du conseil général et sénateur du Parti républicain, et le jeune loup aux dents longues, qui sait faire patte de velours ou montrer les crocs, c'est selon, sont présentés l'un à l'autre par une amie commune : Miss Toulon, qui deviendra Nicole, la seconde « épouse » – officieuse mais omniprésente – de Maurice Arreckx (que le petit peuple varois appelle Arrec comme si les deux dernières lettres de son nom n'entraient pas dans leur alphabet). Au meilleur de leurs relations, l'un répétera : « C'est le fils que j'aurais voulu avoir. » L'autre rétorquant : « C'est le père que j'aurais voulu avoir. » Mais ces liens affectifs, bien réels, se doublaient d'une association plus calculée : le cœur et la raison, en quelque sorte.

En 1978, le RPR parachuta à Toulon un de ses poids lourds pour faire échec à Maurice Arreckx. « Vous n'aurez pas une seule fois votre nom sur les murs de Toulon », avertit le caïd. La rumeur publique rapporte que le parachuté a dépensé 10 millions de francs pour engager une « équipe » qui devait s'imposer à celle de Fargette. Si c'est vrai, ce fut en pure perte, car, effectivement, les rues de Toulon restèrent sous le contrôle exclusif du Grand dont on disait qu'il pouvait « lever » une troupe de quatre-vingts hommes d'un seul signe de la main. C'est à cause de cet engagement que Fargette a connu sa première incarcération. Comme par hasard, ce fut en pleine campagne électorale : il fut arrêté pour l'achat de quelques bouteilles de champagne avec un chèque volé et pour celui de fourrures, retrouvées au marché aux puces de Marseille, avec un chèque falsifié. Tout cela paraissait bien dérisoire et peu en rapport avec l'envergure du « parrain ». Aussitôt les élections terminées et gagnées par Arreckx, il fut relâché. Mais il ne décolérait pas : « Je veux bien qu'on dise que j'ai découpé vingt personnes à la mitraillette mais que j'ai pu commettre des escroqueries aussi minables, alors là je deviens fou. A la prison des Beaumettes, je "mangeais" les murs de ma cellule ! »

Cet intermède ne le découragea pas. En 1981, on le vit à la tribune, aux côtés des candidats aux législatives de la droite modérée, en tant que membre du très officiel Comité d'action pour la majorité. Ce fut son dernier engagement visible et solennel car, un an plus tard, il se réfugia en Italie pour éviter une nouvelle détention : les grands fauves ne supportent pas les cages dans lesquelles on veut les enfermer. Parlant de la police, Fargette disait volontiers qu'elle le « cherchait ». Entendez par là qu'il considérait que les policiers ne négligeraient aucun moyen pour justifier son arrestation. Ils en avaient sans doute assez que Savonnette leur glisse entre les doigts. Sa prophétie se réalisa. Le 27 janvier 1982, une escouade d'inspecteurs de la brigade antigang de Nice lui tendait une embuscade sur la route du Mourillon à Toulon. Fargette se rendait dans un restaurant avec, comme passager, un truand parisien, Pascal Damiano, recherché pour un hold-up sanglant dans lequel il aurait été impliqué. Incarcéré à nouveau, mais rapidement relâché, il comparut, le 11 septembre 1982, devant le tribunal correctionnel de Toulon pour « recel de malfaiteur ». Entre-temps, Damiano avait été mis hors de cause pour ce hold-up avec blessés. Cela autorisa Fargette et son avocat, le futur bâtonnier de Toulon, Me Jean-Martin Giusiano, à plaider la relaxe : « Puisqu'il n'y a pas de malfaiteur, il ne peut plus y avoir de recel ! » Le tribunal se retira pour délibérer. Lorsqu'il revint pour prononcer son jugement – un an de prison ferme et mandat d'arrêt décerné à l'audience – Jean-Louis Fargette n'était plus là. Il avait remarqué l'arrivée de renforts de police et deviné que c'était pour assurer son arrestation. Il s'était donc enfui. Mais ce ne fut pas à l'improviste. « Il a été renversé en traversant la rue », déclara un témoin. Les recherches entreprises dans les hôpitaux et les cliniques de la ville restèrent infructueuses. Sauf pour Le Grand qui s'était donné le temps de rejoindre l'Italie avant que les postes frontières ne soient alertés.

Sa « cavale » devait durer plus de dix ans : en toute tranquillité. On apprit qu'il s'était installé à Rome, où Argelia, une belle Mexicaine épousée à Londres en 1977, et leur fillette, alors âgée de 8 ans, vinrent le rejoindre. Arrêté en vertu d'un mandat d'arrêt international, il fut aussitôt relâché contre le paiement d'une caution de 1 million de francs : la justice italienne refusa toujours de l'extrader pour un délit qu'elle considérait comme inexistant. Fargette eut le bon goût et la prudence, pour ne pas s'attirer des ennuis avec les bandits du cru, de ne se consacrer qu'à des activités licites. A Rome d'abord, il se lança dans le commerce des jeans dont il créa sa propre marque. Puis sur la Riviera dei Fiori, sa seconde résidence, il ouvrit deux restaurants, assez modestes du reste. Mais, pendant ces dix années, il ne cessa jamais de s'occuper des affaires varoises. Même en exil, il conservait toute son autorité et son influence sur ces fameux « comités d'affaires » de type mafieux auxquels il imposait, dit-on, le barème suivant à son propre avantage : 1 million de francs par kilomètre de route nationale et 5 millions de francs par collège. N'avait-il pas mis au point, lui-même, ce racket des travaux publics dont ses amis du Parti républicain étaient les premiers à profiter ? Et même à son insu, ce qui eut le don de le mettre dans une rage folle.

On le sait grâce à Daniel Savastano, un Marseillais rondouillard et moustachu, repris de justice : son correspondant privilégié en France. Les deux amis se téléphonaient beaucoup. Quand Yann Piat fut assassinée et que le nom de Fargette, bien que mort onze mois auparavant, fit irruption dans l'enquête, les policiers sortirent de leurs tiroirs plusieurs heures d'écoutes téléphoniques enregistrées alors que Savastano était suspecté de se livrer à un trafic de fausse monnaie. Certes, Bicou et Bicounet, comme ils s'appelaient affectueusement, se montraient prudents. Ils parlaient à mots couverts et utilisaient des sobriquets pour désigner les personnes avec lesquelles ils étaient en affaires. Mais Savastano, qui était en quelque sorte le représentant de Fargette, ne se fit pas prier pour décrypter leurs conversations parfois énigmatiques. Pour mieux apprécier ses déclarations, faites à l'inspecteur Christian Germain, du SRPJ de Marseille, le 8 mars 1994, il faut savoir que le « parrain » varois s'intéressait à trois grands projets : des silos à ciment sur le port de La Seyne – déjà évoqués –, l'extension de l'aéroport de Hyères et un lotissement du nom de Sophia-Estérel sur les communes de Fréjus et Saint-Raphaël.

Et maintenant écoutons les morceaux choisis de la confession de Daniel Savastano, à laquelle je n'ai pas changé une virgule par crainte de lui enlever son parfum :

> Je peux vous dire que quand je parlais du nommé Jeff, il s'agissait de Jean-François Barrau. A l'époque, en 93, j'ai fait sa connaissance en Italie. C'est Jean-Louis Fargette qui me l'a présenté pour monter un très gros projet qui s'appelait les « ciments varois ». A cette réunion, il y avait un responsable des ciments Vicat. Jean-Louis annonçait à Jean-François Barrau qu'il comptait monter une centrale. Je dois vous dire aussi concernant ces choses-là que je m'étais rendu en Italie, dans le

secteur de Vintimille, dans la localité de Bordighera, à la demande de Jean-Louis, pour assister à cette réunion technique. Nous nous sommes rencontrés dans un restaurant. Il y avait donc quatre à cinq personnes au déjeuner : moi, Jean-Louis, M. Barrau et un ou deux techniciens des ciments que je ne connaissais pas. Jean-Louis attendait de moi que je présente M. Fayolle à M. Barrau pour l'estimation des silos à ciment pour une somme de 10 à 20 millions de francs environ. Mon travail c'était ça, d'ailleurs je l'ai fait de retour à Marseille. Jean-François Barrau devait être le coordinateur de l'opération, de la mise en place. Jean-Louis Fargette a expliqué exactement ce qu'il devait faire. Il fallait obtenir l'accord d'une concession délivrée par la chambre de commerce. Suite à cette réunion, de retour en France, j'ai provoqué le rendez-vous dans mon bureau entre M. Fayolle et Jeff, c'est-à-dire Jean-François Barrau. Cela s'est déroulé moins de dix jours après la discussion en Italie qui, elle, s'est passée fin d'été 92. Fayolle a été positif, je pense, mais il n'avait toujours pas l'accord de la chambre de commerce, il avait simplement un accord verbal. Quand Fayolle et Barrau sont tombés d'accord, j'étais présent lors de la rencontre : M. Fayolle a demandé des renseignements sur la facture de la société de ciments. M. Barrau a demandé à Fayolle un taux pas trop élevé de financement, un premier remboursement différé d'un an après la mise en place de la société pour un montant, me semble-t-il, de 10 à 20 millions de francs dans n'importe quelle monnaie. J'ignore où les capitaux devaient être versés. J'ai revu une nouvelle fois M. Barrau en Italie, un mois après, toujours pour les ciments varois. Il y avait donc présent Jean-Louis Fargette, nous étions donc que tous les trois. Nous sommes allés au même restaurant que la fois précédente, la conversation a de nouveau porté sur le montage de cette centrale à ciment. Jean-Louis ne comprenait pas pourquoi cela traînait et pourquoi les accords administratifs nécessaires tardaient. Jean-Louis a fait le point avec Jean-François Barrau. Il a insisté pour que ce projet qui lui tenait à cœur aboutisse. Il est resté correct avec Barrau mais il lui a demandé de voir à quel niveau cela bloquait. Selon moi, Jean-François Barrau est un homme de dossiers, correct, et je pense que Jean-Louis avait dû lui cacher certaines choses, qu'il n'était pas au courant de toutes les magouilles.

A propos de magouilles, Daniel Savastano se fait plus précis, même si ses propos sont parfois chaotiques, dans la suite de sa déclaration :

> Jean-Louis Fargette m'avait dit, à la fin de l'année, une fois où je l'avais rencontré, qu'il avait appris que le Vieux avait racketté les entreprises en son nom. C'est-à-dire, en parlant du Vieux, il voulait dire Maurice Arreckx, comme quoi celui-ci utilisait le prestige et la renommée de Fargette pour obtenir de l'argent. Si Jean-Louis m'a dit ça, c'est que c'était vrai. Il ne s'agit pas d'un bruit ou d'une rumeur mais de ce que m'a dit Jean-Louis. C'est d'ailleurs comme cela, par un certain nombre d'écoutes téléphoniques au cours desquelles j'ai parlé à Jean-Louis, que vous pouvez voir qu'il les traitait de tous les noms : Jean-Louis en voulait à Arreckx qu'il surnommait « le vieux » ou le « grand-père » et à Liautaud, qu'il surnommait « le gros » ou « le gros porc ». Ils ont profité de sa notoriété pour agir ainsi auprès des entrepreneurs et racketter les entreprises : la Générale des Eaux, la Lyonnaise des Eaux, MCB, ça c'est Jean-Louis qui me l'a dit. Il m'a cité le nom de ces sociétés qui auraient donc été forcées de remettre de l'argent au Vieux. Jean-Louis m'a dit une fois au téléphone : j'ai la preuve qu'ils m'ont fait marron de 1 500 000 francs, parlant toujours d'Arreckx et de Liautaud. Cela c'était sur la construction de l'école d'ingénieurs, me semble-t-il, c'était à la fin de 1992, je crois. Jean-Louis m'a dit : depuis qu'il a signé, le Gros, il se cache. En fait, il s'agit d'une somme totale de 1 million selon Jean-Louis. D'après ce que me disait Jean-Louis Fargette, dans le comportement d'Arreckx et Liautaud ce qui le gênait et le mettait en colère, c'était le fait qu'on utilisait sa renommée et son nom pour obtenir des pots-de-vin sur lesquels il ne touchait rien. »

Puis Savastano va faire allusion à une entrevue qui se serait déroulée en Italie et au cours de laquelle Fargette aurait giflé Arreckx :

> Je sais que pour remédier à cet état de fait, Jean-Louis a convoqué le Gros en Italie et le Grand-père pour leur passer un savon.

> D'ailleurs, à cette occasion, Jean-Louis m'a dit que Grand-père était venu le voir pour s'expliquer en compagnie de sa femme prénommée Nicole. Cette dernière n'a pas assisté à l'entretien mais elle s'est fait également remonter les bretelles par Jean-Louis. Je pense que Jean-Louis avait convoqué le Vieux, fin 1992, et je ne pense pas que Mme Piat était au courant de ces affaires de pots-de-vin. Jean-Louis pensait que cela durait depuis plus de dix ans, c'est-à-dire depuis son départ, et a estimé le préjudice à environ 50 millions de francs. Ces pots-de-vin étaient versés par les entreprises de travaux publics pour obtenir les marchés de travaux publics.

Il est d'ailleurs beaucoup question de corruption dans ce procès-verbal :

> Je crois comprendre qu'il s'agit de pots-de-vin ou plutôt j'en suis certain car Jean-Louis me l'a confirmé, qu'il s'agit de pots-de-vin perçus par Arreckx et Liautaud et versés par les dirigeants des entreprises Dumez, Campenon-Bernard et MCB. Jeff, dont il est fait état, est Jean-François Barrau qui devait, à l'occasion, à la demande de Jean-Louis, aller à un rendez-vous avec le directeur de Campenon et de Dumez, mais c'est Liautaud qui est allé avant lui en précisant à Jeff que le rendez-vous le concernant était annulé. Liautaud aura donc récupéré une valise avec 3 millions de francs environ, selon Jean-Louis. Cela a eu pour résultat de rendre Jean-Louis fou furieux contre Liautaud. Jean-Louis n'a pas, à ma connaissance, pu récupérer cet argent. Dans le même ordre d'idées, Jean-Louis m'avait dit qu'un directeur de la société MCB ou Campenon-Bernard était chargé de reverser les commissions aux élus et à leur entourage et cela en utilisant le nom de Fargette. Ce rendez-vous concernait les pots-de-vin versés par un chantier du Var, fin 1992. Toujours à la même époque, c'est-à-dire fin 1992, j'ai appris, toujours par Jean-Louis, que sur un contrat comprenant la collecte d'ordures ménagères avec une société située à La Valette ou de La Seyne et des environs, Liautaud avait perçu de l'argent.

Puis il ajoute, en conclusion de cette longue tirade :

> Michel Hamaide est un élu du Var qui a réussi dans les affaires et qui était en contact avec Jean-Louis. Je pense que leur projet commun reposait sur les Lieutenants, c'est-à-dire sur la zone de Sophia-Estérel. Personnellement, je ne connais pas ce monsieur. Je ne vois rien à ajouter dans l'immédiat.

Enfin, répondant à une question du policier qui l'interroge, Savastano se laisse aller à une envolée digne d'un dialogue d'Audiard revisité par Pagnol : le maire d'une grande ville du Var est appelé Mata Hari ou la Danseuse ou la Doctoresse ; deux entreprises de BTP : Clairette et sa fiancée du Luxembourg ; quand Fargette dit « le Vieux, pas le mien, l'autre » il parle d'Henri Ritondale, le maire de Hyères. On distingue les amis en les nommant par leur seul prénom ou diminutif : Jo pour Joseph Sercia ; Dominique pour Dominique Cananzi ; Marc pour Marc Fratani, attaché parlementaire de Bernard Tapie ; Patrick pour Patrick Heintz, « ami de Mme Piat ». A son propos, Savastano précise : « Jean-Louis était remonté contre elle, mais je ne comprends toujours pas ce que m'expliquait Jean-Louis en tout cas quand il parlait par allusion. »

Dans le relevé sténographique des conversations téléphoniques entre les deux hommes, de part et d'autre de la frontière franco-italienne, il est beaucoup question de Yann Piat. Nous sommes à la veille des élections législatives de 1993 et elle est candidate à sa propre réélection dans la troisième circonscription. Fargette, c'est indubitable, lui préfère Jo, c'est-à-dire Joseph Sercia, conseiller général PR et ami d'Arreckx. Il cherche à lui « faire un travail » pour employer le langage des voyous. Il s'agira d'exploiter une « erreur » de Yann Piat. Un an auparavant, en janvier 1992, elle a déjeuné avec Savastano dans un grand hôtel de la Corniche à Marseille. Selon celui-ci, c'est Yann Piat qui l'avait contacté. « Elle avait besoin d'argent car elle s'était endettée lors de la dernière campagne électorale et elle voulait des fonds pour la prochaine. Elle m'a donc demandé de lui prêter 1 million de francs en me laissant entendre que, si mes amis et moi-même l'aidions, elle saurait renvoyer l'ascenseur. J'en ai parlé à Fargette qui m'a dit de l'envoyer se faire voir ailleurs. » Rien n'a donc été conclu, mais l'idée a germé chez Fargette de rendre publique cette rencontre pour discréditer le député en révélant qu'elle fréquentait la Mafia. Il pense aussitôt à *Nice-Matin Var* et à son journaliste vedette, Jean-Pierre Mériadec : ils ont de l'estime l'un pour l'autre. Témoignage du confrère : « Il m'a appelé au journal pour me révéler que Yann Piat était allée à Marseille "voir des plus noirs que noirs", c'est l'expression qu'il a utilisée. Il m'a proposé de publier ce "scoop" en me fournissant les preuves de cette entrevue : des photos et une cassette. J'ai refusé car ce n'est pas le genre de la maison et parce que je craignais une manipulation. » D'autres journaux auraient été contactés, mais en pure perte également.

Une semaine après cette tentative de nuire à Yann Piat, le 18 mars 1993, le parrain du Var tombait sous les balles d'un tueur de l'ombre. Il était 23 heures et Fargette regagnait son appartement, dans un petit immeuble cossu du quartier chic, sur les hauteurs de Vallecrosia. Argelia et leurs deux enfants étaient à Toulon et lui s'apprêtait à finir la soirée en père tranquille, devant la télévision : il avait acheté une cassette vidéo qu'il tenait à la main. Une arme bien dérisoire face à l'homme qui l'attendait en haut de l'escalier, à l'entrée de l'immeuble, et qui exhiba un 38 spécial Smith et Wesson. Une première balle lui fracassa le poignet, la deuxième et la troisième l'atteignirent au thorax et la quatrième, le coup de grâce, derrière la nuque. Pourtant Le Grand avait tenté de désarmer son adversaire. Il y avait eu bagarre. Les plates-bandes avaient été piétinées, et Jean-Louis Fargette emporta dans sa mort une poignée de cheveux arrachés à son agresseur. Des cheveux blancs : le seul indice offert aux carabiniers chargés de l'enquête.

Pour le procureur Pelosi, rencontré dans son bureau du palais de justice toujours bondé de San Remo, il ne faisait pas de doute que l'explication de ce règlement de comptes était à chercher en France. Lorsqu'il avait débarqué à Rome, une dizaine d'années auparavant, avec la recommandation de Tany Zampa, le parrain marseillais très bien introduit auprès de la Mafia et de la Camorra, Fargette avait eu l'intelligence de ne pas faire de l'ombre à la pègre locale. Depuis, il n'avait jamais dérogé à cette règle de bonne conduite. Si bien qu'il ne dérangeait personne : ni dans la capitale, ni sur la Riviera dei Fiori. En revanche, il continuait à diriger ses affaires varoises. Ses voisins l'avaient surnommé « le chef du clan des Marseillais », car ils voyaient beaucoup de voitures immatriculées 13 et 83 se garer Via Bella Vista où Fargette avait élu domicile. Et puis, dévoilait le dottore Pelosi, les carabiniers avaient appréhendé un homme, un Calabrais de 30 ans, demeurant à Marseille mais surpris dans un appartement d'Ospedaletti, tout près de Vallecrosia, qui recelait un arsenal : plusieurs mitraillettes et pistolets dont un Smith et Wesson 38 spécial qui n'était pas l'arme du crime. Il expliqua qu'il était venu récupérer les armes après la mort de son ami Fargette et que c'était celui-ci qui avait donné l'argent pour louer l'appartement. Il refusa d'en dire davantage. Et s'il fut condamné à trois ans et dix mois de prison par le tribunal de San Remo, six mois plus tard, ce fut uniquement pour la détention d'armes. Un Varois, âgé de 40 ans, demeurant à Saint-Cyr-sur-Mer, avait été également interpellé : il avait sablé le champagne avec des amis le lendemain de l'assassinat de Fargette. C'était une indélicatesse, mais en aucun cas un délit et il ne fut pas autrement inquiété.

C'est dire que l'énigme demeure entière. Par qui et pourquoi Fargette a-t-il été tué ? La question reste sans réponse, et on en est réduit à échafauder des hypothèses. On a vu qu'il avait toujours pris la précaution de ne pas interférer dans les affaires des organisations criminelles italiennes. Une condamnation à mort prononcée par la Mafia, en Italie, est donc à écarter. De même, le règlement de comptes décidé par une bande rivale du Sud de la France ne semble pas devoir être retenu. Fargette, dont chacun louait la loyauté et l'intelligence, avait réussi à rester ami avec Tany Zampa et Francis le Belge au plus fort de la guerre qui les avait opposés. Il avait même été choisi comme médiateur par les deux camps. Il était également en très bons termes avec Jacky le Mat, troisième grande figure du milieu marseillais. Il était unanimement craint et respecté. La preuve : pendant ces dix années d'absence, personne n'avait tenté de s'approprier, si peu que ce fût, une parcelle de son domaine varois, qu'il continuait à diriger, depuis son exil, de main de maître.

Reste une troisième hypothèse, la plus vraisemblable assurément : celle d'un crime « politique ». Car si les activités classiques de voyou du parrain varois ne gênaient personne, il n'en était pas de même en ce qui concernait la corruption des élus par les entreprises de construction et de travaux publics. On a vu qu'il intervenait dans les campagnes électorales et qu'il était devenu incontournable dans la répartition des pots-de-vin. La transcription des échanges téléphoniques entre Fargette et Savastano est éloquente à ce sujet. De même que les explications fournies par ce dernier, même si on n'est pas obligé de le croire sur parole quand il donne son propre décryptage de la pensée de son ami. De toute évidence, Fargette dérangeait beaucoup de gens dans cette coalition politico-affairiste qui se « gavait », pour employer un terme en vogue chez les voyous et leurs affidés, avec les marchés publics. Or il s'apprêtait à rentrer au bercail. Sa condamnation à un an de prison pour « recel de malfaiteur », qui lui avait fait prendre la fuite, était effacée par la prescription. Il pouvait revenir en toute quiétude. Et il y a gros à parier qu'il a été tué pour empêcher son retour. La difficulté, pour ceux qui voudraient élucider le mystère de sa mort, tient au fait que les commanditaires peuvent aussi bien se trouver dans le clan de ses amis politiques que dans celui de ses adversaires.

Mais quels qu'ils soient, ceux qui ont commandé son assassinat sont désormais les obligés de l'organisation criminelle qui l'a accompli. Cela est indubitable. C'est-à-dire que le système de type mafieux, qui lie hommes politiques, industriels et gangsters, n'a pas été remis en question par l'élimination de Fargette : Le Grand a seulement été remplacé par un autre parrain dont on connaîtra un jour le nom. S'il ne s'agit pas d'un véritable *capo* mafioso, il lui ressemblera beaucoup. Au moins dans la manière de préserver ses propres intérêts et ceux de son clan en faisant agir des francs-tireurs – en Italie, il est question de « soldats » – pour mieux rester hors d'atteinte de la justice. Il n'est pas impossible que cela ait été le cas dans l'assassinat de Yann Piat, dont les véritables commanditaires n'ont toujours pas été confondus.

En parlant de « cadavres exquis », j'ai évoqué deux catégories : les gêneurs et les traîtres. Avant Yann Piat, il y a eu dans le Var une première victime du système politico-mafieux sans que l'on ait su dans quelle catégorie la ranger. On ne quitte d'ailleurs pas la région varoise, ni même tout à fait Jean-Louis Fargette, quand on évoque l'assassinat, le vendredi 29 août 1986, de Daniel Perrin, conseiller régional de Provence-Côte d'Azur et deuxième adjoint au maire de La Seyne, M. Charles Scaglia.

Il est 19 h 45, ce jour-là, lorsque Daniel Perrin se présente au volant de sa BMW devant le portail de sa villa « La Camarguaise » située dans un quartier résidentiel de Sanary, près de Toulon. Au moment où il manœuvre pour rentrer sa voiture au garage, une moto surgit. Quatre coups de feu claquent. Daniel Perrin est atteint au visage par la première balle. Il s'affaisse sur le siège passager. On imagine que le tireur, passager de la moto, s'approche et fait feu encore à trois reprises. Deux balles le frappent au thorax et la dernière à la ceinture. Leur « contrat » accompli, les deux motards disparaissent : ils n'ont jamais été identifiés. De même, le mobile de cette « exécution » demeure toujours incertain. La seule certitude, qui résulte de ce simple énoncé, est que Daniel Perrin a été tué par deux hommes casqués qui ont agi avec un sang-froid, une précision et une détermination de professionnels. Et que cet homme de 56 ans, père de quatre enfants, agent immobilier prospère, fondateur du Parti républicain dans le Var dont il a été le trésorier, a été victime d'un règlement de comptes.

Originaire de Courbevoie dans les Hauts-de-Seine, il s'était installé à La Seyne-sur-Mer en 1956 après avoir dirigé, en Guinée, une exploitation forestière et une coopérative bananière. Il est entré en politique aux côtés de Charles Scaglia pour lutter contre les communistes qui tenaient la ville des chantiers navals de toute éternité. D'abord dans l'ombre, puis au sein du conseil municipal lorsque Scaglia enleva la mairie aux « rouges ». Deuxième adjoint, il reçut plusieurs délégations, dont celle du contentieux des affaires foncières. Après plusieurs mois d'enquête, et bien qu'ils ne pussent jamais en apporter la preuve, les inspecteurs de la PJ acquirent la conviction que c'était dans le cadre de ses responsabilités à la mairie de La Seyne que se trouvait la raison pour laquelle cet homme politique avait été abattu, lui aussi, « comme un truand », un soir d'été de l'année 1986. Et plus particulièrement dans le dossier qui fera l'objet, huit ans plus tard, d'un chapitre corsé de l'audit de l'ex-inspecteur Gaudino dont la publication entraînera la démission de Charles Scaglia.

On se souvient que ce rapport mettait en cause Yvan-Paul Valenti, ancien directeur de cabinet de Maurice Arreckx avant de devenir celui de Charles Scaglia, sur lequel il avait une grande influence, à la mairie de La Seyne. Valenti, un bel homme brun toujours tiré à quatre épingles, était un ami d'enfance de Jean-Louis Fargette avec lequel il était resté très lié, au point de lui rendre visite dans son exil romain à l'époque où il s'opposait à Daniel Perrin. Perrin et Valenti, que tout différenciait, ne s'aimaient pas. Sans doute aussi cette antipathie bien partagée était-elle aiguisée par des points de vue différents sur la suite à donner à certains projets. Comme s'ils appartenaient à deux camps (clans ?) antagonistes.

C'est ainsi que les policiers, enquêtant sur l'assassinat de Daniel Perrin, ont buté sur un dossier qui a envenimé la vie locale pendant de nombreuses années. Il concerne un terrain d'une centaine d'hectares, en bord de mer, véritable petit paradis dont on imagine facilement qu'il a pu aiguiser de gros appétits. Le domaine, dit de Fabregas, devait accueillir un centre de loisirs édifié par la caisse administrative et sociale d'EDF. Tout était prévu pour préserver le site, et chacun paraissait se satisfaire de cette réalisation : les propriétaires encaissaient une confortable plus-value, la ville faisait une bonne affaire, les défenseurs du domaine public pouvaient se réjouir puisque le centre de loisirs était à vocation sociale et les amoureux de l'environnement, qui redoutaient une urbanisation à outrance de ce coin de pinède, de rochers et de plage de sable blanc, se rassuraient. Une véritable carte postale, le domaine de Fabregas. Mais c'était du temps de la municipalité communiste. Lorsque Charles Scaglia gagne les élections en 1984, il range ce projet au placard et c'est son ami et adjoint, Daniel Perrin, qui est chargé de dire « non » aux responsables syndicaux d'EDF. En lieu et place du centre de loisirs, on imagine successivement de bâtir un village provençal, puis des locaux pour une société américaine d'informatique qui prévoit d'y créer mille emplois et, enfin, d'aménager un terrain de golf. Autant de projets qui ne verront jamais le jour car on revient au centre de loisirs. L'idée est de Daniel Perrin. Mais il ne s'agit plus de faire du social. Bien au contraire : on parle d'un complexe touristique très haut de gamme avec hôtel, villas, terrains de jeux, pour une clientèle fortunée attirée par ce site, encore intact, unique sur la Côte d'Azur défigurée par le béton.

Oui, mais voilà : l'adjoint au maire n'a pas que de bonnes fréquentations. Il a la faiblesse d'être lié au « milieu » lyonnais qui est, avec celui de Marseille, réputé le plus redoutable de l'Hexagone. Il a paru probable aux enquêteurs que Daniel Perrin ait pu faire des promesses à ses amis lyonnais, très désireux d'investir, eux aussi, dans ce mirifique projet. L'adjoint au maire de La Seyne aurait alors été victime de son imprudence, car il n'aurait pas pu tenir ces promesses-là. C'est la première hypothèse. La seconde qui est liée à celle-ci, mais qui s'en différencie par l'identité des donneurs d'ordre aux tueurs à moto, met également en scène le « milieu ». Il ne s'agit plus de Lyon, mais de Toulon. Le grand banditisme local, qui avait vu lui échapper une opération similaire du côté de Hyères, n'aurait pas accepté que des rivaux soient introduits, tel le cheval de Troie, sur leur propre territoire. Daniel Perrin, tenu pour responsable de cette intrusion dans leur domaine réservé, aurait payé de sa vie cette trahison. Cela était d'autant moins acceptable que, comble de lèse-majesté, Fabregas jouxte la plage des Sablettes dont le seigneur des lieux n'est autre, ainsi que nous l'avons dit, que Loulou Reynier, le parrain de Jean-Louis Fargette dans le grand banditisme. Dans les deux hypothèses retenues par les policiers, Daniel Perrin aurait été, lui aussi, tué à cause de ses liaisons dangereuses.

Cependant, les disparitions de Daniel Perrin et de Jean-Louis Fargette ne changèrent rien aux convoitises liées aux projets immobiliers. Huit ans, presque jour pour jour, après l'assassinat de l'adjoint au maire de La Seyne, Antoine Gaudino concluait son rapport sur l'existence d'un système mafieux défini par la corruption, le pouvoir de l'argent, des pratiques illégales et la loi de l'omerta, chère au crime organisé, basée sur la peur et l'intimidation. Il citait, à l'appui de cette affirmation, l'impossibilité à laquelle il s'était heurté d'obtenir un témoignage écrit d'un candidat à la reprise de Marépolis, un site acheté par le conseil général du Var aux chantiers navals. Celui-ci, Mark Melville, dirigeant de la société britannique World Sea Center désireuse d'investir dans le projet Marépolis, avait déclaré au très sérieux *Financial Times*, du 9 janvier 1994, qu'il en avait eu assez de payer des pots-de-vin à des personnes se réclamant du conseil général du Var et notamment trois d'entre elles qui l'avaient invité, séparément, à payer 1 million de livres sterling, soit environ 9 millions de francs.

Ce même Antoine Gaudino faisait état d'un sondage réalisé, à sa demande, par l'institut BVA auprès des habitants de La Seyne. A la question : connaissez-vous directement quelqu'un qui ait eu à subir des pratiques mafieuses, douze personnes sur cent avaient répondu oui ! Je ne suis pas sûr que la même question posée aux Siciliens obtiendrait un pourcentage supérieur à celui des Seynois. Il faut se rappeler, ici, que plusieurs documents de la PJ et de la chancellerie ainsi que la confession d'un repenti en Italie citent La Seyne comme l'une des villes du Sud de la France où une « famille » de la 'Ndranghetta s'est installée.

Il est question, encore, de la Mafia calabraise dans un autre assassinat, sur lequel la police et la justice se sont toujours montrées d'une extrême discrétion. Mais la démonstration que nous voulons faire de l'implantation des organisations criminelles italiennes en France, et de ses conséquences bien réelles, nous contraint à en dévoiler les dessous demeurés cachés.

Le 17 novembre 1994, un jeudi, vers 17 h 30, un cycliste amateur de vélo tout terrain, dont la pratique recommande de ne pas quitter des yeux les accidents du sol devant la roue de sa bicyclette, faillit perdre le contrôle de son engin : son attention avait été accaparée par une surprenante vision. Là, à quelques mètres sur sa gauche, en contrebas du chemin de terre défoncé qu'il dévalait précautionneusement, deux chaussures émergeaient d'un amas de branchages et de terre dans le lit d'un torrent boueux. Il s'approcha et constata que les chaussures étaient celles d'un homme mort dont le corps était comme enfoui, tête en bas et pieds en haut, dans le limon, les herbes et les branches mortes. Des pluies torrentielles étaient tombées quelques jours auparavant, les cours d'eau avaient débordé, provoquant dans Nice et son arrière-pays des inondations qualifiées de « centenaires ». Or le cycliste pédalait le long d'un affluent du Var, d'habitude à sec, mais qui s'était transformé en un impétueux torrent lors de ces inondations. Les gendarmes de Plan-du-Var, une localité située à une trentaine de kilomètres de Nice sur la route de Digne, émirent aussitôt une première hypothèse qui allait de soi, en quelque sorte : l'homme, qui était habillé, avait dû être emporté par la crue du cours d'eau et noyé. Il ne portait pas de papiers d'identité sur lui. Une diffusion de son signalement alerta la PJ de Nice qui mit rapidement un nom sur ce cadavre inconnu. C'était celui d'un agent immobilier, promoteur et marchand de biens cannois, qui avait disparu, sans raison apparente, une vingtaine de jours auparavant, le 28 octobre très exactement. La date du décès et celle de la disparition coïncidaient à peu près : c'est ce que révéla l'autopsie. Et elle fournit une autre indication qui allait changer la direction de l'enquête : ce n'était pas un accident, mais un meurtre. Peut-être même un assassinat.

Le professionnel de l'immobilier avait succombé à un coup, un seul, sans doute porté avec une barre de fer, qui lui avait fracassé le crâne. Mais comment était-il arrivé là, dans ce coin désert, à plusieurs kilomètres du premier village, inhabité par la majorité de ses habitants qui ne le fréquentent qu'à la belle saison ? Sûrement pas par ses propres moyens : sa voiture avait été retrouvée sur un parking de Villeneuve-Loubet, entre Cannes et Nice. Ni de sa propre volonté : il n'avait rien à faire à l'endroit où il avait été tué. Les enquêteurs du groupe criminel de la PJ de Nice recueillirent plusieurs témoignages concordants de ses proches et de ses relations professionnelles indiquant qu'il s'était rendu à un rendez-vous, le jour de sa disparition, avec une somme importante en espèces sur lui. Ils apprirent que l'agent immobilier avait voulu se lancer dans une opération de change clandestin quelque peu avantageuse. Il avait réussi à réunir 1 ou 1,5 million de francs – on ne put l'établir avec exactitude – qu'il se proposait d'échanger contre des dollars à un taux qui lui permettrait de réaliser un bénéfice net de 15 à 20 %. Soit 200 000 à 300 000 francs de gain « au noir » en une seule transaction : il n'avait pas toujours gagné de l'argent aussi facilement que ça !

Mais ce qu'il ignorait, peut-être, c'est que le change clandestin est aux mains de la Mafia. Ou, pour être plus précis, de la 'Ndranghetta calabraise, certainement la plus solidement implantée en France des sociétés criminelles italiennes, comme on a pu le voir avec la confession de Giuseppe le Repenti et la révélation de certains documents officiels. L'agent immobilier, qui avait voulu jouer au banquier occulte, avait été mis dans la « combine » par une relation d'affaires, un conseiller financier qui s'était mis à son compte après avoir travaillé dans une banque de Monaco. Celui-ci, pour l'appâter, lui avait montré, lors d'une première transaction, comment il pouvait lui faire gagner 20 000 francs en échangeant 100 000 francs. L'affaire paraissait bonne. L'agent immobilier, à la réputation sans tache, s'était donc employé à réunir une plus grosse somme pour un plus gros bénéfice. Il avait donc payé de sa vie son imprudent goût du lucre. Mais son assassinat serait demeuré inexpliqué, à l'instar de beaucoup d'autres du même genre, sans la chance qui est souvent la meilleure alliée de la police. Lors d'une écoute téléphonique, réalisée dans une affaire de trafic de drogue mettant en cause des Calabrais, des policiers italiens avaient entendu une conversation entre trafiquants au cours de laquelle il avait été question de deux tueurs partis de Calabre pour « faire un coup de 100 bâtons ». Et c'était le jour même où l'agent immobilier cannois avait rendez-vous avec son funeste destin. Ils devaient être réceptionnés par un complice installé dans la région d'Antibes. L'intermédiaire, ami de la victime, fut appréhendé, mis en examen pour complicité d'assassinat et incarcéré. Il prétendit qu'il s'était contenté de conduire l'agent immobilier à son rendez-vous et qu'il s'était éclipsé sans avoir eu connaissance de la suite des événements. Les deux tueurs venus de Calabre étaient, depuis longtemps, retournés se mettre à l'abri dans leur rude province lorsque l'enquête débuta véritablement. De même que leur complice « local », calabrais également, qui disparut sans laisser d'adresse. C'était lui qui avait guidé les bourreaux vers ce lieu déserté des bords du Var où l'assassinat crapuleux avait été perpétré. Les Calabrais s'étaient transformés en fossoyeurs pour enterrer le corps de leur victime dans le lit du torrent alors à sec. Il n'aurait jamais été retrouvé sans la crue exceptionnelle qui avait fait remonter le cadavre à la surface.

Lorsque les enquêteurs de la PJ se rendirent en Calabre afin de poursuivre leurs investigations, ils trouvèrent la réponse à la question qui leur posait une énigme : quel intérêt pour les changeurs clandestins de donner des dollars contre des francs français à un taux désavantageux ? Ils apprirent ainsi que la Mafia calabraise dirigeait des sociétés d'import-export au large objet social qui faisaient du commerce, licite ou illicite, avec la Mafia russe. Celle-ci payait en dollars, et il était plus sûr de les transformer en francs afin de les blanchir et de les investir, plus discrètement, dans des affaires commerciales ou immobilières en France. Ce recyclage était à la charge des familles installées depuis longtemps sur le territoire national. L'assassinat de l'agent immobilier cannois révéla un trafic de devises qui se déroulait, sans incident, à une échelle considérable, avec la complicité de banquiers en France et à Monaco. C'est ce que l'intermédiaire complice avoua aux enquêteurs, lesquels avaient perdu la trace des deux tueurs en Italie.

La 'Ndranghetta et l'argent noir – « *denaro nero* », disent les Italiens –, on les retrouve, inséparables compagnons de malheur, dans une autre affaire sanglante que l'on pourrait qualifier de « suicide provoqué » : celui de Jean Ferry, le fondé de pouvoir de la Banque industrielle de Monaco, dont le krach retentissant a permis de lever un coin de voile sur le système des prête-noms cher aux banques de la principauté. A la BIM, il avait été élevé au rang d'institution et nombreux étaient ceux – industriels, commerçants, hommes politiques, contribuables indélicats et mafieux – qui l'avaient utilisé pour dissimuler des fonds d'origine indéterminée tout en leur assurant un rendement intéressant puisque exempt de taxes.

Jean Ferry, issu d'une famille d'agriculteurs de l'Est de la France, s'était installé à Monaco en 1980. Dix ans plus tard, il affichait tous les signes extérieurs d'une belle réussite sociale. Chef de service à la Socrédit, une autre banque monégasque, il suivit, en 1987, son ami Jean-Claude Colcy, devenu directeur général de la BIM, présidée par la princesse Isabelle de Bourbon-Parme. Son rôle, dans lequel il excellait en raison de ses nombreuses relations, consistait à convaincre des clients de venir déposer leur argent dans cette banque de toutes les *combinazione*. Mais il avait commis une fatale imprudence, aussi bien dans ses activités de fondé de pouvoir de la BIM que dans celles de marchand de biens, son second métier. Il s'était mis « en affaires » avec des Calabrais qui naviguaient entre Reggio di Calabria et la Côte d'Azur. Sans doute aurait-il pu continuer à se livrer à son double et lucratif commerce, si le naufrage de la BIM n'avait pas englouti à tout jamais le capital de ses clients peu disposés, par nature, à se laisser berner : il ne faut pas confondre les vautours et les pigeons. Mais une courte explication est nécessaire avant d'en arriver à l'épilogue intitulé « Le mort de Sainte-Agnès ».

Il y avait, à la BIM, un système de simple ou de double écran pour protéger les clients désireux de dissimuler leur identité et, par là même, les sommes déposées. Le premier, le plus fréquent, consistait simplement à n'inscrire sur les livres de la banque que les renseignements officiels, c'est-à-dire les noms des sociétés civiles particulières (SCP) – une spécificité monégasque – et les porteurs de bons de caisse, derrière lesquels se cachaient les véritables propriétaires des fonds. Ceux-ci n'apparaissaient que dans une comptabilité occulte appelée « table de concordances », car elle comportait, face-à-face, les identités des prête-noms et de leurs obligés. Mais un second écran pouvait venir s'ajouter, comme un rempart supplémentaire, au premier : les noms des véritables déposants étaient remplacés par des pseudonymes. Les dirigeants de la banque n'en faisaient profiter que les clients les plus « sensibles » : c'est-à-dire les hommes politiques et les mafiosi. Jean-Claude Colcy, Jean Ferry, ainsi qu'une employée dévolue à sa gestion, les seuls à connaître la traduction des pseudonymes, appelaient cette deuxième comptabilité, le « livre noir ». On retiendra, au passage, que le total de ces dépôts masqués atteignait 600 millions de francs lorsque la banque dut fermer ses portes…

Les clients calabrais du fondé de pouvoir avaient choisi de cacher leur argent derrière des bons de caisse. Ils avaient donc reçu, comme c'était la règle, des petits cartons rectangulaires portant deux indications : le chiffre du dépôt et, en face de la mention

« à l'ordre de », l'identité du prête-nom. Mais au verso, celui-ci endossait le bon au bénéfice du véritable déposant. Lors de la faillite de la BIM, quand vint l'heure de faire les comptes, les dissimulateurs se trouvèrent devant un dilemme : soit se taire et perdre tout, soit se révéler au liquidateur pour récupérer une partie de leur argent, au risque de se démasquer aux yeux du fisc et autres autorités répressives. Ce choix, offert à tous, fut interdit aux protégés venus de Calabre de Jean Ferry. Les bons de caisse endossés à leur bénéfice, ils les avaient laissés à la garde de leur bienfaiteur : « Ils avaient une entière confiance en lui. Et puis, c'était la meilleure solution, car ils ne pouvaient pas les conserver avec eux. Ils faisaient de fréquents aller-retour entre la France et l'Italie et ils auraient risqué un contrôle douanier qui les aurait mis en fâcheuse position », raconte un de leurs amis. Le problème, c'est que, lorsqu'ils voulurent les récupérer, ils avaient disparu ! Le coffre de la BIM où ils étaient cachés était vide !

Il ne faut pas chercher ailleurs la source des menaces qui accablèrent le jovial Jean Ferry pendant les jours et les nuits qui précédèrent son décès. Menaces de mort dont il s'était ouvert à son avocat et à un ami, commissaire de police à Nice. Menaces qui visèrent, également, ses trois filles auxquelles il avait recommandé de ne plus sortir la nuit. Lorsque son cadavre fut retrouvé, le 20 février 1990, adossé à un muret de pierre sèches dans un pré à l'abandon de Sainte-Agnès, « le village du littoral le plus haut d'Europe », la première réaction de ses proches fut de penser qu'il avait été assassiné. Mais les constatations des gendarmes aboutirent à une autre conclusion : Jean Ferry s'était tiré un coup de feu dans la tempe droite avec son pistolet à grenailles, après avoir bu une bouteille de whisky et écrit une lettre d'adieu. Le parquet de Nice classa le dossier sur la conviction d'une « très grande vraisemblance de suicide ». C'est aussi ce que je crois : Jean Ferry, dans l'incapacité de faire obtenir à ses clients calabrais le remboursement de l'argent qu'ils lui avaient confié, s'était donné volontairement la mort. Par ce geste, il payait en quelque sorte sa faute et il protégeait sa famille. Et, de fait, sa mort calma les Italiens qui lui avaient demandé des comptes avec les arguments que l'on devine et qui ne sont pas de ceux que l'on expose devant un tribunal. Ils se contentèrent de récupérer une partie de leur mise de fonds, estimée par notre informateur à « une dizaine de milliards de lires », en se faisant attribuer des parts dans un bel hôtel situé dans le quartier de la gare de Nice et dont Jean Ferry s'était rendu acquéreur.

On ne songera pas à impliquer la Mafia calabraise dans l'assassinat de maître Lucien Henrisey, le 28 décembre 1991 dans le parking en sous-sol du Gray d'Albion à Cannes. Le seul point commun indubitable avec la mort du fondé de pouvoir de la BIM est que la disparition du brillant avocat cannois s'inscrit, elle aussi, dans des mouvements d'argent que l'on veut mettre à l'abri. De grosses sommes, puisque le chiffre de 120 millions de francs a été officiellement cité à propos de la plainte de deux sœurs, domiciliées aux États-Unis, héritières de leur grand-père, le créateur des glaces Miko. Elles avaient eu l'imprudence de confier leur tirelire à Lucien Henrisey qui s'était fait une spécialité de la « défiscalisation » des fortunes d'autrui, *via* des sociétés offshore gérées par un avocat de Genève. Mais les sœurs Ortiz n'étaient pas les seules à avoir fait appel au réseau de blanchiment mis en place par cet avocat d'affaires d'une exquise courtoisie, toujours très affable, charmeur, que la fortune et les relations mondaines n'empêchaient pas d'aller disputer des matches de foot avec ses amis du palais de justice de Grasse. Il ne s'encanaillait pas seulement sur les terrains de football. Ses relations amoureuses frisaient, parfois, les liaisons dangereuses, et c'est de ce côté-là que les enquêteurs de la PJ de Nice cherchèrent en priorité pour tenter d'élucider le mystère de sa mort.

Une mort qui ressemblait fort à un règlement de comptes. Comme chaque samedi, ce 28 décembre 1991, Lucien Henrisey, en fils attentif qu'il était, avait rendu visite à ses vieux parents domiciliés rue d'Antibes, la principale artère de Cannes. Il avait un rendez-vous, à 8 heures, à son cabinet, avec un commerçant avec lequel il était en affaires. Ce dernier l'attendit en vain. L'avocat avait été tué au moment où il garait sa Bentley à un emplacement réservé, en face de son cabinet, dans le parking en sous-sol du complexe ultra-chic du Gray d'Albion, entre la Croisette et la rue d'Antibes. Aucun témoin direct ne se fit connaître. Deux dames iraniennes, qui chargeaient leur voiture pour se rendre à l'aéroport de Nice, avaient vu arriver la limousine, puis elles avaient entendu quatre détonations. Ni bruit de dispute, ni fuite précipitée. De fait, Me Henrisey avait été abattu par un professionnel. Ce dernier, qui était bien renseigné, l'attendait tapi dans l'ombre. Lorsque l'avocat était sorti de son véhicule, il s'était approché de lui et, sans prononcer un mot, il avait fait feu avec son 357 Magnum. Trois balles tirées à moyenne distance avaient grièvement blessé Lucien Henrisey et l'avaient jeté à terre alors qu'il tentait de s'enfuir. Puis le tueur s'était approché et lui avait donné le coup de grâce, à bout portant, en pleine tête. Ensuite, il avait disparu à pied sans attirer l'attention.

L'avocat emportait dans sa tombe beaucoup de secrets liés aux nombreuses et ténébreuses affaires d'argent qu'il traitait, le plus souvent en dehors des prétoires où on l'avait vu intervenir, néanmoins au bénéfice de personnages peu recommandables. Il avait pratiqué, avec une réussite certaine, l'art de se rendre indispensable auprès d'individus aussi différents que des voyous, des mandataires de justice, des magistrats, des émirs du golfe Persique, des affairistes et d'autres encore, plus antinomiques les uns que les autres. Mais son goût du secret ne facilita pas la tâche des policiers quand ils durent essayer de démêler l'écheveau de ses dossiers ; la plupart n'étaient pas conservés dans son cabinet qui avait été cambriolé.

Lorsque les sœurs Ortiz voulurent récupérer leurs fonds, elles se rapprochèrent de l'avocat genevois qui était associé à Henrisey dans une kyrielle de sociétés basées au Liechtenstein et dans d'autres paradis fiscaux. Elles apprirent qu'en raison de mauvais placements leur héritage, confié à Me Henrisey pour prospérer, s'était singulièrement amenuisé. Elles déposèrent une plainte pour escroquerie. Contre X puisque l'action de la justice était éteinte *de facto* vis-à-vis de l'auteur principal ou présumé tel. Mais leur action allait révéler que Me Henrisey avait su s'entourer de complicités multiples et variées. C'est ce qu'on peut lire dans un rapport de police : « Les actes de procédures variés qui suivent le dépôt de plainte, s'ils ne font pas avancer le dossier de façon spectaculaire, inquiètent un certain nombre de personnes en France et à l'étranger, notamment parmi les acteurs principaux et secondaires du monde judiciaire qui seraient impliqués dans cette affaire. Tous les faits sont niés avec acharnement. Mais devant l'ampleur que risque de prendre l'affaire, des contacts ont lieu discrètement entre tous les protagonistes victimes ou auteurs présumés. C'est alors que la décision est prise le 26 janvier 1994 de mettre en œuvre une procédure relativement courante à Vaduz : la "sentence arbitrale du tribunal d'arbitrage". » En fait, un moyen de s'arranger à l'amiable entre parties antagonistes : la restitution d'une partie des sommes détournées contre le renoncement aux poursuites judiciaires. C'est ce qui eut lieu. Ainsi, à la satisfaction générale, Me Lucien Henrisey fut enterré pour la seconde fois.

Encore qu'il n'ait rien eu à voir avec le brillantissime mais peu orthodoxe juriste cannois, ce sont bien aussi ses liaisons dangereuses qui sont à l'origine de la mort de Bernard Duriez, un architecte devenu le patron d'une importante société d'assainissement d'Antibes. Le 7 novembre 1990, cet industriel de 43 ans, père de deux jeunes enfants, venait de garer sa Clio seize soupapes sur le parking proche des locaux de son entreprise lorsqu'une BMW noire surgit dans son dos. L'un de ses occupants déchargea son fusil de chasse à peu de distance en le prenant pour cible. La vitre arrière de la Clio vola en éclats et l'homme d'affaires fut mortellement atteint par plusieurs plombs de gros calibre. Le tueur et son complice ne lui avaient laissé aucune chance. Une fois l'hypothèse d'une vengeance familiale écartée, les enquêteurs de la PJ se penchèrent sur le carnet de commandes de la victime, dont l'assassinat avait provoqué une grande émotion dans les milieux économiques de la région. Ils espéraient y trouver une explication à cette « mort de truand » : l'expression revient inexorablement pour qualifier les disparitions d'hommes que leur étiquette sociale aurait dû mettre à l'abri de cette sorte de « règlement de comptes ». Mais avec le mélange des genres, les politiques et les affairistes connaissent, de plus en plus souvent, la même fin digne d'un mauvais thriller. Une fin auparavant réservée aux gangsters quand ils se mettaient à s'entre-tuer.

Les policiers apprirent ainsi que Bernard Duriez était entré en concurrence avec des rivaux, certainement moins bien intentionnés que lui, pour l'obtention d'un contrat d'assainissement dans le Var et que le chef d'entreprise manipulait de grosses sommes d'argent en « liquide » qu'il transportait souvent sur lui. Il avait sans doute été victime d'une réussite que certains, gangsters transformés en hommes d'affaires, ne lui avaient pas pardonnée. Mais les enquêteurs ne purent, faute de témoignage précis, aller plus loin que ce début de piste. De même qu'ils durent se contenter de cette constatation sans pouvoir en tirer un quelconque avantage pour la réussite de leur enquête : l'industriel antibois et l'agent immobilier cannois appartenaient à la même obédience maçonnique.

Un mystère aussi épais continue d'entourer, plus de sept ans après les faits, la tentative d'assassinat dont a été victime, le 7 janvier 1988, un autre franc-maçon, Varois comme Daniel Perrin, Jean-Louis Fargette, Maurice Arreckx et Yann Piat. Bernard Franck, né le 27 mars 1950 à Rabat, venait de quitter le domicile de sa compagne – une ancienne écurie de la maison de maître familiale aménagée avec goût – à La Garde, près de Toulon, au volant de sa BMW 728 I. Il était 8 h 15, et l'homme d'affaires marqua le « stop », sous un petit pont de la voie de chemin de fer, au débouché de l'avenue du Maréchal-De-Lattre-de-Tassigny. Lorsqu'il aperçut deux hommes casqués à moto s'approcher de sa voiture. Méfiance de quelqu'un qui se sait menacé ou simple intuition ? Il se roula en boule et se jeta de côté. Ce réflexe du pratiquant de judo et de karaté qu'il a longtemps été va lui sauver la vie. Des cinq balles de 357 Magnum tirées à travers la portière et la vitre avant gauche de la voiture, deux seulement atteindront leur cible. L'une à la hanche gauche et, l'autre, entrée par l'épaule gauche, qui lui perfore la rate. Leur « contrat » accompli, les deux motards disparaissent. Ils ne seront jamais identifiés. Avaient-ils vraiment l'intention de tuer Bernard Frank, comme celui-ci l'a toujours cru – dans ce cas, ils n'ont pas démontré un très grand professionnalisme ? Ou voulaient-ils « seulement » le blesser en guise d'intimidation poussée à une limite extrême – auquel cas ils auraient, au contraire, démontré une parfaite maîtrise ? Personne n'a jamais pu trancher entre ces deux hypothèses. De même, les raisons de l'agression sont toujours demeurées inexpliquées. Les enquêteurs de la PJ de Toulon n'acquirent qu'une certitude : c'était dans les activités professionnelles de Bernard Frank qu'il fallait les chercher.

Et de ce côté-là, ils n'avaient que l'embarras du choix. Car l'homme d'affaires gênait beaucoup de gens avec son ambition servie par une grande intelligence et un dynamisme plutôt dérangeants pour certains médiocres assis sur leurs rentes de situation. Il avait rapidement dépassé les limites du simple commerçant qu'il était à son arrivée dans la région pour endosser le costume d'un spécialiste des relations publiques et de la communication. Et la réussite semblait lui sourire en permanence. C'est ainsi qu'il avait brillamment ressuscité la moribonde foire de Toulon pour lui donner un éclat sans précédent. Mais ce succès s'était accompagné d'un procès civil perdu contre un associé qui l'avait contraint de démissionner de son poste de secrétaire de la chambre de commerce du Var. Bernard Frank n'en avait cure. Six mois plus tard, il se faisait réélire comme vice-président de cette même assemblée consulaire. Cette pirouette en avait indisposé plus d'un, et c'était une première piste possible pour débusquer les commanditaires des deux motards au 357 Magnum. Une autre, mais les deux peuvent se rejoindre, avait trait à son adhésion au RPR, lui qui passait pour un proche du Parti républicain et de Maurice Arreckx qui lui avait mis le pied à l'étrier. On sait que dans le Var, comme dans les Alpes-Maritimes et les Bouches-du-Rhône, les frères de la droite modérée se comportent souvent en frères ennemis, car ils sont en concurrence directe dans la conquête des mandats électoraux.

Bernard Frank s'était également signalé en favorisant la création de la zone industrielle de Signes, à proximité du circuit automobile du Castellet, au détriment de La Seyne, orpheline de ses chantiers navals. Encore une source d'inimitié, surtout si l'on considère que l'implantation de grandes sociétés comme Coca-Cola et son importante usine d'embouteillage avait pu faire des jaloux. Bref, Bernard Frank ne faisait pas l'unanimité. Notamment dans sa gestion de la société Var Expansion, organisatrice de la foire de Toulon. Trois ans après que deux balles eurent failli le tuer, il fut attaqué en justice pour une sombre affaire de surfacturation qui, finalement, aboutit à un non-lieu après une mise en examen qui sembla sonner le glas de ses projets. Cette fois encore, il déjoua le complot et reprit sa marche en avant, mais en se tenant éloigné des méandres de la politique. Alors qu'il venait d'être conduit à l'hôpital et que l'arme de ses agresseurs était encore chaude, Maurice Arreckx avait clamé son indignation et parlé de « milieu italien » à propos de ses agresseurs. Une autre piste qui ne put être, elle non plus, suivie à son terme.

La dernière victime, et non la moindre, de cette sanglante série aura au moins la satisfaction d'assister au procès de ceux qui ont voulu attenter à ses jours. L'affaire Madrenas est à ranger au rayon des dossiers dans lesquels les hommes politiques se conduisent comme des malfrats, à moins que ce ne soit l'inverse. Jean-Claude Madrenas, 48 ans, maire de la commune de Bages, président du CDS des Pyrénées-Orientales et candidat unique de la coalition UPF aux élections législatives de 1993, a été victime d'un attentat à la voiture piégée, le 5 février 1993. Il a dû subir l'amputation de sa jambe gauche après qu'une charge de plastic, placée sous le plancher de son véhicule, eut explosé grâce à un système de télécommande réservé habituellement aux amateurs d'aéromodélisme. L'enquête a longtemps piétiné, faisant naître un tas de rumeurs malveillantes sur le goût pour l'affairisme de la victime, avant que les présumés coupables soient appréhendés. La bombe a été confectionnée, placée sous la voiture de Jean-Claude Madrenas et mise à feu à distance, par un ancien artificier et l'un de ses copains. Mais les deux hommes ont agi à la demande d'un autre politicien de la région, ancien rugbyman et affilié à la famille Alduy, toute-puissante à Perpignan et dans les Pyrénées-Orientales, un certain Jean Xatard. Ce dernier briguait l'investiture de la coalition UDF-RPR qui avait été accordée à son rival. Il a d'abord tenté de l'intimider, puis de le faire disparaître en s'offrant les services des deux apprentis tueurs. Il croyait ainsi pouvoir prendre sa place de candidat à la candidature aux législatives de 1993 dans la circonscription d'Argelès. C'est en tout cas le mobile de cette tentative d'assassinat dont Jean Xatard, bien que mis en cause par les deux exécutants, refuse d'endosser la paternité.

Une femme député, un homme adjoint au maire et conseiller régional, un promoteur immobilier, un banquier, un avocat, un industriel, un homme d'affaires et un maire candidat à la députation ont donc été victimes de l'intrusion du crime organisé dans des affaires – politiques ou privées, quand elles n'étaient pas entremêlées – dont il était auparavant exclu. Cette énumération funèbre a déjà de quoi donner le frisson, mais elle n'est pas close. D'autres noms s'ajouteront à ceux dont l'histoire vient d'être, brièvement, racontée. Car on peut multiplier les exemples avérés de ces liaisons dangereuses qui produiront, ici et là, leurs cadavres exquis. Sans grand risque pour ceux qui ont armé le bras des tueurs. On ne manquera pas de remarquer que, pour les commanditaires déjà connus, il est tout à fait exceptionnel qu'un coupable ait été arrêté.

Mais on peut relever un autre élément qui relie entre elles bon nombre de ces « affaires » : c'est l'appartenance de certains de leurs protagonistes à des sociétés secrètes. Le fondé de pouvoir de la BIM poussé au suicide par ses relations mafieuses, l'agent immobilier cannois assassiné par des Calabrais de la 'Ndranghetta dans une histoire de change clandestin, l'industriel d'Antibes « exécuté » en raison, sans doute, d'une rivalité commerciale, bon nombre de responsables du « système Médecin », l'adjoint au maire de La Seyne victime de deux tueurs à moto, l'animateur de la foire de Toulon rescapé d'un attentat, la plupart des protagonistes de l'affaire Yann Piat et des scandales varois, des mandataires de justice et des magistrats suspectés de corruption dans la région de Cannes et de Grasse, mais aussi les personnages centraux, corrupteurs et corrompus, des dossiers traités par le juge Halphen et ses collègues de Créteil : ces gens-là, et d'autres moins en vue dans cet ouvrage, appartiennent à la franc-maçonnerie. Certes, il faut se garder, en toutes choses, de généraliser. C'est une première remarque de simple bon sens. Une seconde nous a été soufflée par un dignitaire du Grand Orient : les Maçons qui se sont fourvoyés dans la rubrique « faits divers » appartiennent à la franc-maçonnerie « rouge ». C'est-à-dire au premier degré d'une hiérarchie très stricte. « Nous ne pouvons pas nous porter garants de tous mais soyez certains qu'ils n'auraient jamais atteint les stades supérieurs : le blanc et le bleu dont l'accès ne se mérite qu'après une longue et rigoureuse expérience », ajoute ce franc-maçon « bleu ».

Il n'empêche que cette rapide énumération ne laisse pas d'inquiéter sur une dérive de type mafieux de certaines de ces sociétés secrètes qui ont remplacé les considérations philosophiques par des préoccupations beaucoup plus matérialistes. Tout en continuant à cultiver le goût du secret et le sens de la solidarité. Mais quand ils s'exercent au service d'intérêts communs et au mépris de la légalité, on ne peut que penser à une loge de sinistre réputation : la loge P2.

SIXIÈME PARTIE

La colonisation

Les « chambres de contrôle »

Lorsqu'ils rencontrent des interlocuteurs français – collègues, policiers ou journalistes – les magistrats italiens n'ont qu'une idée en tête, une idée qui tourne à l'obsession : leur faire admettre les dangers de l'extension du crime organisé hors d'Italie. Ils insistent sur les erreurs à ne pas commettre, dont la première serait, comme dans tout affrontement, de sous-estimer l'adversaire. Ils en parlent avec force, non pas en tant que possibilité future, mais comme d'une réalité qui est en train de se construire et qu'il faut combattre, dès maintenant, avec des armes appropriées. Ils savent de quoi ils parlent puisque ces erreurs – sous-estimation et incompréhension du phénomène « mafia », puis inadaptation des moyens de lutte dispersés face à une organisation parfaitement structurée – ils les ont commises. Ils sont, d'ailleurs, les premiers à faire leur *mea culpa* pour mieux convaincre leurs homologues étrangers de tenir compte de la leçon qu'ils ont mis trop de temps à apprendre.

Le procureur Virdis, du parquet de Gênes, cite volontiers l'exemple de la Ligurie – cette région littorale qui est à l'Italie ce que la Provence-Côte d'Azur est à la France – pour faire la démonstration de cette extension d'autant plus redoutable qu'elle est sournoise et planifiée : toute ressemblance avec la situation que nous connaissons dans notre pays, telle qu'elle a été décrite dans les chapitres précédents n'aurait rien de fortuit et ne relèverait d'aucune coïncidence.

« A partir des années 50, raconte ce magistrat placide et expérimenté, sont arrivés chez nous, en Ligurie, des petits groupes isolés de gens désireux de trouver du travail. Ils étaient originaires de la région de Naples et de la Calabre. Ils ont mené des activités parfaitement honnêtes comme le commerce et la culture des fleurs. Puis certains ont commencé à jouer les “passeurs” clandestins entre l'Italie et la France. Ce n'était pas trop grave. Mais il s'agissait d'un début, car on les a vus ensuite se livrer aux trafics d'armes et de stupéfiants avec les pays riches comme la France, la Suisse et l'Autriche. Puis on a assisté à la tentative de pénétrer les casinos proches de la frontière dans le but d'y exercer des activités illégales. On a pu constater que la criminalité organisée s'était emparée de ces trafics très profitables, et que les personnes qui étaient installées en Ligurie depuis plusieurs années accueillaient spontanément, ou par la contrainte, les membres de leur “famille” envoyés par la “maison mère” qu'ils avaient eux-mêmes quittée, il y avait déjà longtemps. Le phénomène n'a pas suscité d'inquiétude particulière jusqu'au moment où il a pris une telle ampleur que c'était toute l'économie locale qui était en danger. Et cela de manière très simple : par l'investissement des bénéfices des activités criminelles dans les activités commerciales normales. »

Le ver était dans le fruit, et il devenait, désormais, très difficile de ne pas éviter un pourrissement grandissant. En Italie, mais pas seulement en Italie. Ce que dit le procureur Virdis, en 1995, c'est qu'il y a « une similitude entre ce processus et celui qui se produit en France. Ces organisations criminelles qui sont implantées sur la Riviera occidentale de la Ligurie menacent la France et, d'après les indices fournis par des organismes responsables, elles s'étendent de plus en plus vers l'intérieur du territoire français, jusqu'à Marseille et même vers le Nord, selon certains signes ». Giuseppe le Repenti ne pense pas autre chose quand il dit : « Toute famille mafieuse italienne cherche toujours à s'installer à l'étranger et la France est le territoire idéal pour cette installation. »

Le magistrat spécialisé dans la lutte anti-mafia relève aussi la volonté de ces organisations, souvent antagonistes sur leurs propres territoires, de ne pas se faire la guerre lorsqu'elles s'implantent en terrain neutre. Elles observent un pacte de non-agression dont l'existence a été constatée pour la région de Gênes. Avec, au-dessus des clans, une autorité morale semblable au « juge de paix » qui réglait les conflits lorsque le « milieu » était encore organisé dans les grandes villes françaises. Mais le procureur Virdis va plus loin et parle d'une structure dont le rôle serait de répartir les domaines d'activités, comme un aiguilleur du ciel dirige les avions pour éviter les collisions. Ce qu'il révèle donne la dimension de l'implantation de la Mafia en France : « La criminalité organisée a créé ce qu'on appelle des “chambres de contrôle” et, d'après des renseignements de police, il en existerait deux : une dans le Sud-Est de la France et une dans la région de Strasbourg qui réglerait l'activité criminelle jusqu'en Belgique. »

Un de ses adjoints au parquet anti-mafia de Gênes, le procureur Brusco, qui a rejoint en 1994 le parquet d'Alessandria, plus au nord, renchérit : « Depuis quelques années, on assiste à un phénomène d'implantation sur le territoire français qui est la réplique de celui qui s'est produit en Ligurie à partir des années 50 avec l'implantation des “familles” de la Mafia calabraise, la 'Ndranghetta, et, à partir des années 70, celle des “familles” liées à la Camorra. Les infiltrations de la 'Ndranghetta calabraise sont moins apparentes, car plus diffuses que celles de Cosa Nostra, la Mafia sicilienne. Celle-ci a une structure verticale, hiérarchisée, avec des luttes internes, mais le sommet sait toujours ce qui se passe à la base. La 'Ndranghetta, au contraire, a une structure parcellisée. Chaque clan local a son autonomie et se livre à l'activité criminelle qu'il choisit, ce qui ne peut pas se produire au sein de Cosa Nostra. Cette autonomie de la Mafia calabraise rend difficile la lutte, car si l'on frappe un clan, ça ne permet pas d'atteindre les autres. L'implantation de la Camorra s'est faite suivant un partage pacifique du territoire. Par exemple, les deux organisations camorristes ennemies – la Nuova Camorra Organizata traditionnelle de Rafaele Cutolo et celle, plus récente, la Nuova Famiglia [Nouvelle Famille] – qui se sont livré une guerre sanglante en Campanie, leur région d'origine, ces deux organisations cohabitent pacifiquement dans la province d'Imperia, proche de la frontière franco-italienne de Menton, où elles ont mené, chacune de leur côté, diverses activités illégales. Notre expérience nous montre qu'il ne faut pas se fier à l'absence de phénomènes voyants de cette criminalité. Elle existe de manière insidieuse et non violente mais, à long terme, elle se transforme en criminalité violente. »

Le procureur Brusco n'hésite pas à affirmer que l'évolution « naturelle », donc inéluctable, de l'installation de la Mafia sur un nouveau territoire, tend à noyauter les « décideurs », qu'ils soient politiques ou administratifs : « Nous avons les preuves de l'implantation déjà ancienne en France de la Mafia calabraise et, plus récemment, de la Camorra. Je crois qu'il faut considérer ce phénomène avec beaucoup d'attention. Il faut tenir compte du fait que ces implantations, bien enracinées dans le temps, ont fini, en Ligurie comme ailleurs, par impliquer, selon une caractéristique propre à toute association de type mafieux, les administrations locales. Les enquêtes qui ont été menées et celles qui sont en cours apportent la preuve qu'un contrôle s'est instauré, au fil des années, sur les administrations locales, publiques, notamment dans l'attribution de concessions et de permis de construire, et qu'un conditionnement, sans équivoque, s'est établi dans le domaine des élections. Nous avons la preuve que les organisations camorristes et calabraises ont apporté leur soutien à certains candidats, et cela montre la gravité du phénomène. »

On n'est pas très loin, là encore, des confidence du premier repenti français qui affirme, de son côté, à propos de Domenico Libri, *capo* de la Mafia calabraise, qu'il « a investi dans la construction d'une autoroute de la région parisienne ». En précisant, rappelons-le : « Son interlocuteur est un député français et il est en contact également avec un député européen italien. »

A propos de la Nouvelle Famille – chère à Carmine Alfieri, Michele Zaza et son lieutenant Giovanni Tagliamento, qu'il présente comme « l'élément de liaison entre l'organisation camorriste et les “milieux” niçois et marseillais » –, le procureur Roberti, du parquet anti-mafia de Naples, déclare que l'année 1989 a été le « tournant » de l'infiltration du territoire français par la Camorra. Il précise : « Grâce aux enquêtes ouvertes à la suite des déclarations de collaborateurs de justice, et, en particulier, de la collaboration du célèbre Pasquale Galasso, d'autres indices de cette infiltration sont apparus. Galasso est propriétaire d'immeubles et a, probablement, des intérêts financiers dans des sociétés en France. De même qu'un certain Ferdinando Cesarano qui, avec Galasso, a été le bras droit de Carmine Alfieri, ainsi que Gianpasquale Grappone, lié depuis toujours à Michele Zaza. En 1993, on a décelé des contacts d'affaires denses et assidus qui montrent que les organisations italiennes coopèrent entre elles sur le territoire français. »

Et quand le procureur napolitain évoque les succès de la lutte contre la Camorra, c'est pour mieux prévenir les autorités françaises : attention, notre victoire peut se transformer pour vous en une victoire à la Pyrrhus : « Je dirai qu'un certain type de Camorra est fini, a été vaincu. Carmine Alfieri a reconnu lui-même que l'État a gagné contre lui. Mais cette constatation ne doit pas nous pousser à relâcher notre attention, à réduire la pression des investigations : il faut encore l'augmenter. Je dis cela car, mis à part le phénomène de transformisme, de caméléonisme, de capacité d'adaptation qui a toujours été typique de la Camorra et qui pourrait la faire revivre comme l'hydre à sept têtes, il y a un phénomène très précis qu'il faut prendre avec la plus grande considération. C'est le fait que, justement, la défaite militaire de la Camorra en Campanie pourrait pousser les vaincus à faire prendre le chemin de l'Europe à leurs capitaux qui, malgré les mises sous séquestre importantes que nous avons faites, existent encore. La Camorra pourrait être poussée à infiltrer l'Europe, non plus avec les personnes mais avec des capitaux. Il y aurait là des conséquences dévastatrices pour les pays concernés. »

On a vu dans les chapitres précédents que ces investissements ont déjà pris, à l'échéance 1995, diverses formes non négligeables. Ce n'est de toute évidence qu'un début. Avec une cible privilégiée : l'immobilier. Ce qui n'est pas pour surprendre le chef du parquet anti-mafia de Naples, Paolo Mancuso. Il s'agit, selon lui, d'une caractéristique de l'organisation mafieuse qui passe volontiers du contrôle des activités illicites comme le trafic de drogue à celui des activités licites par l'emploi de l'intimidation. Là encore, il cite l'expérience vécue en Italie pour que ses collègues français en tirent leurs propres enseignements : « Les rapports les plus étroits que les entreprises mafieuses ont établis avec le secteur économique se situent dans le domaine de la construction. Au début, dans les années 60, ces rapports étaient fondés sur l'extorsion de fonds. Les entrepreneurs étaient contraints, pour éviter les attentats qui bloquaient leurs chantiers et détruisaient leurs moyens de production, de verser de l'argent. Puis on a assisté à une intégration progressive des entrepreneurs dans l'organisation mafieuse qui aboutit au passage des entreprises sous le contrôle de cette organisation. Nous avons remarqué que l'entrepreneur n'était pas éliminé, il conservait un rôle de représentativité extérieure mais dénué de tout pouvoir effectif, si bien qu'il était impossible pour ses partenaires habituels de comprendre qu'il ne faisait plus partie du monde de l'entreprise libre. » Et le procureur Mancuso d'ajouter : « Je dis cela comme une mise en garde pour que cela ne se reproduise pas ailleurs. »

A bon entendeur, salut ! Mais si l'on se réfère à certains attentats à l'explosif qui affectent régulièrement des chantiers de construction en Corse et dans le Var, on peut craindre que le processus décrit par le magistrat napolitain ne soit déjà engagé en France.

De même qu'il est tentant de faire un autre rapprochement entre ce que l'on constate en Corse et dans le Sud de la France et la manière dont la Camorra a fait main basse sur ce secteur d'activité en Campanie. La commission parlementaire anti-mafia italienne a indiqué que trente-sept conseils municipaux ont été dissous dans la région de Naples pour collusion avec les organisations camorristes. De même que neuf députés, dont deux ont été ministres, ont fait l'objet d'implications pénales. Cela montre que le processus de contrôle économique de l'organisation mafieuse passe par l'entreprise pour gagner le pouvoir politique qui décide des appels d'offres et de la répartition des fonds publics. « Le fait est que les collusions entre Mafia et société civile sont devenues très étroites », déclare Paolo Mancuso. Il ajoute : « Les capitaux investis par les organisations mafieuses, dans des lieux très éloignés de ceux où ils ont été recueillis, constituent un canal, non seulement pour le réinvestissement et la multiplication des gains, mais surtout pour l'expansion de la sphère d'influence de ces organisations et la diffusion des modèles de comportements illicites et violents, typiques de la Mafia. »

Des personnalités aussi autorisées que le président de la chambre régionale des comptes Provence-Côte d'Azur, le procureur général d'Aix-en-Provence, le député François d'Aubert, et tous ceux qui se sont penchés sérieusement sur ce phénomène, ne disent pas autre chose quand ils parlent de « dérive mafieuse » à propos des réseaux de corruption et des liaisons dangereuses qui se sont établies entre la société civile et le « milieu », dont plusieurs exemples ont été cités dans cet ouvrage. Sans vouloir utiliser l'inévitable cliché de l'iceberg, on peut penser que ces révélations ne constituent qu'une petite partie de ce qui existe réellement et qui demeure encore caché par le mur du silence : la fameuse « omerta » qui lie, automatiquement, ceux qui partagent des intérêts inavouables. Inventée par Cosa Nostra, qui en a fait une loi intangible, l'omerta a depuis longtemps franchi les frontières de la Sicile pour gagner le Nord de l'Italie puis la France, où elle sévit de manière beaucoup plus fréquente qu'on le croit généralement, notamment dans les « pactes de corruption » dont elle constitue l'indispensable ciment.

Mais ce qui apparaissait fondamental dans l'analyse de la situation des organisations criminelles, fin 1994-début 1995, c'était ce que le procureur Mancuso soulignait comme une conséquence des résultats très concrets obtenus par les policiers et les magistrats italiens. A savoir : l'exportation de leurs capitaux mis en danger en Italie. « Il suffit d'effectuer une interception téléphonique sur n'importe quel opérateur financier mafieux pour s'apercevoir que, par le téléphone et le fax, des centaines et des centaines de millions de lires se déplacent grâce à des comptes courants à travers les pays étrangers. En Italie, la loi permet à l'État de confisquer tous les biens d'un individu condamné pour délit d'association de type mafieux, mais aussi pour une série d'autres délits, s'il ne parvient pas à prouver la provenance légitime de ses biens. Ainsi cette réglementation a-t-elle poussé tous les grands criminels italiens à déplacer leur intérêts financiers à l'étranger afin d'éviter le risque d'une confiscation possible de leurs biens dans le cas d'une procédure pénale. »

Il ajoute : « La France est certainement l'un des pays destinataires de la fuite de ces capitaux, car il y a de fortes traditions historiques de rapports entre le "milieu" français et le "milieu" napolitain. D'après les déclaration des "repentis", nous savons que, à partir du début des années 80, tous les grands criminels napolitains et calabrais avaient la possibilité de se réfugier dans le Sud de la France où ils avaient des bases logistiques. Il faut se rappeler que des chefs camorristes, qui étaient aussi associés à Cosa Nostra, comme Antonio Bardellino et Michele Zaza, ont commencé, en arrivant en France, par acheter des pizzerias, ouvrir des night-clubs, pour constituer des activités économiques susceptibles de justifier leur présence sur le sol français. Pasquale Galasso est allé plus loin. Il nous a parlé de prête-noms français, d'opérations bancaires effectuées avec une banque de Monaco et de tous les investissements immobiliers réalisés à travers ce type d'opération financière. Un des chefs de la Camorra, Umberto Ammaturo, nous a raconté les opérations faites par ce qu'on pourrait appeler un plénipotentiaire de Michele Zaza, un Français, qui était chargé d'investir l'argent de la Camorra dans le tissu économique français. »

Le procureur Laudati ajoute : « Pourquoi le simple investissement des associations mafieuses, même dans des activités apparemment licites, est-il dangereux ? Parce que, lorsqu'elles s'intéressent à une activité, elles utilisent la méthode de l'intimidation pour prendre le contrôle du marché qui correspond à cette activité. Nous avons mené des enquêtes qui ont montré ce processus dans des sociétés de fourniture de béton ou de vente de coquillages tenues par la Camorra. Elle avait contraint tous les opérateurs de ces marchés à se fournir auprès de ses sociétés en leur imposant un prix de vente qui leur assurait de très gros profits, une fois le monopole assuré. Les règles de la libre concurrence étaient ainsi brisées. »

Notre propre enquête nous a permis de déceler un exemple, jamais révélé, de l'application concrète du processus que vient d'évoquer le procureur de Naples. Il est bien connu du groupe criminel de la PJ de Nice. Il concerne les bars et restaurants de la Côte d'Azur qui sont « invités » à choisir une certaine marque de café : machine à expressos et poudre comprises. Les propriétaires reçoivent la visite de représentants qui leur vantent les avantages de leurs produits : normal ! Ce qui l'est moins, c'est que, lorsque le client refuse, il voit arriver un second personnage qui, lui, tient un discours de ce genre : « Tu sais, tu devrais accepter le café Untel, car ces gens ne sont pas très gentils. » Pas d'arme, pas de violence : une mise en condition psychologique. « Une simple intimidation à mots couverts, mais cela suffit. L'atmosphère est telle que le restaurateur ou le cafetier ne prend pas le risque d'avoir des ennuis. Nous savons que le réseau de distribution est dirigé par un "beau mec", réputé dangereux, qui ne va jamais au contact, mais dont la présence, à l'arrière-plan, est connue. Il a une feuille de paie. Il gagne de l'argent et se fabrique une "couverture" tout à fait légale. Nous n'avons même pas l'idée de l'interroger car ça ne servirait à rien : tout se passe en douceur », explique un policier.

Mais il y a plus sérieux. « Le deuxième mécanisme fondamental, poursuit M. Laudati, qui permet aux associations mafieuses de s'assurer la mainmise sur les activités économiques est celui du contrôle du système bancaire. C'est, là aussi, un fait établi par des enquêtes. L'opérateur camorriste dispose d'une petite somme provenant d'un trafic quelconque. Par exemple, 10 millions de lires. Il s'adresse à un complice, directeur d'une succursale de banque, qui, avec ce dépôt de 10 millions de lires, lui ouvre une ligne de crédit de 100 millions de lires. Ces 100 millions, il les verse dans une autre banque qui lui accorde, alors, un crédit de 200 millions. Il peut renouveler l'opération jusqu'à obtenir des sommes considérables qu'il peut investir, pour la Camorra, dans des activités licites difficilement décelables. Il a suffi pour cela de la complicité, volontaire ou forcée, d'un seul cadre d'une petite banque. »

Cette gangrène du système bancaire a été, au début des années 90, l'un des objectifs prioritaires de la Mafia. « La criminalité organisée a un fort pouvoir de corruption du système bancaire et même un pouvoir d'intimidation. On a découvert dans une agence bancaire que, parmi ses mille clients, se cachaient de nombreux hommes de paille d'une organisation criminelle. Lorsque la criminalité organisée entre dans le circuit bancaire, le danger pour la liberté d'un pays est très grand », déclare le colonel Santarelli, de la Direction d'enquêtes anti-mafia en Italie. Il cite en exemple l'opération Mare Verde qui a permis à une bande de camorristes installés, on l'a vu, de part et d'autre de la frontière franco-italienne entre Gênes et Menton de se faire remettre 24 milliards de lires en donnant comme garantie des bilans artificiellement gonflés de sociétés fictives. Lui aussi parle de l'inflation galopante des créances inexigibles dans les banques italiennes. « C'est la Banca d'Italia qui a découvert ce filon. Grâce à la complicité de responsables bancaires, des dirigeants de sociétés se voient accorder des prêts qu'ils ne restitueront jamais. Ils mettent leurs sociétés en faillite et la banque affecte cet argent envolé au chapitre des créances inexigibles, et le tour est joué. Mais cet argent, la criminalité organisée le fait fructifier à son seul profit. »

Elle l'exporte aussi volontiers depuis que des policiers spécialisés décortiquent les mouvements de fonds suspects à l'intérieur des banques italiennes. Et la France, tout naturellement en tant que pays voisin, est un refuge privilégié de cet argent, comme elle l'a été pour les hommes pourchassés en Italie. On ne peut qu'être frappé par le nombre restreint, pour ne pas dire négligeable, de poursuites pénales concernant les circuits financiers de blanchiment de l'argent sale qui ont été engagées ces dernières années. Et cela en dépit de l'adoption d'une loi spécifique et de la mise en place d'un organisme spécialisé, le TRACFIN. Quel est le dirigeant d'une banque, un secteur dans lequel la concurrence est rude, qui se priverait de ces dépôts en allant dénoncer ses clients à la police ? En fait, tout se passe comme si l'aveuglement était un moindre mal. Ils ne sont pas rares les responsables d'établissements financiers à être passés de ce stade de complicité passive à celui d'une complicité active. J'ai appris, à travers quelques confidences vouées à l'anonymat, que certains d'entre eux, installés sur la Côte d'Azur, accueillaient des sommes considérables que des « passeurs » allaient chercher à Naples ou en Sicile. Ces dépôts en France étant, pour la Camorra et pour Cosa Nostra, un gage de discrétion par rapport à leurs régions d'origine où les investigations policières sont, dans ce domaine au moins, plus gênantes qu'à l'étranger.

Et puis, il y a la confession de Giuseppe le Repenti qui affirme que la 'Ndranghetta a changé 80 millions de francs en juin 1993 à Nice dans deux banques anglaises. De même qu'il donne les noms d'un banquier de Juan-les-Pins, celui d'un Italien de Monaco, « qui dirige une dizaine de personnes », et d'un « corsaire » de la région parisienne, qui sont chargés de recycler les fonds de la Mafia calabraise. La PJ de Nice, à qui la confession a été transmise, a été chargée d'effectuer une enquête dont on peut affirmer qu'elle n'avait aucune chance d'aboutir. Non pas en raison d'une quelconque incompétence, mais parce que les policiers français ne disposent pas des moyens, ni techniques, ni légaux, de traiter le crime d'association de type mafieux. Là encore, la leçon italienne est à méditer.

Les « dispositifs de sonorisation »

Lorsqu'on interroge les spécialistes italiens de la lutte antimafia, avant même d'aborder l'arsenal des lois et des moyens techniques qui ont assuré le succès de leurs investigations, ils mettent en avant leurs propres erreurs d'appréciation qui ont permis, pendant très longtemps, aux organisations criminelles de prospérer en toute quiétude. « La première, très grave, explique le procureur Caselli du parquet de Palerme, a été le retard que l'on a pris avant de s'apercevoir qu'on s'était trompé et qu'on ne comprenait presque rien si on s'arrêtait aux manifestations isolées. Qu'il s'agisse d'homicides, d'extorsions de fonds, de trafic de drogue, d'investissements et autres, si ces manifestations sont vues de manière parcellaire, fragmentée, elles ne permettent pas d'avancer beaucoup. Les considérer chacune comme une entité, sans les relier entre elles de manière à créer un tableau d'ensemble, un contexte général susceptible de donner une clé de lecture, c'est la pire façon d'aborder ce phénomène. C'est ce qu'on a pu constater en Italie et cela risque de se vérifier dans les autres pays où le phénomène apparaît. Il ne faut pas se borner à considérer les manifestations du phénomène comme des faits isolés pouvant être circonscrits, mais comme quelque chose qui a une capacité et une potentialité de pénétration, bien au-delà de la Sicile et de l'Italie. Cette façon d'aborder la criminalité organisée, sans rechercher une vision d'ensemble, a conduit à une réponse judiciaire logiquement perdante. Ces réponses perdantes, de manière perverse, ont valorisé l'organisation qu'elles auraient dû, au contraire, contenir et freiner.

» La seconde erreur est de considérer les problèmes de la criminalité organisée de type mafieux comme des problèmes locaux, folkloriques, comme si le mafieux, encore aujourd'hui, sortait de chez lui coiffé d'un *“copola”*, le béret à visière typique du paysan sicilien, et fusil à canon scié en bandoulière. Un mafieux qui serait inconcevable en dehors de la Sicile parce que intimement lié à la réalité locale.

» Telles sont les erreurs à ne pas répéter car notre pays, les ayant commises, s'est trouvé confronté à un phénomène qui avait explosé et pris des dimensions réellement et exceptionnellement importantes », conclut le procureur Caselli.

Les réponses gagnantes, pour paraphraser le magistrat de Palerme, ont pu intervenir grâce aux méthodes de travail inventées par les juges Falcone et Borsellino, assassinés par Cosa Nostra, dont la philosophie peut se résumer ainsi : opposer une organisation de la répression à une organisation de la criminalité. D'où l'installation des parquets anti-mafia, composés de pools de magistrats travaillant et réfléchissant ensemble avec une centralisation nationale de l'autorité et des renseignements. Mais aussi la création d'une force de police spécialisée – la DIA – comprenant des fonctionnaires de formations diverses, unissant leurs expériences et leurs connaissances. Dans les deux cas, un travail d'équipe a remplacé les efforts individuels face à la Mafia composée, elle, de groupes structurés.

Indispensables aussi sont les modifications législatives, dont la principale a été l'adoption d'un statut du repenti, devenu collaborateur de justice : c'est grâce aux « *pentiti* », qui ont transgressé la sacro-sainte « omerta », que le phénomène mafieux a pu être compris et disséqué de l'intérieur. Avant eux, la justice italienne était dans la position d'un escrimeur qui affronterait un homme invisible : elle encaissait des coups sans voir d'où ils venaient ni pouvoir les rendre. Il y eut aussi ce fameux article 416 *bis* dont un magistrat italien dit : « Je pense qu'il ne pourra jamais y avoir une opposition sérieuse et forte à l'égard des activités illégales de la criminalité organisée si l'on ne définit pas un délit d'association mafieuse. » L'expérience italienne montre qu'il a été le seul moyen adapté à l'incrimination judiciaire de la Mafia qui, auparavant, se moquait du délit d'association de malfaiteurs tel qu'il existe dans notre Code pénal, qui ne permet de poursuivre que les personnes réunies dans la réalisation d'un forfait bien précis et circonstancié. Autrement dit, dans le cas du gang classique, la réunion de plusieurs personnes est un moyen pour parvenir à une fin, par exemple, un hold-up ou un cambriolage, alors que, pour la Mafia, cette union est une fin en soi. L'article 416 *bis* a été imaginé pour pouvoir réprimer l'existence de cette réunion quand elle s'opère dans certaines conditions qui sont la spécificité du système mafieux qu'il soit sicilien, napolitain, calabrais ou de tout autre pays ou région du monde.

Mais ce n'est pas la seule arme indispensable dont s'est dotée l'Italie. Les textes permettent également l'utilisation de deux moyens d'enquête devenus de véritables institutions : les « dispositifs de sonorisation » et les « colloques aux fins d'investigations ». Le premier est aux écoutes téléphoniques – des « constructions » en jargon policier – pratiquées en France ce qu'un filet de pêche est à un simple hameçon : il permet d'entendre et d'enregistrer non seulement les appels téléphoniques, mais tout ce qui se dit et ce qui se passe dans un local auparavant « sonorisé ». L'exemple est venu, pour le juge Falcone, du Canada. Lors de l'instruction concernant le maxi-procès de Palerme, le premier mettant en jugement une cohorte de mafiosi, le célèbre magistrat avait reçu de la gendarmerie royale canadienne la transcription de l'enregistrement d'un dialogue entre deux « hommes d'honneur ». L'un, venu d'Italie, rendait visite à celui installé dans la Belle Province. Ce dernier expliquait comment fonctionnaient les organisations mafieuses implantées au Canada tandis que son interlocuteur lui donnait les dernières nouvelles du « pays ». Il évoquait, tout à fait librement, les « représentants de province », ceux de diverses « familles », les chefs des « dizaines » et des « circonscriptions » et, même, la « commission ». Bref, il révélait à ceux qui en doutaient encore l'organisation verticale, parfaitement structurée, de Cosa Nostra. Certes, il y avait eu les révélations des premiers repentis – dont celles du plus important d'entre eux, Tommaso Buscetta –, mais elles n'avaient pas convaincu tout le monde, même au sein de la magistrature italienne. Or il s'agissait là de deux mafieux parlant librement entre eux de leur organisation clandestine pour laquelle ils avaient fait le serment de l'omerta. Leur conversation, si précieuse à l'époque pour l'acte d'accusation des mafiosi enfermés dans leur cage de verre du palais de justice de Palerme et qui niaient l'existence même de Cosa Nostra, avait été enregistrée dans un bar, grâce à un dispositif de sonorisation cher aux services secrets. Le problème posé au juge Falcone et à ses collègues était d'ordre juridique : le système d'enregistrement était-il légal ? Il fallut beaucoup d'imagination pour dénicher les articles du Code pénal qui permirent de joindre cette transcription au dossier. On considéra que c'était la loi du pays où le dispositif avait été utilisé qui devait s'appliquer ! Mais la leçon fut retenue et la loi italienne a été modifiée afin de rendre les « dispositifs de sonorisation » légaux. Ils peuvent être utilisés dans le cadre des enquêtes sur la Mafia, même à titre d'information, pour orienter les investigations.

Les « colloques aux fins d'investigations » sont une subtile adaptation des sacro-saints procès-verbaux, écrits et signés, qui forment l'essentiel de tout dossier pénal. Ils ont été inventés et réglementés pour pouvoir utiliser au mieux les confidences des repentis. Le plus souvent, lorsqu'ils commencent à collaborer, ces derniers répugnent à voir transcrits leurs propos. Ils ont été conditionnés, leur vie durant, par l'omerta imposée par la peur de la sanction suprême. Ils mettent du temps à surmonter la terreur que provoque chez eux leur propre transgression de la loi du silence. A ce moment-là, ils acceptent de parler mais écrire et signer est encore trop difficile. C'est là que le « colloque » prend toute son utilité. Il s'agit donc de simples conversations qui peuvent être réalisées sans autorisation aussi bien par les policiers que par les magistrats. Les policiers et les magistrats recueillent ainsi des renseignements destinés à mieux coordonner et orienter les enquêtes. C'est un résultat précieux même si les confidences orales du repenti ne pourront, en aucun cas, revêtir une valeur juridique.

Résumons les principaux éléments qui constituent une réponse organisée à une criminalité qui, elle, était organisée de toute éternité :

– L'article 416 *bis*, défini par un magistrat de Palerme comme le résultat de l'analyse poussée du phénomène mafieux, laquelle a permis de caractériser les comportements objectifs de ce type d'associations décrits dans la norme pénale de manière aussi large que possible, afin que l'article puisse s'appliquer dans le maximum de cas concrets.

– Les lois en faveur des repentis, ces « collaborateurs de justice » dont les spécialistes italiens affirment qu'ils leur apportent une aide unique et indispensable pour la compréhension de ce qui s'est passé et de ce qui se passe. Et dont les confidences, qui ne sont pas une fin en soi, permettent de développer les enquêtes dans la bonne direction en leur conférant une efficacité qu'elles ne pourraient pas avoir sans cette impulsion initiale.

– La réorganisation des services judiciaires « généralistes » avec une nouvelle catégorie de parquets spécialisés et hiérarchisés dans lesquels le travail se fait en équipe : les parquets anfi-mafia des villes, des districts, et le parquet national, sous la direction du procureur national anti-mafia, auxquels sont confiés tous les dossiers concernant le crime organisé.

– La centralisation des enquêtes, confiée à la Direction des investigations anti-mafia, un service de police qui regroupe des spécialistes de différentes compétences mais qui œuvrent pour la même cause et travaillent dans le même sens.

– Les « dispositifs de sonorisation » et les « colloques aux fins d'investigations », inscrits dans la loi, enfin, dont l'efficacité est reconnue pour circonscrire un adversaire intelligent et prêt à tout.

Pour arriver à adopter ces mesures, il a fallu que l'Italie prenne conscience de la nature même du phénomène mafieux. Le problème de Giovanni Falcone et de ceux qui lui ont succédé a été et reste encore, en 1995, de faire admettre à leurs collègues étrangers que la Mafia n'est plus un problème seulement italien. Mme Liliana Ferraro, directeur général des affaires criminelles au ministère de la Justice à Rome, où elle a remplacé son ami Falcone (auquel elle ne manque jamais de rendre hommage), raconte comment il a été difficile, au sein d'une commission *ad hoc* de la Communauté européenne à Bruxelles, de faire passer ce simple message : la Mafia existe, mais pas seulement en Italie. Elle s'implante partout en Europe et, si nous ne réagissons pas rapidement, nous allons tous connaître de gros problèmes.

Ce petit bout de femme, qui cache derrière une coquetterie un rien exubérante une intelligence, un courage et une détermination dignes d'admiration, déclare à ce propos : « Nous n'avons même pas réussi, au début, à trouver une base de discussion commune. J'avais l'impression de participer à des réunions d'extraterrestres. Chacun parlait de son propre sujet, mais on ne voyait aucun objectif commun. Pour certains, la criminalité organisée, c'était un groupe de *"riders"* qui allaient dans les rues et terrorisaient les gens. Pour d'autres, c'était uniquement un problème de drogue. Pour d'autres encore, c'était un groupe de cambrioleurs d'appartements qui avait atteint des dimensions effrayantes. Ce fut une période très pénible. Personne ne voulait nous écouter quand nous expliquions que la criminalité de type mafieux, d'association de malfaiteurs de type mafieux, ne devait pas être vue comme une organisation qui se propose de commettre un certain type de délit ou de crime, mais comme une organisation qui est structurée pour vivre du profit de l'illégalité et qui, indistinctement, utilise toutes les possibilités pour cela. Et qui, ensuite, se sert de la force économique qu'elle a conquise pour pénétrer dans le monde licite afin de le dominer par l'argent qu'elle lui offre et qui, à son tour, génère des profits illégaux. Cette idée, que personne ne voulait même écouter, commence aujourd'hui à faire son chemin. L'idée de l'association de malfaiteurs du point de vue de la criminologie a été acceptée. Le passage de son acceptation à celle de son introduction dans un contexte pénal est une démarche encore longue, mais j'ai cru comprendre que la voie était tracée et que nous avancerons dans cette voie car nous ne pouvons plus reculer. »

De son côté, le procureur national anti-mafia, Bruno Siclari, ajoute : « La criminalité organisée est particulièrement dangereuse parce qu'elle brasse des capitaux énormes et qu'elle réussit à infiltrer les marchés, les systèmes institutionnels mêmes des différents pays. Pourquoi ? Parce que l'argent investi par la criminalité, c'est de l'argent qui a un coût nul ou presque nul. A travers ces investissements, les équilibres des marchés sont troublés et tout le tissu économique et social est contaminé. Il faut frapper la Mafia dans sa richesse et ses investissements. Et, pour cela, il faut une grande collaboration internationale. La Mafia, durement frappée en Italie dans les régions où elle opérait traditionnellement, s'est déplacée vers des régions plus riches. Depuis quelque temps, elle se déplace d'Italie vers d'autres pays : l'Allemagne, la France, la Belgique et les pays de l'Est. Il faut que ces pays comprennent que, une fois l'argent investi, les organisations criminelles ne se comportent pas comme des chefs d'entreprise normaux. Ils ne se comportent pas ainsi parce que par la violence, la forfaiture, la corruption, il est plus facile d'obtenir des profits qui ne peuvent pas être obtenus en travaillant honnêtement. Si ces pays comprennent cela, nous aurons alors une véritable solidarité, nous n'aurons plus de paradis fiscaux, nous réussirons à avoir une législation, en quelque sorte uniforme, qui nous permettra d'avoir des règles de comportement analogues en Europe, du moins dans la Communauté européenne, de façon à ne pas être soumis aux infiltrations, aux abus, aux forfaitures de la Criminalité organisée. »

CONCLUSION

Le pouvoir de l'argent

Mme Liliana Ferraro a été la vedette d'une assemblée de magistrats français et italiens et de hauts fonctionnaires réunis, les 10 et 11 mars 1994, dans un lieu tenu secret près d'Aix-en-Provence. Ce « sommet anti-mafia » franco-italien faisait suite à une réunion des ministres de la Justice de plusieurs pays européens et de leurs principaux collaborateurs, qui avait eu lieu un an auparavant à Arles. Mais le « sommet d'Aix-en-Provence » avait un objet plus concret. Réservé à des praticiens de la lutte anti-mafia, il devait permettre un échange d'informations sur les situations respectives dans les deux pays et un rapprochement des points de vue, à défaut d'une harmonisation des législations. Le crime organisé ne s'y était pas trompé. Ainsi que devait le relater la presse régionale, quelques heures avant le début de la réunion, dans la nuit du 9 au 10 mars, le palais de justice – qui abrite la cour d'appel d'Aix-en-Provence où se traitent la majorité des demandes d'extradition à l'égard des mafieux italiens arrêtés en France – a reçu la visite d'étranges cambrioleurs. Les ordinateurs ont été détruits, des dossiers de mafiosi photocopiés et l'un d'eux posé par terre comme une signature : ce cambriolage ne pouvait pas être le fait d'une simple coïncidence. La version officielle minimisa le plus possible l'événement, mais il est évident que la Mafia avait voulu lancer un avertissement aux magistrats considérés comme leurs plus irréductibles adversaires.

Elle ne s'est pas trompée. Mme Liliana Ferraro, le procureur Siclari et leurs collègues ont convaincu les magistrats français de la pertinence de leur analyse du phénomène mafieux et de son internationalisation. Et cela d'autant plus aisément que ces derniers étaient eux-mêmes sensibilisés par l'implantation des sociétés criminelles italiennes dans le ressort de la cour et par l'inadaptation structurelle, à la fois législative et policière, des moyens mis à leur disposition pour traiter le problème ou, à tout le moins, en contenir les effets. Ils établirent même un diagnostic qui fait froid dans le dos. Il résulte de la synthèse établie à l'issue de cette réunion : « La puissance financière des sociétés criminelles italiennes leur permettra de se conduire en partenaires à part entière de l'économie européenne. Mais leur nature même les poussera, en devenant des acteurs économiques, à se comporter en corrupteurs majeurs. Leur force de corruption associée à la corruption nationale conduira, si elle ne le fait déjà, à une imbrication étroite entre société officielle et société clandestine, entre affaires propres et affaires sales, entre argent blanc et argent noir. Si une lutte efficace n'est pas menée dans de brefs délais, nous verrons se constituer dans notre économie, puis dans notre société, des "zones grises" où le droit disparaîtra. L'accumulation des biens d'origine mafieuse conduira à la "colonisation" de pans entiers de notre économie, à un développement sans frein de la corruption avec, à terme, une menace mortelle pour l'économie et la démocratie. Les agents corrupteurs, en s'interposant entre l'État et le citoyen, font reculer l'État dans ses fonctions sociales et répressives. Ainsi un plus grand nombre de citoyens échappe aux règles de la justice et de la société. L'illégalité progresse et peu à peu disparaît la distinction entre le permis et l'interdit, le moral et l'immoral, l'autorité légitime et les pouvoirs illégaux.

» La corruption économique engendre inéluctablement la corruption politique. C'est dire que l'enjeu des années à venir est pour l'autorité judiciaire la lutte contre la corruption, qu'elle soit nationale ou étrangère. » On ne saurait être plus net, plus précis et plus lucide que l'auteur de ce rapport.

A celles des magistrats italiens et français, on peut joindre la voix de l'amiral Lacoste. Rencontré, en février 1995, dans les salons de l'hôtel Noga-Hilton, à Cannes, l'auteur du livre *Les Mafias contre la démocratie* [1], ancien chef des services secrets fran-

1. Éditions Plon, 1992.

çais, nous a déclaré : « Ce que j'appelle le "syndrome mafieux" est un système d'organisation très raffiné et extraordinairement bien protégé dont le cœur est l'esprit de clan, de famille. Il poursuit une stratégie de puissance et d'enrichissement par des moyens inavouables. Et cela dans la plus grande clandestinité, dont le signe le plus évident est la loi du silence. Le syndrome mafieux peut revêtir des formes différentes et pas seulement criminelles : les féodalités politiques en font également partie. Face à la bande, au gang, la police est à son aise. C'est l'éternel jeu du gendarme et du voleur dont elle connaît les règles. Avec la Mafia, c'est infiniment plus compliqué, car celle-ci a une très grande capacité de corruption, un très grand savoir-faire corrupteur. Si je dis que les mafias sont contre la démocratie, c'est qu'elles fonctionnent en opposition avec celle-ci. En France, le phénomène est encore assez diffus, mais il ne faut pas oublier que c'est une sorte de cancer. On peut vivre avec cette maladie, mais seulement quand elle ne dépasse pas un certain degré : au-delà, on en meurt. La Mafia est à la démocratie ce que le cancer est au corps humain. Comme pour celui-ci, il faut déceler sa présence et la combattre pour l'annihiler avant qu'il ne soit trop tard. On a déjà vu apparaître certains symptômes, des dysfonctionnements du système démocratique notamment, avec toutes ces affaires de corruption. C'est pourquoi le journalisme d'investigation est indispensable pour mettre au jour ces affaires, et le rôle des juges est primordial pour poursuivre les responsables. Ils brisent la loi du silence. »

Mais un an après le sommet, si instructif, d'Aix-en-Provence et deux ans après la publication du rapport de la commission parlementaire très alarmant de François d'Aubert, qu'a-t-on fait de concret ? Rien, ou si peu que cela tient en quelques lignes. La création au sein du parquet général d'Aix-en-Provence d'un groupe de travail interdisciplinaire, l'envoi à Rome d'un magistrat et d'un officier de police de liaison, la nomination de trois inspecteurs « anti-mafia » au sein de l'antenne de Nice de la PJ et celle d'une brigade spécialisée à la section régionale de recherches de la gendarmerie nationale à Marseille : c'est tout et c'est dérisoire. Les propositions, ni vraiment révolutionnaires, ni vraiment coûteuses, de créer des structures régionales et nationale « légères » spécialisées dans la documentation, le renseignement et les informations concernant le crime organisé sont restées lettre morte. Au contraire, services de police, gendarmerie, douane, fisc, continuent à travailler chacun de leur côté, enfermés dans un cloisonnement d'un autre âge. A jouer « perso » là où le jeu d'équipe s'impose. Au crime organisé, on oppose des forces disparates, sans organisation commune, donc vouées à l'inefficacité. La « leçon italienne » a été écoutée, c'est sûr, entendue, peut-être, mais certainement pas comprise par le gouvernement français.

De même que la nécessité d'introduire dans le Code pénal le délit spécifique d'association mafieuse, à l'instar de l'article 416 *bis* italien, n'a pas été prise en compte par le législateur. Il eût fallu une volonté politique. Or, de ce point de vue-là, c'est le « degré zéro » : François d'Aubert *dixit*. Le député de la Mayenne fait remarquer qu'un projet de loi sur les circuits financiers du blanchiment de l'argent sale, déposé en septembre 1994 sur le bureau du Sénat, n'a toujours pas été discuté en 1995. Il voyait dans ce « blocage » l'intervention occulte mais efficace du lobby bancaire. Il enrage, de même, sur un autre point : sa proposition, pourtant peu révolutionnaire, de créer un Observatoire national de l'implantation de la Mafia en France – sorte de commission permanente composée de parlementaires, de magistrats, de policiers et de douaniers – a été dédaignée par le ministre de l'Intérieur appartenant à sa propre majorité, Charles Pasqua. Pourquoi ce désintérêt du gouvernement ? Sous-estimation du phénomène ou complicité passive ? François d'Aubert penche pour une troisième explication : « On ne veut pas inquiéter le grand public avec ce problème : la Mafia est un mot qui fait peur. »

Volonté politique : le mot clé est lâché. On me permettra, à ce propos, de revenir au « système Médecin », même si, en 1995, l'histoire relève de l'anecdote. A la fin de l'année 1983, M. Étienne Ceccaldi – nommé depuis le mois de juillet de la même année préfet de police pour les Alpes-Maritimes – a commandé aux Renseignements généraux une étude sur la systématisation des subventions accordées par la ville de Nice à des associations paramunicipales. « Le seul intérêt de cette façon de procéder était de s'affranchir des règles de la comptabilité publique. J'ai donc voulu en savoir davantage », se souvient-il. Le rapport des RG lui est remis le 24 janvier 1984. On peut y lire : « Objet : des associations culturelles municipales niçoises pourraient servir de support à une vaste affaire de fausses factures et d'infractions fiscales. » Le rapporteur détaille la liste de neuf associations et des subventions qui leur ont été accordées ainsi que les noms de leurs principaux dirigeants, réels ou fictifs. Avec ce commentaire : « Les seize personnalités retenues, toutes proches collaborateurs du maire de Nice, se retrouvent à des postes clés dans la plupart de ces neuf associations. Certains cumulent et figurent, ou ont figuré, simultanément, dans plusieurs associations à des titres divers. En qualité de député-maire de Nice et de président du conseil général, M. Jacques Médecin assure la présidence effective ou d'honneur de toutes ces associations qui brassent à elles seules des budgets considérables dignes de ceux de sociétés d'importance nationale. »

Suit une analyse détaillée des activités de chacune d'entre elles, avec cette conclusion pour le moins prémonitoire : « Les principales associations culturelles municipales niçoises pourraient servir également de support à une vaste affaire de fausses factures et d'irrégularités comptables. L'argent qui ressort de ces associations pourrait alimenter des profits individuels ou constituer des caisses noires servant à financer les campagnes électorales. »

Nous sommes début 1984, époque à laquelle, selon les confidences de Jean Oltra, ce système a pris un tournant décisif. C'est donc le moment de tuer dans l'œuf ce qu'on appellera les « affaires Médecin », pour lesquelles l'ancien maire de Nice et ses plus proches collaborateurs, déjà cités dans le rapport des RG de 1984, passeront en jugement dix ans plus tard. Exactement pour les mêmes raisons qui constituent l'objet de ce rapport : une vaste affaire de fausses factures sous couvert d'associations largement subventionnées par la ville.

Que fait alors le préfet Ceccaldi ? Voici sa réponse : « Je n'avais pas les moyens d'engager une enquête judiciaire. J'ai donc apporté ce document à Gaston Defferre, alors ministre de l'Intérieur. Il l'a lu et il m'a dit : "On fout en l'air Médecin et après, qu'est-ce qu'on fait ? Il n'y a pas, à Nice, de solution politique de rechange !" Le rapport est donc resté dans un tiroir. D'ailleurs, lorsque j'avais été nommé et que j'étais allé le voir pour lui demander ses instructions, Gaston Defferre m'avait dit : "La criminalité a augmenté en 1981 et 1982 dans des proportions considérables, j'espère que vous allez mettre un frein à cette augmentation. Vous ferez du travail de police, mais pas de politique. Ne prenez pas l'initiative des hostilités avec Médecin." »

Étienne Ceccaldi, préfet de police, ne fit donc pas de politique. Ce n'était d'ailleurs pas son rôle. D'autres s'en chargèrent pour lui, mais c'était de la « basse politique ». Les socialistes locaux, impuissants face à l'omnipotent médecinisme, lui firent payer leur propre faiblesse. Defferre disparu, ils intriguèrent auprès de Pierre Joxe pour le convaincre de « dégommer » le préfet de police. Étienne Ceccaldi, qui avait été le premier juge d'instruction en France à dénoncer une vaste affaire de corruption, ce qui lui avait valu les foudres d'un gouvernement de droite, fut donc désavoué par un gouvernement de gauche. Il retourna dans la magistrature qui, revancharde, lui offrit non pas un siège mais un « placard » : celui de substitut chargé des contraventions au parquet de Paris. Il mit quelques années avant d'en sortir et de se voir octroyer le poste de substitut général à la cour d'appel d'Aix-en-Provence. Un lot de consolation pour ce magistrat qui aurait pu prétendre à d'autres lauriers s'il n'avait pas quitté, à la demande du gouvernement français, son corps d'origine pour la « préfectorale ».

Voilà comment l'absence de volonté politique a permis que prospère un vaste système de détournements de fonds publics. Les exemples de Médecin à Nice et de beaucoup d'autres maires de grandes villes et de présidents de conseils généraux ne doivent pas être perdus de vue quand on parle de corruption, car ils illustrent à merveille les méfaits de la décentralisation, chère à Gaston Defferre. D'abord décriée par la droite jacobine, elle fit rapidement l'unanimité du monde politique. Sans doute pour de bonnes et de mauvaises raisons. Comme quelqu'un dont on dit qu'il a les défauts de ses qualités.

La décentralisation a cassé ce centralisme excessif qui, en

France, concentrait toutes les décisions intéressant les villes de province dans les mains du pouvoir parisien. En fait, celles des énarques et autres technocrates des ministères et des grandes administrations. Elle a permis de rapprocher les centres de décisions des régions et des gens directement concernés par elles. Avec la décentralisation, la démocratie a fait un grand pas en avant. Mais du point de vue des mœurs politiques, elle a produit un grand retour en arrière. Les maires des villes les plus importantes, qui sont souvent aussi présidents des conseils généraux, ont vu leurs pouvoirs s'accroître considérablement. Et, notamment, dans un domaine particulièrement sensible à la corruption : celui de la construction et des travaux publics. Effacée, la tutelle du préfet. Désormais, le contrôle de légalité se ferait *a posteriori*. On avait oublié un précepte très simple, applicable en médecine comme en toute chose : il vaut mieux prévenir que guérir. Alors ces responsables politiques devenus tout-puissants, ceux que j'ai appelés « les seigneurs de province », n'ont plus eu que leur propre conscience comme frein à la tentation grandissante d'échanger l'octroi d'un permis de construire, d'une concession ou d'un marché public, dont ils étaient devenus seuls juges, contre un « pot-de-vin ». Ils peuvent plaider les circonstances atténuantes. C'est-à-dire l'hypocrisie d'un système qui leur impose des tâches de plus en plus lourdes et contraignantes sans leur permettre d'être rémunérés en conséquence. Prenons l'exemple du maire d'une ville de trente mille habitants. Il dirige en fait une entreprise de six cents personnes avec un budget de 900 millions de francs. C'est un emploi à plein temps et une grande responsabilité. Or combien perçoit-il officiellement ? Moins de 10 000 francs par mois. Soit ce maire a une fortune personnelle, soit il mène une vie personnelle de moine cistercien… Ou alors, et c'est certainement le cas le plus fréquent, il accepte l'enveloppe qu'on lui tend contre une simple signature.

Mais le problème, c'est que lorsqu'on met le doigt dans un tel engrenage c'est la main, puis le bras et le corps tout entier qui peuvent être entraînés dans la machine à corrompre. Alors les enveloppes grossissent et se multiplient. Aux besoins personnels s'ajoutent les nécessités des campagnes électorales de plus en plus dispendieuses et les exigences des partis politiques dont les caisses sont insuffisamment remplies par les cotisations des militants. La corruption passe de l'artisanat à l'industrialisation sous la férule d'affairistes qui se proposent de faire le sale boulot à la place de l'élu, mais avec sa bénédiction. On voit apparaître les bureaux d'études aux prestations fictives, mais grassement rémunérées, et les sociétés-taxis, fabriques de fausses factures. Le crime organisé, qui prospère à l'ombre de certaines mairies et auquel on a déjà demandé quelques « services », se glisse dans le « système » ou « le pacte de corruption » pour le faire fructifier et engranger sa part de profits illicites.

La limitation officielle des dépenses imposée aux candidats aux élections et l'interdiction du financement des partis politiques par les entreprises peuvent apparaître comme des mesures de salubrité publique. On veut bien croire qu'elles ont été conçues et mises en œuvre dans cet esprit. Pourtant, il y a gros à parier que leur effet sera à l'opposé de celui qui est annoncé. L'argent noir, celui qui par définition n'a pas besoin de déclarer son origine, va devenir, plus que jamais, une denrée précieuse pour les hommes politiques. Ce sera à celui qui se montrera le plus malin pour se procurer des fonds secrets afin de s'octroyer des moyens supérieurs à ceux de son adversaire. Dans cette perspective, le crime organisé, déjà bien en place, a de beaux jours devant lui.

Car il dispose de fonds énormes et incontrôlables. Le volume du trafic des stupéfiants dans le monde est estimé à 300 milliards de dollars par an, soit 1 650 milliards de francs. Plus que le marché mondial du pétrole. Cela représente un bénéfice de 150 milliards de dollars par an ou 825 milliards de francs. Cette masse d'argent doit être « blanchie ». C'est-à-dire intégrée dans les circuits financiers et économiques traditionnels. Elle constitue une force de corruption incomparable pour la Mafia, dont on connaît le savoir-faire dans ce domaine. L'économiste Alain Cotta écrit que « la deuxième cause de la montée de la corruption dans toutes les économies nationales, quel que soit leur degré de développement, tient à un enchaînement dont on persiste à ignorer les effets. Il s'agit de l'énorme masse d'argent en mal d'usage qui se déverse sur l'économie mondiale et qui, depuis dix ans, prend sa source dans la production et le commerce des stupéfiants [1] ».

A l'argent issu du trafic de drogue, on peut ajouter l'extorsion de fonds, les fraudes à la Communauté européenne, l'usure, l'industrie du faux, les casinos et bien d'autres encore, qui montent en puissance comme on peut le dire d'un moteur lorsqu'on appuie sur l'accélérateur. En premier lieu, la corruption que le crime organisé encourage pour mieux pouvoir en profiter quand elle s'est suffisamment développée.

L'ex-inspecteur Antoine Gaudino cite deux dates clés dans l'histoire, encore récente, de la corruption en France : 1982 et 1989. Il s'en explique ainsi : « La loi de décentralisation de 1982 a coïncidé avec une évolution de la criminalité. Le “milieu” a délaissé ses activités traditionnelles comme les braquages et le proxénétisme, peu profitables et durement réprimées, pour une criminalité à caractère financier – trafic de cartes bleues, carambouilles, etc. – qui rapportait plus pour un risque moindre. De là, l'extension était facile vers des pratiques de corruption encore moins risquées. Ils ont pensé qu'ils pouvaient, eux aussi, jouir de l'impunité dont bénéficiaient les hommes politiques. D'où la pénétration par la Mafia du monde politique, qui se caractérise par toute une série d'attentats à l'explosif, d'assassinats et de tentatives d'assassinat, qui ont touché des élus, notamment dans le Sud de la France. Mais en 1989, Alain Mayot et moi-même nous nous sommes mis en tête de changer le cours de l'histoire. C'était un pari ubuesque mais, pour la première fois, un chef d'entreprise a accepté de parler. C'était Paul Pelletier de la SORMAE qui soulageait sa conscience de protestant. Le pouvoir politique étouffe l'affaire qui sort quand même, grâce à la mobilisation de certains magistrats qui parviennent, à leur tour, à briser la loi du silence. »

« On a une société politique de type mafieux qui est en train de glisser vers un système mafieux », affirme Antoine Gaudino. Le signe le plus évident de la réalité de ce diagnostic est apparu en grosses lettres dans les journaux français le 23 octobre 1994 : deux juges « anti-corruption » sont placés sous protection policière per-

1. Dans la revue *Problèmes économiques*, nº 2336, 28 juillet 1993.

manente après avoir reçu des menaces de mort. « Contrat » et « intimidation » sont avancés à propos des juges Renaud Van Ruymbeke et Philippe Courroye pour justifier qu'ils soient accompagnés, dans chacun de leurs déplacements, par des hommes du GIGN. En fait, il s'agissait d'un canular. L'œuvre d'un mauvais plaisantin jouant avec un climat délétère qui a permis que ses menaces soient prises au sérieux.

Ce qui fit dire à l'ancien juge Thierry Jean-Pierre que ce climat pourrait « conduire dans deux ans à une situation à l'italienne ». Ses deux ex-collègues, en tout cas, se trouvaient déjà dans une situation qui commençait à ressembler à celle de leurs confrères de Naples ou de Palerme, qui travaillent dans des bureaux transformés en blockhaus et sortent en voiture blindée avec escorte en armes. En fait, l'exemple italien doit être, là encore, médité. Il a fallu en arriver aux assassinats du général Della Chiesa et des juges Falcone et Borsellino, apôtres de la défense de la démocratie, pour que la volonté politique de dégager les moyens de lutter efficacement contre la Mafia soit mise en œuvre. A ce titre, les magistrats français comme Renaud Van Ruymbeke, Philippe Courroye, Éric Halphen, Mireille Filippini ou Thierry Rolland apparaissent très isolés en 1995. Leur action, pour admirable qu'elle soit, semble bien trop « parcellaire » face à une organisation aussi vaste de la corruption. Ils ne peuvent, à eux seuls, enrayer l'épidémie, et encore moins l'éradiquer.

Et puis, à y réfléchir davantage, il est évident qu'il ne leur appartient pas de moraliser la vie publique en France. Or, fondamentalement, il s'agit bien de cela. Le seul moyen d'y parvenir est de jeter bas de son trône le roi Fric. Celui dont on dit qu'il n'a pas d'odeur pour ne pas avoir à se pincer le nez. Le Fric qui s'est installé comme la valeur de base de notre société, car il est synonyme de pouvoir et de respectabilité. Le Fric, ou le meilleur moyen d'en gagner beaucoup et rapidement. Pour ce faire, on n'a jamais rien inventé de plus efficace que le profit illicite. Si on rapproche les affaires de corruption et de crime organisé, qui forment la trame de cet ouvrage, de la tragédie du stade de Furiani à Bastia et de celle du sang contaminé et qu'on se demande ce qu'elles peuvent avoir de commun, il n'y a qu'une seule réponse possible : l'argent.

C'est pour de l'argent, celui des billets des spectateurs supplémentaires qu'elle pouvait accueillir, que la tribune fatale du stade Armand-Césari a été construite en toute hâte et sans que soient prises les précautions d'usage ou que soient effectués les contrôles qui en auraient interdit l'accès. C'est pour de l'argent que l'on a continué à distribuer le sang de la mort à des transfusés, en France, en 1985. C'est pour de l'argent que les hommes politiques se laissent corrompre. C'est pour de l'argent que les mafiosi de tout bord s'organisent, corrompent, intimident, menacent, tuent et cherchent à s'arroger tous les pouvoirs. Cet argent qui est, à l'orée du troisième millénaire, la fin qui justifie tous les moyens.

Cet argent dont Jean-Jacques Rousseau disait, il y a plus de deux siècles : « On a de tout avec de l'argent, hormis des mœurs et des citoyens. »

Nice, mai 1995

Table

COMPOSITION : I.G.S.-CHARENTE PHOTOGRAVURE À 16340 L'ISLE-D'ESPAGNAC
IMPRESSION SUR ROTO-PAGE
PAR L'IMPRIMERIE FLOCH À MAYENNE
DÉPÔT LÉGAL : OCTOBRE 1995. N° 22749-2 (38436)